跨学科学习这样做

中小学信息科技跨学科主题学习 26 例

谢莉 / 主编

人民邮电出版社
北京

图书在版编目（CIP）数据

跨学科学习这样做 ：中小学信息科技跨学科主题学习 26 例 / 谢莉主编. -- 北京 ：人民邮电出版社，2025.

ISBN 978-7-115-67567-5

Ⅰ. G633.672

中国国家版本馆 CIP 数据核字第 2025G0G677 号

内 容 提 要

本书基于《义务教育信息科技课程标准（2022 年版）》，专注于培养 1～9 年级学生的信息意识、计算思维、数字化学习与创新和信息社会责任 4 个方面核心素养，科学设计了 26 个跨学科主题学习案例。案例基于"概念群→问题链→目标层→任务簇→证据集"的 C-POTE 模型，结合学生的认知、情感、社会性等特征，联系学生的学习、生活、思想实际，通过真实情景创设和问题设计，从多方面描述教学内容、目标、实践和评价，呈现跨学科主题学习案例设计与实施的真实过程，反映信息科技学科在跨学科主题学习方面的最新实施路径。本书对一线信息科技教师在教学实践中有效落实跨学科主题学习具有明确的指导意义。

◆ 主　编　谢　莉
　　责任编辑　张　毓
　　责任印制　马振武

◆ 人民邮电出版社出版发行　　北京市丰台区成寿寺路 11 号
　　邮编 100164　电子邮件 315@ptpress.com.cn
　　网址 https://www.ptpress.com.cn
　　固安县铭成印刷有限公司印刷

◆ 开本：787×1092　1/16
　　印张：18.25　　　　　　　　2025 年 8 月第 1 版
　　字数：397 千字　　　　　　2025 年 8 月河北第 1 次印刷

定价：99.80 元

读者服务热线：(010)53913866　印装质量热线：(010)81055316
反盗版热线：(010)81055315

本书编委会

主编：谢　莉

编委：詹泽慧　李佳琦　陈学宏　邓翠玲　王西凯　林志春

　　　马　瑞　杨　军　李小敏　肖春光　季　瑜　李婷婷

　　　吕思源　牛世婧

序

人类进入了物质世界、精神世界、数字世界协同进化的新世界。层出不穷的新技术栖居于"三元世界"的向度聚点，以一种工具手段或思维方式融入教育场域。在此背景下，信息科技课程也从原来的"信息技术"变成了"信息科技"，"科"与"技"的并重凸显了信息科技课程对育人目标、教学内容、教学方法等的全新要求，即课程不应再局限于技术操作，而需要科学原理的融入。《义务教育信息科技课程标准（2022年版）》围绕数据、算法、网络、信息处理、信息安全、人工智能6条逻辑主线展开内容设计，通过"大概念""主题式""体验性"与"综合化"模式的组织方式，实现内容的螺旋式上升、层层递进。《义务教育信息科技课程标准（2022年版）》首次将跨学科教学提升到国家课程层面，明确要求各学科用不少于10%的时间来开展跨学科主题学习。鉴于跨学科主题学习是信息科技课程的关键环节，如何通过跨学科主题学习活动设计凸显信息科技课程的跨学科属性，促进课程核心素养培养，成为亟待解决的问题。为此，本书基于《义务教育信息科技课程标准（2022年版）》对跨学科主题模块的要求，精选了包括小学、初中学段的26个教学案例。每个案例均以信息科技为主干学科，自觉关联其他学科，实现跨学科的横纵向统整。通过这些真实的跨学科主题学习案例，我们期望一线教师能够更加深入理解跨学科主题学习案例设计和实施的要点，并在实际课堂中灵活应用，促进学生核心素养的全面提升。

一、案例特色

1.基于C-POTE模型设计与实施跨学科主题学习案例，便于理解和操作

在实际教学中，教师常遇到教学目标不清、内容拼凑、方法混杂等问题，急需操作性强的教学设计模型用以指导跨学科主题学习的开展。为此，本书基于"概念群→问题链→目标层→任务簇→证据集"的C-POTE模型，系统整合教学设计和实施流程，提供切实可行的教学框架。

①概念群：以数据、算法、网络等6条逻辑主线为教学主线，关联其他不同学科的大概念，从而形成不同层次的概念网络和体系。

②问题链：围绕概念群设计层次化的问题，通过驱动性问题引导学生深入探究。

③目标层：聚焦信息科技课程的信息意识、计算思维、数字化学习与创新、信息社会责任4个方面核心素养，关联相关学科的核心素养，从而为每个学习活动明确核心素养导向。

④任务簇：通过实际操作帮助学生将知识应用到具体情境中。

⑤证据集：通过证据集对学习效果进行评价，跟踪学生的核心素养发展情况。

该模型确保了教学活动的逻辑性和系统性，有助于教师在跨学科主题学习的教学中实现学生核心素养的有效提升。

2.每个案例都包含教师的教学反思，助力实践反馈

教学反思是教师专业发展的重要途径。在本书中，每位教师不仅对跨学科主题学习案例如何设计进行了说明和经验分享，还结合实施过程中的实际情况对教学效果提出改进建议。这些基于C-POTE模型的反思和经验分享，能够帮助一线教师深入理解跨学科主题学习案例设计与实施中可能遇到的实际问题，并探索行之有效的解决方案。譬如，如何通过概念群实现不同学科之间的整合，概念群提取和撰写过程中的操作方法和误区有哪些；如何将概念群转化为结构化的问题链，从而用问题引发学生的深度思考和探究；如何把握目标层撰写过程中"主"和"辅"的关系，以及目标层的靶向作用；任务簇和问题链如何配套使用；如何开展基于证据的科学评价。这些反思为教师在未来的跨学科教学设计中提供了具体指导，帮助一线教师更好地理解和应用C-POTE模型，逐步优化教学设计，提高教学效果。

3.体现学习进阶思想，横纵向统整不同学段的内容

信息科技课程内容的设计始终遵循学生的认知发展规律，按照不同学段的认知特点和学习需求进行"横—纵"向推进。基于学习进阶的思想，本书所提供的26个案例覆盖了义务教育各学段，每个学段都通过螺旋上升的教学设计，逐步增强教师对跨学科主题学习模块"从低到高"的整体性理解。在第一学段（小学低段），案例注重基础技能的培养和学科启蒙，旨在帮助学生初步建立对数据、网络和信息处理等基本概念的直观认识；在第二、第三学段（小学中、高段），聚焦于如何基于信息科技与其他学科知识的交叉点设计学习任务，强调逻辑推理和实践操作的结合，以及对计算思维和数据处理的应用的关注；在第四学段（初中阶段），通过复杂问题的解决和项目学习引导学生掌握信息科技的核心技能和跨学科的深度应用，从而理解更复杂的科学原理和信息科技的社会价值。这种横纵向统整的学习进阶设计，可确保学生在各学段的学习内容既有连贯性又有层次性，有助于教师在不同学段的教学中按照学习进阶思路，稳步推进学生的核心素养发展。

二、案例使用建议

本书为一线教师提供了完整的跨学科主题学习指导框架。在使用本书的过程中，建议一线教师根据学生的实际情况灵活选用和改编案例。具体来说包括以下几步。

第一步，模仿与实践，理解跨学科主题学习的基本框架。对于刚接触跨学科主题学习的教师，建议首先从模仿案例入手。本书中的案例以信息科技学科为核心，结合多学科内容，帮助教师快速理解跨学科主题学习的设计框架。教师可以选择与自己教学情境相似的案例，按照本书提供的"概念群→问题链→目标层→任务簇→证据集"的C-POTE模型结构逐步实施，熟悉跨学科主题学习的基本方法。

第二步，从多点到单点，准确把握概念群的关键性作用。在跨学科主题学习中，概念群作为核心支柱，对学生构建多学科联系的知识框架具有关键性作用。教师在模仿案例的基础上，要避免"多点"全面吃透，而是应该围绕概念群进行系统设计。我们发现，若概念群

设计不扎实，后面的设计大多是无效的。因此，建议教师从"多点"深入探讨转向"单点"聚焦。这一转变将帮助教师在教学设计中突出概念群的主干作用，围绕一个超学科大概念、2~5个跨学科大概念，以及若干学科大概念，实现不同学科知识点的整合。

第三步，从部分到整体，强化C-POTE 5个部分的关联性。在理解C-POTE模型的基础上，教师可以关注各模块之间的整体性和关联性，确保教学活动的连贯性和一致性。"概念群""问题链""目标层""任务簇""证据集"5个模块相辅相成，为跨学科主题学习提供了完整的教学框架。教师在设计时需要综合考虑这些模块的互相支撑关系，使学生感受具有整体性和连贯性的学习体验，在多学科知识的融合中建立系统化的理解。

第四步，从负能到赋能，灵活运用技术手段优化教学设计。信息技术在跨学科主题学习案例设计与实施过程中具有重要价值，教师可根据需求灵活引入技术工具，以增强教学效果。例如，人工智能生成内容（AIGC）可以帮助教师生成个性化的教学材料或提供差异化的学习支持；虚拟现实（VR）能够创建沉浸式的学习环境，增强学生对学习内容的理解和记忆；智慧教育平台则可以提供数据分析，支持基于证据的评价。技术手段的有效应用，不仅拓宽了教师的教学设计视角，还为跨学科主题学习创造了更多互动机会和个性化的体验。

本书的顺利出版离不开多方的支持。在此，谨向华南师范大学詹泽慧教授团队成员季瑜、李婷婷、吕思源、牛世婧等致以最诚挚的感谢，他们在本书的编写过程中提供了宝贵的学术支持与教学资源，对本书进行了多次打磨。同时，也感谢一线的教研员和中小学骨干教师们，他们在实践中不断探索创新，提供了大量教学案例和一线经验，使本书内容更加贴近教学实际，具备了高度的实用性和可操作性。最后，感谢出版社和所有参与本书编辑与出版工作的团队，正是他们的努力和付出，才使这本书得以呈现于广大读者面前。希望本书能为教师们提供跨学科主题学习的启发和支持，成为一线教师跨学科教学的得力助手，推动信息科技课程的有效实施。

谢莉　詹泽慧
2025年5月

目录

01

案例 1

数字闹元宵创意秀

本跨学科案例涵盖了信息科技、道德与法治、语文、艺术等多个学科领域，适合第一学段（1～2年级）的学生学习，建议授课时长为3课时。本案例由深圳市宝安区海旺学校李佳琦老师设计并提供。

▶▶ 1.1 案例背景信息

本教学案例是融合信息科技、道德与法治、语文和艺术等的跨学科课程案例，旨在通过"数字闹元宵创意秀"活动，引导学生接触并熟悉智能音箱、智能手机、平板电脑及交互式触控一体机等数字设备。学生在体验与比较后，能够用语言向同伴推荐喜爱的数字设备，并通过交流了解其多样用途，全面认识数字设备，填补知识短板。本案例不仅关注技术应用，更注重技术与文化的融合，通过数字化元宵节庆祝活动，探索数字设备在传承传统文化中的独特优势，激发学生对传统文化的兴趣与热情，同时培养其信息意识和创新能力。

案例特色在于综合运用多学科知识，创新设计数字化体验活动，并通过角色扮演的模拟推介会，鼓励学生推荐和交流数字设备，聚焦科技创新赋能传统文化传播与传承，探索信息科技在文化传承中的应用，加深学生对中华传统文化的理解与认同，为其全面发展奠定基础。

▶▶ 1.2 案例描述

1.2.1 概念群：结构化的跨学科教学内容设计

1. 子主题教学内容分析与大概念梳理

子主题1：丰富多样的闹元宵活动

（1）涉及的学科

信息科技、道德与法治、语文。

（2）主要内容

学习元宵节的历史、诗歌、习俗及元宵节所承载的文化和社会意义；了解传统方式在文化传承中的不足、信息科技对文化展示和传承的独特优势，以及传统与数字闹元宵方式的差异。

（3）学科大概念

◆ 信息科技：数字设备具备数字处理能力、互动性和多媒体表现力，能够实现传统文化的数字化重现和智能交互。

◆ 道德与法治：闹元宵活动是传播中华优秀传统文化、弘扬社会主义核心价值观的有效载体。

◆ 语文：中华优秀传统文化在日常生活中的表现，是理解其重要价值的关键。

（4）跨学科大概念

传统节日是传承中华优秀传统文化的重要载体。

子主题 2：设计数字闹元宵活动

（1）涉及的学科

信息科技、道德与法治、语文。

（2）主要内容

掌握常见数字设备（如智能音箱、智能手机、平板电脑、交互式触控一体机）的特征、功能和基本操作流程；了解数字设备和资源在展示和传承传统节日中的具体应用，如智能音箱互动问答和知识搜索、平板电脑应用软件对个性化学习的辅助、智能手机增强现实（AR）技术展现、交互式触控一体机触控交互和计算机视觉技术；策划并准备数字闹元宵的分享活动。

（3）学科大概念

◆ 信息科技：人类个体可以借助数字设备进行社会性交互及提升学习质量。

◆ 道德与法治：元宵节的传说故事、特色食品、习俗庆典等活动承载着家庭团圆和社会和谐的价值观。

◆ 语文：中国传统节日具有丰富的文化内涵，汉字、诗歌、古代文化常识是中华优秀传统文化的重要载体。

（4）跨学科大概念

数字设备和数字资源赋能传统文化的传播和传承。

子主题 3：数字闹元宵成果展示

（1）涉及的学科

信息科技、语文、艺术。

（2）主要内容

向同伴推介和展示数字闹元宵的学习成果；比较不同数字设备的特点和适用场景；通过UMU平台展示成果、互动评价；借助文字、图符、语音等方式表达观点。

（3）学科大概念

◆ 信息科技：文字、图符、语音方式能帮助人记录见闻、交流观点；分享信息时，须文明健康地使用数字设备并遵循礼仪规范。

◆ 语文：语言是表达思想情感和交流成果的基础。

◆ 艺术：思想情感可以通过媒介、技术和艺术语言表现。

（4）跨学科大概念

通过语言、艺术、技术等形式多样化呈现与交流学习成果。

2. 跨学科大概念生成图

本案例基于《义务教育信息科技课程标准（2022年版）》第一学段跨学科主题"数字设备体验"而设计，内容包括元宵节和庆祝活动的认知、数字闹元宵活动的设计及成果展示与分享3个环节。教学重点是学生借助数字设备和数字资源学习元宵节相关知识，学习使用数字化手段体验节日风俗文化。本案例的教学围绕"数字闹元宵创意秀"这一主题，引导学生开展跨学科学习，并设置3个子主题，即丰富多样的闹元宵活动、设计数字闹元宵活动和数字闹元宵成果展示。具体大概念生成图如图1-1所示。

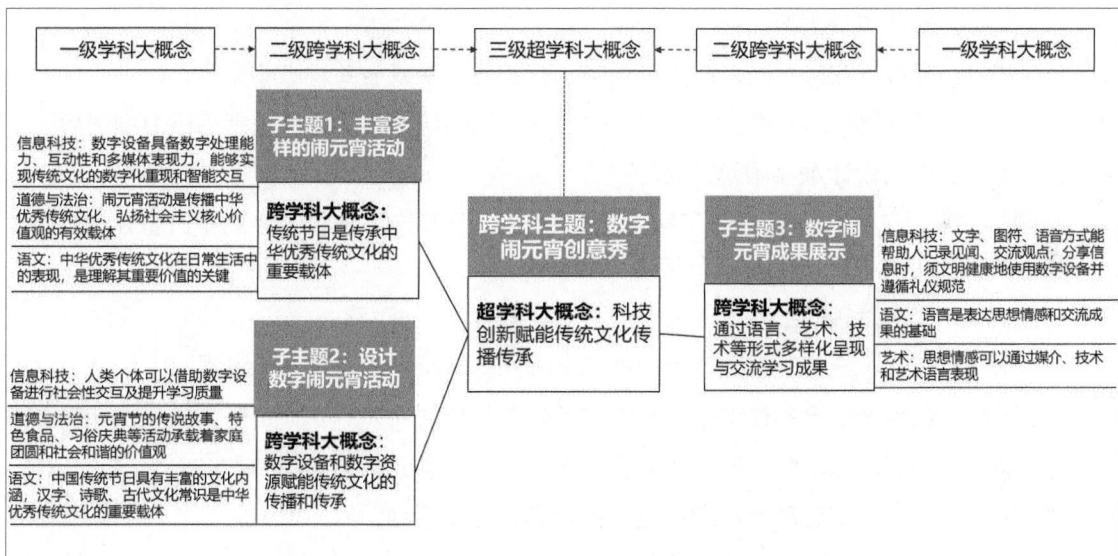

图1-1 "数字闹元宵创意秀"跨学科大概念生成图

| 经验分享 |

本案例涉及信息科技、道德与法治、语文和艺术等学科大概念，在学科交叉的基础上生成二级跨学科大概念，再生成最终的三级超学科大概念。以子主题2为例，在进行设计时先明确本主题所涵盖的学科，并在对应的学段查找与元宵节有关的知识点，同时梳理对应的课程标准要求。子主题2在语文学科的知识点选自统编版《语文 二年级 下册》"识字"单元的《传统节日》一课，其核心素养体现为通过学习节日的来历、习俗和相关故事，提高学生的

文化素养和审美情趣。而在信息科技学科第一学段，《义务教育信息科技课程标准（2022年版）》要求"尝试使用数字设备与数字资源开展识字、朗读和阅读等活动，扩充语言学习的手段与方法"。通过对知识点的梳理及课程标准要求的理解，得出"数字设备和数字资源赋能传统文化的传播和传承"的二级跨学科大概念，再生成最终的三级超学科大概念"科技创新赋能传统文化传播传承"。

1.2.2 问题链：进阶性的跨学科核心问题设计

围绕跨学科大概念提出主问题，并围绕学科大概念进一步提出子问题，形成"数字闹元宵创意秀"跨学科主题学习的问题链。

主问题1：传统与数字闹元宵的方式有哪些？

问题情境1：元宵节是中华民族优秀传统节日，有的人认为传统的庆祝方式才能传承文化、增进家庭情感；有的人则认为数字化庆典提供了便捷的体验，有利于文化传播。你赞成哪种意见，为什么？

子问题1：与元宵节有关的历史、诗歌和传统习俗有哪些？

子问题2：为什么要庆祝元宵节？

子问题3：在传统的庆祝元宵节的过程中，有哪些不便或需要改进的地方？

子问题4：在文化传承方面，利用数字化方式庆祝传统节日有哪些独特的价值和优势？

主问题2：如何设计数字闹元宵活动？

问题情境2：作为数字公民，了解元宵节、庆祝元宵节的方式一定离不开数字化工具。如何利用数字化工具更好地学习和宣传元宵节呢？

子问题1：经常接触的数字设备有哪些？它们都有什么特点？

子问题2：在设计方案时，选择哪一种数字闹元宵展示活动？能演示过程吗？

子问题3：在筹备展示的过程中，小组如何分工和配合？

子问题4：在设计方案时，如何将数字化元素融入传统元宵节活动中？

主问题3：怎样组织和展示小组所设计的数字闹元宵活动？

问题情境3：各小组已经学习了数字闹元宵的活动，接下来将创意展示给全班同学，并从其他小组的展示中学习和成长。

子问题1：小组所选择的数字设备有什么优点？为什么用它来庆祝元宵节？

子问题2：如何有效表达和沟通，以便同伴更好地理解自己的设计意图和理念？

子问题3：其他小组的展示有什么优点？有什么不足？如何改进？

子问题4：不同数字设备的功能、性能和适用场景有何异同？这些差异对未来展示有何启示？

┃ 经验分享 ┃

　　问题链的构建历经了多次迭代与优化，主要原因在于我对教学中的功能性问题与问题链产生了混淆。在重新研读詹泽慧教授的论文《新课标导向下跨学科主题学习如何开展：基本思路与操作模型》，同时经过季瑜博士的点拨后，我逐渐明晰了两者之间的差异。功能性问题主要侧重于提供即时反馈及促进知识点的掌握，往往在教学过程中用于串联教学任务。相比之下，问题链则紧密围绕大概念展开，其目的在于帮助学生更深入地理解大概念，并着重培养学生的探究能力和思维深度。并非所有问题都适合构成问题链，唯有那些具有结构性的关键性问题，才能够在引导学生深入理解大概念方面发挥效用，并因此得以以问题链的形式呈现。通过串联这些问题，教师可以有效地引导学生探索知识领域并构建起完整的知识网络。

1.2.3　目标层：素养导向的跨学科教学目标设计

1. 信息科技学科核心素养目标

　　本案例的信息科技教学目标分为信息意识、计算思维、数字化学习与创新、信息社会责任4个部分。

　　◆ 信息意识：通过展示数字设备庆祝元宵节的新方式，体验数字设备处理信息、展现信息的能力；通过交流展示活动，推动使用数字设备与同伴交流、分享信息，提升学习与使用数字设备的意愿。

　　◆ 计算思维：知道信息的多种表示方式；在实际应用中，能按照操作流程使用数字设备，并能说出操作步骤。

　　◆ 数字化学习与创新：在教师指导下，尝试使用数字设备及数字资源开展学习活动；通过对数字设备的合理使用，了解几种常见数字设备的使用过程和方法；通过文字、图符、音频、视频等多种数字化方式记录见闻和表达观点。

　　◆ 信息社会责任：能认识信息科技给生活带来的便利；养成健康使用数字设备的意识；通过科技新方式感受传统文化魅力，增强文化自信和民族自豪感。

2. 相关学科核心素养目标

（1）道德与法治

　　◆ 文化认同：深化对中华传统节日的价值观念和文化传承的认同，培养学生对中华民族文化的自豪感和传承历史文化的责任感。

　　◆ 法治观念：探讨数字设备使用中的道德规范和法律规定，培养负责任的数字行为。

（2）语文

　　语言理解与运用：通过阅读和朗诵与元宵节相关的文学作品，提升语言理解与表达能力；学习如何运用语言艺术来描述和传达传统文化的内涵。

3. 多学科共通的核心素养目标

◆ 文化理解与传承：学生通过设计、参与、感受数字化节日体验活动，表达对中华优秀传统文化的尊重和认同。

◆ 批判性思维：通过分析和评估不同数字设备的功能和用途，学生能够识别哪些数字工具适合特定的文化传承任务，并评估其效果和潜在问题，培养批判性思维能力。

◆ 创新与创造力：鼓励学生设计新颖的数字设备应用方案，以创新的方式庆祝和传播传统文化。

◆ 沟通合作能力：学生能够在项目实践过程中和小组成员合理分工，有效沟通。能与团队成员共同规划、执行和评估数字化节日活动，有效地交流想法，协作完成任务。

1.2.4 任务簇：综合性的教学活动设计

1. 教学模式、策略与方法的应用

本案例采用情境式教学法、协作学习法和分角色扮演法，需要 3 课时进行教学。教师创设"数字闹元宵创意秀"模拟推介会的教学情境，以庆祝元宵节活动为"明线"，数字设备与应用的载体为"暗线"，通过信息科技支持的角度加深学生对中华优秀传统文化的理解。

第 1 课时，教师带领学生梳理元宵节的起源、故事、诗歌和习俗等，引导学生讨论并认识到庆祝元宵节是传承传统文化的重要方式。借助数字设备和资源带领学生体验数字化支持下的闹元宵活动，学生通过对比传统与数字化庆祝方式，感受信息科技为文化传承赋予新活力。

第 2 课时，教师将学生分为 4 组，分别扮演智能音箱、智能手机、平板电脑及交互式触控一体机的设备推介商，借助微课、导学单等学习资料分组学习数字闹元宵活动。学习内容丰富多样，涵盖虚拟重现古代庆典、VR（虚拟现实）天灯、AI 绘画、拍照识字、姿态识别放烟花等方式，多维度认识元宵节。同时，引导学生策划数字闹元宵的分享活动，为第 3 节课的推介展示做准备。

第 3 课时，学生按照分组的设备分享数字闹元宵的学习成果，推介时组员各司其职、各展所长。与此同时，教师组织学生借助 UMU 平台开展评价，引导学生使用文字、图符、语音等数字化方式交流观点。最后，师生通过横向对比不同数字设备的特点和适用场景，加深学生对数字科技应用的理解和认识。

2. 教学活动设计及实施过程

主干任务 1：感受丰富多彩的元宵文化

子任务 1：说一说我所知道的元宵节

活动 1：七嘴八舌话元宵。学生畅所欲言，从节日起源、习俗、诗歌、美食、传说等方面谈一谈对元宵节的认识。

活动 2：分享元宵节故事。教师组织学生分享难忘的元宵节庆祝经历，并思考这段经历是否存在什么遗憾；教师协助学生分析和整理传统节日庆祝方式存在的局限性。

子任务 2：体验数字化方式闹元宵

活动：教师邀请学生体验数字设备支持下的闹元宵活动。通过智能手机 AR 技术体验古人庆祝元宵节的方式；使用平板电脑拍照取词功能扫描语文课本《传统节日》一课的生词，通过知识链接体验由生字"元宵"中引出的近义词、反义词、造句等资源；使用交互式触控一体机触屏交互，演示触控绘制 3D 灯笼，绘制后会自动生成动画；通过与智能音箱对话了解元宵节的历史，设定观花灯的时间提醒。

子任务 3：传统方式与数字化方式庆祝元宵节的优劣势对比

活动：小组讨论，分享见解。将小组讨论结果录制成语音，并借助 UMU 平台分享到班级学习圈。教师通过板书与学生梳理观点。

主干任务 2：设计数字闹元宵活动

子任务 1：领取小组学习任务，明确分工

活动 1：参与互动游戏，实现随机分组。借助"希沃班级优化大师"工具将全班同学随机分为智能音箱、智能手机、平板电脑及交互式触控一体机 4 个小组。

活动 2：明确各小组的学习任务。教师将任务内容要求告知学生，即学生扮演各种设备的推介商，以闹元宵为体验内容推介设备。

子任务 2：以数字闹元宵为内容，认识并学习数字设备的操作方法

活动：借助微课和导学单完成数字闹元宵的学习活动。

◆ 智能音箱小组：搜索知识，通过语音问答了解元宵节起源、播放诗歌；通过语音交互设置闹铃提醒。

◆ 智能手机小组：借助 AR 技术放天灯、猜灯谜。

◆ 平板电脑小组：借助语文类 App（应用程序）提供的拍照取词功能，学习生词，展示智能伴读、知识链接；借助美术类 App 提供的画册进行电子涂鸦绘制，并自动生成微动画。

◆ 交互式触控一体机小组：实现触屏交互拖曳组织元宵节诗句；通过游戏答题竞赛互动学习元宵节习俗；通过姿态识别实现伸手放烟花

子任务 3：设计展示内容

活动：讨论展示活动的内容和分工。小组团队成员分工，讨论确定第 3 节课分享的内容，沟通分享的语言。

主干任务 3：展示数字闹元宵学习成果

子任务 1：各小组扮演设备推介商，展示数字闹元宵活动

活动：小组展示学习成果。推介时教师鼓励学生采用语言描述、操作演示或互动体验等多种方式，小组成员各司其职，或提供技术支持、或讲解概念、或负责演示、或参与互动。教师要及时担任技术指导，并邀请同学尽可能参加，增强表达的生动性和沉浸感。

子任务 2：借助 UMU 平台的班级学习圈进行反思和互评，梳理收获

活动 1：教师将课堂中模拟推介会上各小组展示的视频剪辑成片，并上传到 UMU 平台的班

级学习圈。

活动2：开展组间互评。学生在UMU平台上通过文字、图符（如点赞、贴星等）、语音等方式发布留言帖，对他人的展示视频进行评价。

活动3：完成反思和发布改进留言帖。学生思考原先的分享有哪些不足，可从哪些方面进行改进，并在自己小组的视频下方以语音形式留言。

活动4：教师借助评价量表对各小组的表现进行点评总结。

子任务3：横向对比数字设备，拓展应用

活动1：横向对比各种数字设备的功能、特点及适用范围。小组分享结束后，教师引导学生就不同数字设备的优缺点进行深入讨论；通过交流互补知识短板，发现更多使用技巧，从而全面了解各种数字设备的用途和特性，从多角度感知数字技术的魅力。

活动2：拓展更多数字设备闹元宵实例。教师拓展更多数字设备闹元宵的例子，如全息投影、VR头显；鼓励学生利用现代科技手段传承和弘扬中华传统文化，为传统文化注入新的活力。

┃ 经验分享 ┃

在设计教学任务时，应明确任务的阅读对象是学生。因此，在呈现主干任务时，要特别注重表述清晰，力求使学生快速明晰学习目标、内容及可借助的学习资源。此外，在任务的设计上也应充分考虑学生的年龄特点和认知水平，为他们设定既合理又具有挑战性的学习要求，确保学生掌握基础知识和技能，实现思维能力的全面发展。

1.2.5 证据集：学习评价的设计

（1）子主题1：丰富多样的闹元宵活动

评价目标	学习活动	评价类型	评价证据
了解学生对常见数字设备和元宵节已有的初始了解，为后续针对性教学提供依据	制作并使用前测问卷：教师使用UMU平台制作前测电子问卷，问卷内容围绕元宵节常识和常见数字设备的认识情况（问卷题目附带语音读题）	学习性评价	前测问卷
以拼图的形式逐步构建和完善学生对元宵节文化的全面理解	七嘴八舌话元宵：师生共同讨论元宵节的起源、诗歌、美食、风俗等文化承载形式，相互补充	学习性评价	班级讨论记录或板书
衡量学生对传统与数字化元宵节庆祝方式的理解深度，同时考查学生对传统文化与现代科技融合的态度和表达能力	比一比活动：学生体验数字设备支持下的元宵节庆祝方式，并说一说传统方式与数字化方式庆祝元宵节的优劣势	学习性评价、学习式评价	对比思考、板书记录

（2）子主题 2：设计数字闹元宵活动

评价目标	学习活动	评价类型	评价证据
评估学生对数字设备操作技能的掌握程度，观察学生的课堂表现、参与度及团队合作学习能力	云平台学习数字设备操作：每组由 6 名学生组成，共同学习使用一种指定的数字设备来庆祝元宵节。小组需选择智能音箱、智能手机、平板电脑、交互式触控一体机中的一种。根据每种数字设备的学习活动要求，通过观看 UMU 平台微课视频和导学单，小组成员一起完成学习。每通关一个学习活动，学生可在学习视频下方勾选五星进行课程积分	学习性评价、学习式评价	UMU 平台的"小节参与度"和课程积分
考查学生规划数字展示活动的能力	设计数字闹元宵展示活动：小组讨论生成第 3 节课要展示的内容、小组分工、展示形式和应用技术	学习性评价	互动讨论

（3）子主题 3：数字闹元宵成果展示

评价目标	学习活动	评价类型	评价证据
通过小组合作向全班展示数字闹元宵方式，提升学习与使用数字设备的兴趣与意愿，提升表达能力	模拟推介会：活动形式为 6 人一组，依托所分配的数字设备（智能音箱、智能手机、平板电脑、交互式触控一体机），以小组为单位扮演设备推介商，向全班展示数字闹元宵的方式	学习的评价	模拟推介会分角色扮演、教师用评价量表
学生通过自评和互评作品，掌握更丰富的数字设备操作技能，并提高利用数字化手段有效表达个人观点的能力	云平台自评和互评：教师将各小组分享成果视频剪辑成片，上传到 UMU 平台的班级学习圈，学生在 UMU 平台开展自评和互评	学习式评价	互评时用文字、图符、语音等表达观点
检验学生对数字设备特性的掌握程度及应用迁移能力，促使学生从表面认识上升到深入分析	制作并使用后测问卷：教师制作后测电子问卷，问卷内容涵盖数字设备适用场景的考查和拓展活动的设计	学习性评价	后测问卷

┃ 经验分享 ┃

　　在收集学习评价证据集的过程中，通过量表进行自评、互评、师评是常见的评价方法之一，但由于一二年级学生年龄较小，文字阅读及表达能力有限，打字技巧欠缺，量表的方法并不一定适用。实际上，证据集的呈现形式可以非常多样化。例如，在头脑风暴中，学生们产生的各种奇思妙想就是一种非常有价值的证据，能够很好地展示他们对于问题的独特见解和思考过程。再如，学生在设计过程中绘制的草图，能够直观地展示他们的构思和规划能力。此外，演讲、展示成果、辩论、创作作品集等都可以是证据集的形式。教师在设计学习评价时，应该注重多样化证据的收集和呈现，以便更全面地评估学生的学习情况和能力发展。

1.2.6 信息化教学资源

1. 跨学科教学资源的类型、功能及对教与学过程的优化作用

（1）学科类应用软件的融入

学科类应用软件的融入旨在通过平板电脑及其搭载的教育类App，拓展学生的学习方式，提升学生的信息素养和技术应用能力。教师引导学生利用平板电脑进行识字、朗读、阅读等语文活动，并结合数学、美术、体育、化学等学科实例，体验拍照取词、智能伴读、模拟实验等功能。App丰富了学习资源，增强了学习的灵活性和互动性。图1-2所示为学生使用语文类App的"拍照取词"功能学习《传统节日》的生词，图1-3所示为科学类App的"模拟实验"功能，图1-4所示为体育类App的"跳绳计数"功能。

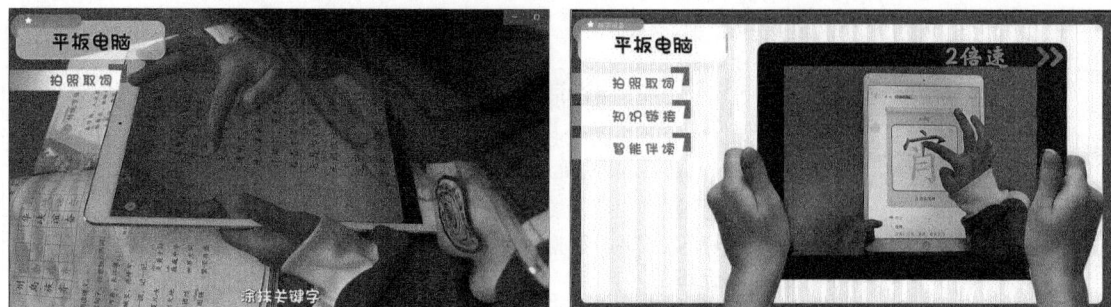

图1-2 语文类App的"拍照取词"功能

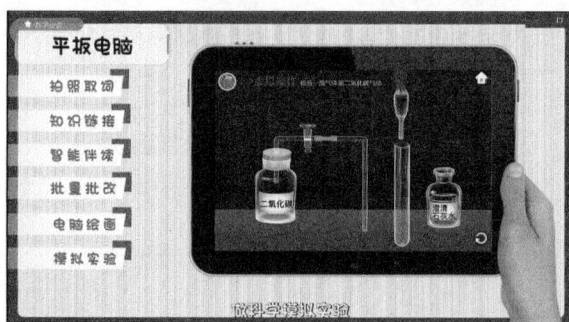

图1-3 科学类App的"模拟实验"功能

图1-4 体育类App的"跳绳计数"功能

（2）AR技术的融入

AR技术融入课堂，旨在为学生提供沉浸式学习体验，使其在安全环境中直观感受传统文化，重温经典。学生可以通过AR技术重现历史场景、放天灯祈愿（如图1-5所示）、模拟传统工艺、进行互动（如图1-6所示）等，加深对文化的理解与认同。AR技术丰富了教学手段，在保证趣味的同时确保了实践安全性。

图1-5　AR放天灯

图1-6　AR萌兔互动

2. 跨学科学习活动资源

教师用评价量表如下。

评价维度	评价指标	评分星级
学习分享	语言表达流畅、准确、完整	☆ ☆ ☆
	声音洪亮，自信大方	☆ ☆ ☆
	分享内容健康合适	☆ ☆ ☆
	小组合作沟通顺畅	☆ ☆ ☆
信息素养与技能	能够选择合适的数字设备参与信息活动	☆ ☆ ☆
	设备操作熟练	☆ ☆ ☆
	创造性地使用数字设备表达观点、设计活动	☆ ☆ ☆
思想意识	了解元宵节的相关知识	☆ ☆ ☆
	了解信息科技给生活带来的便利	☆ ☆ ☆
	提升使用信息科技传播传统文化的意愿	☆ ☆ ☆

▶▶ 1.3 案例反思

信息科技和道德与法治的融合对教师提出了跨学科知识和教学设计能力的挑战。在本次课程中，我虽做出尝试，但如何实现学科的有机融合而非简单叠加仍需深入研究。学生虽对数字设备表现出浓厚兴趣，但在信息检索和自主学习能力上存在不足，尤其是模拟推介活动对低年级学生而言难度较大，需教师提供更多学习材料和引导。通过鼓励学生课后实践，我发现其能力远超预期，应避免过度设限。作为教师，需不断更新知识结构，提升跨学科教学能力，利用信息科技引导学生形成正确的价值观和文化观，激发其创新思维。

02

案例 2

用图符表达情感

本跨学科案例涵盖了信息科技、语文、心理学、艺术、道德与法治等多个学科领域，适合第一学段（1~2年级）的学生学习，建议授课时长为5课时。本案例由深圳市宝安区西湾小学黄珊老师设计并提供。

▶▶ 2.1 案例背景信息

在数字化时代，图符（尤其是表情符号）跨越语言文化，直观传达情感。根据《义务教育信息科技课程标准（2022年版）》，跨学科主题"用图符表达情感"旨在通过实践提升学生的信息意识、数字化学习与创新能力、社会交往与情感表达能力。本案例子主题涵盖洞悉基本情感类型、探索用图符表达情感的方式、图符创作实践及使用图符进行线上交流。创新之处在于探索图符设计要素与情感表达的联系，培养学生的在线交流规范、信息意识和社会责任。

▶▶ 2.2 案例描述

2.2.1 概念群：结构化的跨学科教学内容设计

1. 子主题教学内容分析与大概念梳理

子主题1：洞悉基本情感类型

（1）涉及的学科

心理学、语文。

（2）主要内容

从定义理解、词汇分类、文化影响、表达练习等方面让学生逐步深入地洞悉基本情感类型，为后续的活动做好铺垫，相关概念如下，主要内容如图2-1所示。

◆ 定义：情感是人们对事物是否符合需求的体验，包括快乐、满足、悲伤、愤怒等基本类型。

◆ 词汇：情感词汇分为积极（快乐、满足）和消极（悲伤、愤怒），通过直接描述和隐喻表达来解释各词汇含义。

◆ 文化：情感词汇在不同文化中有差异，强调文化对情感表达的影响，提供实例让学生对比理解，培养学生跨文化交流能力。

◆ 练习：通过情感词汇造句、故事创作等练习，巩固知识，鼓励学生在日常生活中运用，提升情感表达能力。

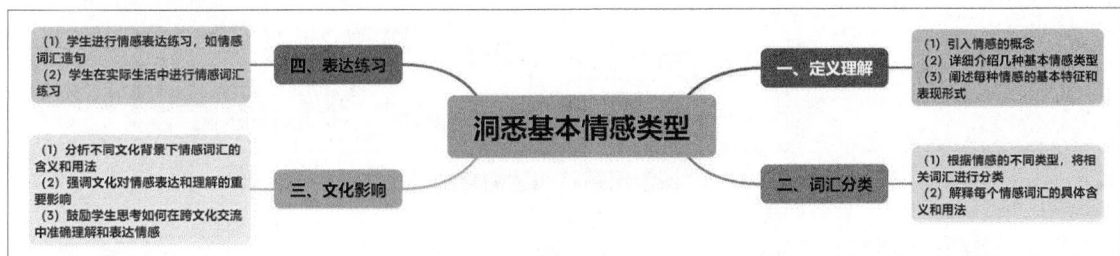

图 2-1　子主题 1 "洞悉基本情感类型"的主要内容

（3）学科大概念

◆ 心理学：情感反映对事物需求的态度，通过活动帮助学生深入了解情感世界，包括基本情感及其文化和个人差异。

◆ 语文：二年级课程标准强调语言积累与应用，教学生准确用词表达情感，理解他人情感信息，提升表达能力。

（4）跨学科大概念

心理学与语文的学科内容是洞察基本情感的基础。

心理学：喜、怒、哀、惧、恶、惊等情绪的定义及特点。

语文：情绪在语言中的表达方式和作用。

子主题 2：探索用图符表达情感的方式

（1）涉及的学科

艺术、心理学。

（2）主要内容

围绕色彩与情感、形状与符号、构图与布局 3 个方面来逐步探索用图符表达情感的方式，主要内容如图 2-2 所示。

（3）学科大概念

◆ 艺术：围绕小学二年级美术学科中融合情感的理解和表达的内容，引导学生以绘画等形式将情感与美术创作紧密结合，让学生通过线条、色彩、形状等图符观察分析其传递的情感，培养学生的观察力、想象力和创造力。

◆ 心理学：色彩与图符影响人们的情感，不同文化对图符的解读不同，借助理论加深学生对图符传情的认知。

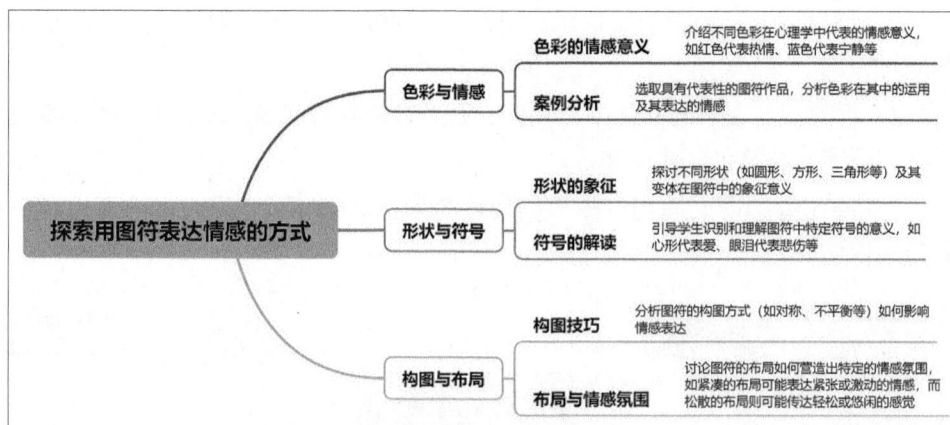

介绍不同色彩在心理学中代表的情感意义，
如红色代表热情、蓝色代表宁静等

选取具有代表性的图符作品，分析色彩在其中的运用
及其表达的情感

探讨不同形状（如圆形、方形、三角形等）及其
变体在图符中的象征意义

引导学生识别和理解图符中特定符号的意义，如
心形代表爱、眼泪代表悲伤等

分析图符的构图方式（如对称、不平衡等）如何影响
情感表达

讨论图符的布局如何营造出特定的情感氛围，
如紧凑的布局可能表达紧张或激动的情感，而
松散的布局则可能传达轻松或悠闲的感觉

图2-2　子主题2"探索用图符表达情感的方式"的主要内容

（4）跨学科大概念

艺术与心理的学习有利于提高学生用图符表达情感的准确性。

子主题3：图符创作实践

（1）涉及的学科

信息科技、艺术、道德与法治。

（2）主要内容

主要从准备阶段、设计阶段、实现阶段、测试调整、发布应用等环节说明图符创作实践的过程，如图2-3所示。

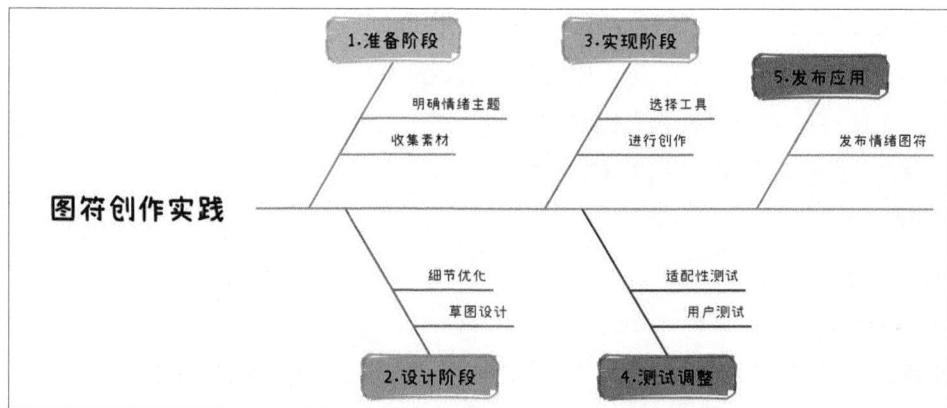

图2-3　子主题3"图符创作实践"的主要内容

◆ 准备阶段：明确情绪主题，确定图符代表的具体情绪，如快乐、悲伤等；利用搜索引擎、图库网站收集素材，可参考已有图标或表情包。

◆ 设计阶段：绘制草图，确定形状、线条与色彩搭配；细化设计，让情绪表达更生动准确。

◆ 实现阶段：用绘画软件（如画图、金山画王、童画秀秀、ArtRage、Adobe Sketch、涂手、Tux Paint等）结合手绘板绘制，也可用AI绘画工具Midjourney生成初步设计。

◆ 测试调整：邀请同学、教师等测试，根据反馈调整优化。

◆ 发布应用：将设计好的情绪图符发布到社交媒体、表情包商店等平台。

（3）学科大概念

◆ 信息科技：数字化学习与创新应用、信息社会责任。

◆ 艺术：色彩理论、构图法则、图形设计等，用于指导情绪图符的视觉效果和布局。

◆ 道德与法治：创作情绪图符需尊重多元文化，弘扬正能量，避免负面传播，体现社会责任感，符合道德伦理要求。

（4）跨学科大概念

设计原理是实现图符创作的重要前提。

子主题 4：使用图符进行线上交流

（1）涉及的学科

信息科技、语文、道德与法治。

（2）主要内容

◆ 案例分析：选取典型的线交流案例，分析图符在其中的作用和效果，引导学生深入思考图符使用的恰当性和艺术性。

◆ 社交礼仪规范：强调在线交流中遵守社交礼仪和规范的重要性，包括图符使用的适当性、礼貌性等方面。

◆ 线上主题交流：角色扮演、即时反馈、情感共鸣、趣味挑战……设计一些与图符相关的趣味挑战或游戏，如"用 5 个 emoji 讲述一个故事"。

◆ 总结要点：讨论结束后，学生提炼出图符在线上交流中的有效应用策略。

主要内容如图 2-4 所示。

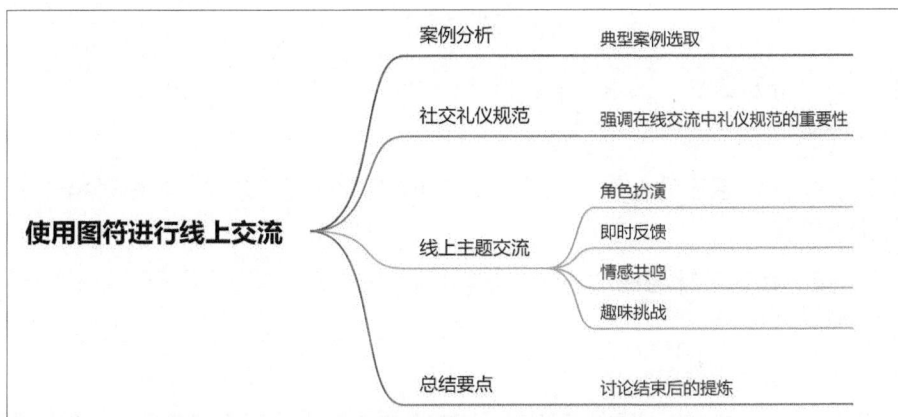

图 2-4　子主题 4 "使用图符进行线上交流"的主要内容

（3）学科大概念

◆ 信息科技：具备信息意识，承担信息社会责任，进行数字化学习与应用等。

◆ 语文：图符本身是一种非语言的沟通方式，但它们在传达信息和情感时仍然需要遵循一定的语言和沟通原则。

◆ 道德与法治；尊重他人、讲诚信、负责任地交流；法律上，应遵守版权、网络安全、合法交流等规范，维护线上和谐，促进社会文明进步。

（4）跨学科大概念

表达和交流有利于作品的应用与优化迭代。

2. 跨学科大概念生成图

"用图符表达情感"跨学科大概念生成图如图 2-5 所示。

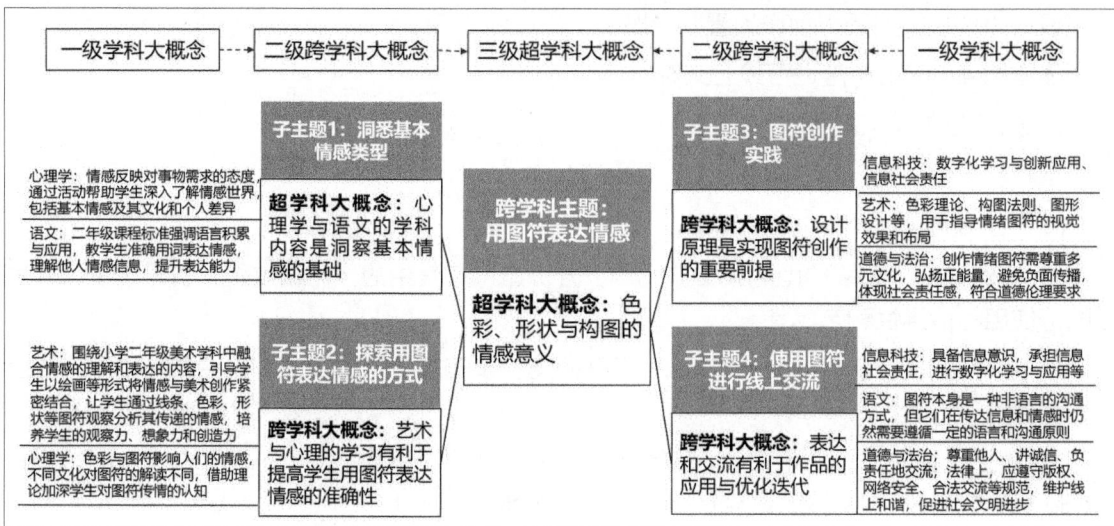

图 2-5 "用图符表达情感"跨学科大概念生成图

经验分享

本案例的设计涉及语文、艺术、信息科技等学科。

（1）主要的大概念

◆ 语文/艺术：情感表达与符号语言。研究情感如何通过文字、图像等符号表达，探讨符号选择与组合规律。

◆ 信息科技：数字设计与图形表达。学习用信息技术工具设计图符，掌握图形元素在情感表达中的作用。

（2）跨学科大概念的整合

二级跨学科大概念的主题主要体现在图符与情感的表达，整合点在于语文/艺术情感理论与信息科技数字设计结合。整合过程如下。

第 1 步：理论学习与案例分析。学习情感表达理论，分析图符运用，调研设计案例。

第 2 步：设计实践。选择情感主题，运用科技工具分组设计图符。

第3步：在线研讨。讨论设计优缺点，提出改进建议，评估情感表达准确性与受众接受度。

（3）超学科大概念的拓展

三级超学科大概念是色彩、形状与构图的情感意义，可拓展为情感传播的多元路径与影响力。拓展点在于探讨情感如何通过图符在线上的不同社会群体间传播，以及这种传播对个体和社会的影响。整合过程如下。

第1步：跨学科融合。学习情感认知理论，研究信息传播理论，分析图符角色。

第2步：实证研究。设计项目，收集数据，分析图符传播效果与影响力。

第3步：综合应用。将结果应用于实际，设计图符产品等，并鼓励学生在跨学科知识的基础上进行创新思考，提出新的情感表达与传播方式。

2.2.2 问题链：进阶性的跨学科核心问题设计

围绕学生素养发展和知识整合的需求，设计一系列由浅入深、由易到难、相互关联的核心问题，以引导学生逐步深入探究并解决问题。

主问题：如何设计一套适合小学生在线学习与生活交流的情感表达图符，并在线上平台中应用？

问题情境：二年级的小明常和读书小组成员在微信互动，通过语音分享观点与读书心得，也用微信自带的表情符号表达情感。但有时会出现图符表意不准而导致成员误会，因此，正确用图符表达情感很重要。

子问题1：如何确定情感的类别？

子问题2：不同的情绪要用哪些图符？

子问题3：如何创作用于情感表达的图符？

子问题4：如何与他人在线上平台交流中应用图符进行情感表达？

2.2.3 目标层：素养导向的跨学科教学目标设计

在设计"用图符表达情感"这一主题的跨学科教学目标时，需要遵循素养导向的原则，将不同学科的知识与技能相互融合，以培养学生的综合素养。本案例聚焦于学生的情感表达、创新思维、跨学科整合能力等核心素养的提升。以下是本案例的教学目标。

1. 信息科技学科核心素养目标

（1）信息意识

目标：培养学生的信息敏感度与价值判断力，使其理解情感图符在数字化沟通中的作用。

实施：通过案例教学分析图符应用场景，组织信息收集与整理实践活动。

（2）计算思维

目标：训练学生的逻辑思维与抽象建模能力，实现情感到图符的数字化转化。

实施：教授图形设计工具，组织学生开展小组形式的方案设计与迭代优化。

（3）数字化学习与创新

目标：提升学生的数字化工具运用能力，培育学生的个性化创意表达能力。

实施：提供数字化工具资源库，组织创意赛事与成果展示。

（4）信息社会责任

目标：强化学生的设计伦理意识及信息安全与隐私保护意识。

实施：融入信息伦理教育，引导学生关注社会需求，设计合规图符。

2. 相关学科核心素养目标

◆语文：增强学生的语言组织能力，使其能用准确语言描述情感，并转化为图符设计灵感。

◆艺术：引导学生运用线条、色彩、形状、符号等美术语言创作情感图符，提升其审美素养，注重美感和情感传达。

◆道德与法治：加深学生的道德价值观认识，确保图符设计符合道德规范。

3. 多学科共通的核心素养目标

◆提升创新能力：学生能用素材进行情感图符创意设计。

◆深化情感认知：学生能深入理解情感，并准确用图符传达。

◆增强社会意识：学生能结合社会现实设计图符，理解社会责任。

2.2.4 任务簇：综合性的教学活动设计

1. 教学模式、策略与方法的应用

构建"情绪探索→特征解构→创意设计→在线应用"渐进任务链，融合数字化工具开展跨学科主题学习。实施路径为：学生通过分析资料建立情感类型图谱，并借助微课解析颜色、结构、符号的情绪映射规律；教师结合案例教学，指导学生图符设计方法，并组织学生在线研讨，形成数字交流规范共识。

（1）教学模式：项目学习

采用项目学习模式，围绕"用图符表达情感"这一主题，设计一系列具有挑战性和实践性的学习任务。

（2）教学策略

◆情境构建策略。通过创设家庭/学校/社会多维场景的情境任务，激发学生的情感共鸣，引导学生实现图符的具象化表达。

◆协同创作策略。组建学科交叉小组，建立互评迭代机制，引导学生通过思维碰撞完善设计方案，培养学生的跨域协作能力。

◆分层指导策略。构建风格图谱数据库，提供自适应设计工具包，实施动态分层指导，实现学生的个性化表达。

（3）教学方法

◆思维导图法。引导学生利用思维导图整理和分类情感表达的相关知识点，展现学科关联性；思维导图法还有助于培养学生的逻辑思维和创新能力。

◆案例分析法：通过分析典型情感表达案例，学生可以更加深入地理解情感表达的技巧，提升综合分析和解决问题能力。

◆任务驱动法：让学生亲自动手设计图符来表达情感，通过实践运用知识，在反思中改进作品。

2. 教学活动设计及实施过程

主干任务：探索如何用图符正确表达情感

子任务 1：洞悉基本情感类型

活动 1：课前资料搜索与分享。学生们通过图书馆查阅、互联网查询和咨询长辈等途径收集关于基本情感类型及相关词汇等的资料；将收集到的资料整理成思维导图或 PPT，在课堂上进行小组分享。

活动 2：情感的沉浸式表达练习。教师提供情境资源，让学生匹配相应的情绪名称和符号；学生用面部表情和肢体演绎情绪。

子任务 2：探索图符与情感表达的关系

活动："画出"情感。学生描述一个最近发生的事情，说一说当时的感受，并用画图的方式"画出"自己的情感。教师和学生共同探索图符与情感表达的关系，如色彩与情感、形状与符号、构图与布局等。

子任务 3：创作情感图符

活动：绘制图符。学生使用绘画软件结合手绘板进行绘制。分享自己的作品，并根据教师、同学的评价进行调整与优化。

子任务 4：实践应用——用图符正确表达情感

活动 1：研讨线上交流案例。引导学生讨论并思考图符使用的正确性和艺术性，讨论如何避免图符使用不当造成的负面影响，如冒犯他人、破坏交流氛围、对国家和个人造成危害等。

活动 2：设计趣味游戏。设计一些与图符相关的趣味挑战或游戏，如图符特工局——情感解码大作战。

2.2.5 证据集：学习评价的设计

对学生的学习过程进行多维度评价，例如，在知识掌握方面，通过问卷、作业、课堂问答等方式评估学生对图符与情感表达关系的理解；在技能运用方面，由教师根据学生的日常任务完成情况进行评价；对于最终作品，可采用自评、互评、师评等方式进行评价，还可在班级群中分享学生作品，邀请家长参与评价。

1. 学习的评价

评价内容		内容描述	师评	互评	自评
知识掌握（30%）		对图符与情感表达关系的理解，通过问卷、作业、课堂问答等方式进行评估			
技能运用（40%）	创意构思（15%）	图符设计的创意性和新颖性			
	图符表达（15%）	图形设计与表达的准确性和规范性			
	技术应用（10%）	制作图符过程中对相关软件或工具的熟练运用程度			
综合素养（30%）		学生在实践活动中展现的批判性思维、创新思维、团队协作能力和自我反思能力等综合素养。可以通过观察记录、小组讨论、自评和互评等多种方式进行评估			

2. 学习性评价

（1）观察记录

教师在学生学习过程中，通过观察记录学生在创意构思、图形设计、色彩搭配等方面的表现，记录学生在小组合作中的互动情况，评估其团队协作能力。

观察项目	①	②	③	说明
认真钻研，主动学习				①认真 ②一般 ③消极
爱探索，积极提问				①积极 ②一般 ③不积极
团队合作（善于与人交流合作，听取别人意见，积极表达自己的观点）				①能 ②一般 ③很少
思维有条理（能有条理地表达自己的意见，解决问题的过程清楚，说话有条理，有计划）				①强 ②一般 ③很少
自信并敢于尝试（提出与别人不同的问题，并大胆尝试表达自己的想法）				①能 ②一般 ③很少

观察项目	①	②	③	说明
作品创意				①极具创意性 ②一般 ③缺乏创意
图形设计、色彩搭配等				①优 ②良 ③一般
说明：根据学生课堂学习的表现行为在相应的序号栏打"√"				
教师评语：				

（2）作品集评价

学生提交一系列图符作品作为学习成果进行展示。教师、同伴及学生本人对作品集进行评价，关注创意、设计、色彩、技术等方面的表现。

（3）学习日志

学生撰写学习日志，记录自己的学习过程，包括遇到的困难、解决策略及学习心得。教师通过阅读学习日志，了解学生的学习反思情况，并给予反馈和指导。

（4）互评

组织学生进行互评，相互欣赏作品，提出有建设性的反馈意见。互评有助于培养学生的批判性思维和沟通能力。

（5）自我反思记录

用录音的方式口述总结自己在跨学科主题学习中的收获、成长点及需要改进的地方。

3. 学习式评价

评价采用打分制，每一项满分为5分，1 ~ 2分表示能完成该项内容描述中的一部分；3 ~ 4分表示基本能完成内容描述中的内容；5分表示能精准完成内容描述中的内容。

评价内容	内容描述	师评	互评	自评
创意与表达	图符能有效传达特定的情感			
	图符独特新颖			
技术与设计	图形设计合理和美观			
	色彩搭配与情感表达契合			
	技术应用熟练和有创新性			
学习与反思	对自己学习过程认识清晰			
	对未来学习方向有明确规划和改进建议			
批判性思维	对自己及他人作品客观评价,包括优点和需要改进的地方			
	对他人作品提出具体、有建设性的反馈意见			

2.2.6 信息化教学资源

在本案例中,教师可搜索与情感符号对应的情感、人在表达不同情感时面部肌肉的变化等相关视频,带领学生观看,加深学生对情感表达的认识。教学还使用了绘画软件(如画图、金山画王、童画秀秀、ArtRage、Adobe Sketch、涂手、Tux Paint等)、AI绘画工具Midjourney辅助图符设计。

▶▶ 2.3 案例反思

本案例参照《义务教育信息科技课程标准(2022年版)》进行开发与设计,因为没有经过课堂实践,很多设计环节和步骤只停留在理想化状态,需要经过课堂实践后再进行优化与迭代,以下是对本案例设计的反思。

1. 对教学过程和效果的反思

本案例进行了多学科融合,但跨学科的深度和广度有待提升,需进一步强化学科内在联系,设计综合任务。学生主体性体现良好,部分学生应对复杂任务能力不足,因此,后续应更加注重对学生自主学习和解决问题能力的培养。

2. 存在的问题和改进的方案

技术赋能需深入探索,下一步计划引入智能工具,支持学生的个性化学习。评价与反馈机制需完善,以确保评价更加客观公正,作品分析更加深入。改进方案包括进一步拓展跨学科内容,引入多元化资源,并加强教师合作。

3. 对专业成长发展的思考

作为一线教师,我将继续开展研究,提炼教学经验。深入探索和优化信息科技项目的学习方法,关注学生的数字素养。通过反思、总结,为教育事业和学生成长奠定坚实基础。

03 案例 3

书写的历史：从甲骨到屏幕

本跨学科案例涵盖了信息科技、语文、艺术等多个学科领域，适合第一学段（1～2年级）的学生学习，建议授课时长为4课时。本案例由深圳市南山区文理实验学校（集团文理二小）刘航老师设计并提供。

▶▶ 3.1 案例背景信息

本案例基于《义务教育信息科技课程标准（2022年版）》第一学段（1～2年级）"信息管理小助手"跨学科主题，以"书写的历史：从甲骨到屏幕"为核心，整合信息科技、语文、艺术等学科的知识。通过探索汉字演化史，引导学生感知中华文化符号，培养学生的数字素养与传统文化认同感。学生将创建"汉字的数字博物馆"，掌握文件分类、保存与分享技能，成为信息管理的主动参与者。

在本案例的教学中，教师鼓励学生将知识融会贯通，强调学生的主体性，让学生在探索和实践中主动学习，而非被动接受知识。教学目标不仅包括掌握知识，还包括思维能力、创新能力、文化认同感等高阶素养的培养。将学习内容与学生的生活经验相联系，提高学习的实用性和趣味性。引导学生利用现代信息技术来传承和创新传统文化，培养学生的数字素养。通过问题链引导学生进行深入思考，鼓励学生提出自己的观点和解决方案。采用项目学习方式，让学生在完成具体任务的过程中学习和应用知识。使用多种评价工具和方法，全面评价学生的学习过程和成果。通过具体的任务和问题驱动教学，提高学生的参与度和动机。鼓励学生进行小组合作，培养团队协作能力和社交技能。尊重学生的个体差异，提供不同层次的学习任务，满足不同学生的学习需求。教学过程中注重培养学生的自主学习能力，为其终身学习打下基础。强调传统文化的学习与创新，培养学生的文化自信和创新精神。

3.2 案例描述

3.2.1 概念群：结构化的跨学科教学内容设计

1. 子主题教学内容分析与大概念梳理

以信息科技为主干，辅以语文、艺术等学科，对课程标准、教材要求和相关论文、网络资料等进行分析，明确"书写的历史：从甲骨到屏幕"这一主题所涉及的教学内容、核心素养及教学目标，梳理出相应的跨学科子主题。基于此进一步厘清跨学科子主题中涉及的学科，以及各学科对应的一级学科大概念，并在学科交叉的基础上演绎出二级跨学科大概念。

子主题 1：汉字的数字博物馆

（1）涉及的学科

信息科技、语文。

（2）主要内容

探索汉字从甲骨文开始的起源，了解不同历史时期汉字的演变，以及早期书写材料的使用。

（3）学科大概念

◆信息科技：信息随着时间的推移被保存下来，并且通过不同的媒介进行传播。从最早的甲骨文到如今的数字化文本，信息存储技术的发展促进了文化的延续和知识的传播。

◆语文：语言文字作为人类交流的重要工具，其从最初的象形文字（如甲骨文）到现今的简化字，经历了漫长的发展历程。通过学习汉字的起源与发展，可以理解语言文字不仅是交流的工具，同时也是文化传承的载体。

（4）跨学科大概念

书写作为一种信息记录和传播方式，随着技术进步和社会需求而演变，书写的方式影响知识的保存、分享和创新。

子主题 2：汉字乐园展览

（1）涉及的学科

信息科技、艺术。

（2）主要内容

举办一个"汉字乐园"展览，让学生展示他们的书写作品，并讲述他们使用不同书写工具的体验和感受。汉字不仅是中华文化的重要组成部分，也是传承千年的美学符号。从甲骨文到现代简化字，书写工具的演变不仅反映了技术的进步，也展现了审美的变迁。通过体验不同的书写工具，学生可以了解汉字的演变历程，同时培养对美学的感知和欣赏能力。

（3）学科大概念

◆信息科技：学生不仅用传统毛笔书写汉字，还尝试用平板电脑配套手写笔模拟毛笔效果，结合传统书法艺术与现代数字技术，体验不同媒介的表达方式，创作汉字书法作品。

◆艺术：感受工具对创作的影响。学生通过体验不同的书写工具，了解工具如何影响作品的风格与表现手法，从而感知美并欣赏不同的艺术形式。

（4）跨学科大概念

书写工具的历史与艺术创作的融合。这一概念强调了书写工具的演变如何影响艺术创作的方式，并展示了技术进步与艺术表达之间的互动关系。通过这一概念的学习，学生能够理解从古代到现代，随着书写工具的发展，艺术创作的方式逐渐改变，同时技术的进步也为艺术创作提供了新的可能性。

2. 跨学科大概念生成图

基于子主题设计，可以归纳出图3-1所示的跨学科大概念生成图。

这个跨学科主题将不同学科的知识和技能整合在一起，帮助学生理解书写和信息记录在历史和现代社会中的作用。它综合了语言文字的发展、书写工具的演进，强调了书写作为一种信息记录和传播方式，是如何随着技术进步和社会需求而演变的，以及这些变化如何影响知识的保存、分享和创新。

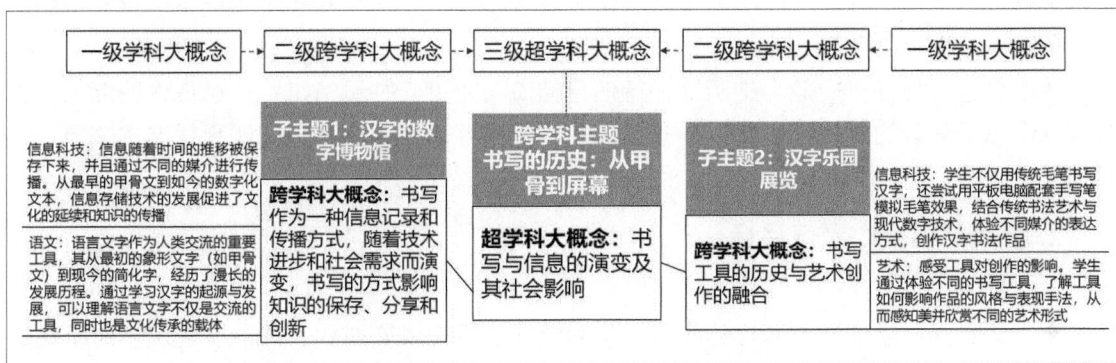

图3-1　"书写的历史：从甲骨到屏幕"跨学科大概念生成图

3.2.2　问题链：进阶性的跨学科核心问题设计

围绕跨学科大概念提出主问题，并围绕学科大概念进一步提出子问题，形成"书写的历史：从甲骨到屏幕"跨学科主题学习的问题链。

主问题 1：如何创建"汉字的数字博物馆"并管理数字文件？

问题情境1：小华是小学二年级的学生，他对汉字的起源和演变充满了好奇。在语文课上，老师讲述了甲骨文的故事，小华被这些古老文字的美丽和神秘深深吸引。他想，如果能把这些关于汉字的历史资料数字化，然后用计算机进行整理，那一定很有趣。于是，他决定创建一个"汉字的数字博物馆"，来探索汉字的起源，并学习如何管理数字化文件。

子问题1：如何建立文件夹结构？

子问题2：如何分类存储文字/图片/音频/视频素材？

子问题3：如何命名文件以实现高效检索？

主问题 2：如何通过书写工具对比理解汉字演变，并安全分享数字作品？

子问题 1：古代书写工具如何影响文字形态？

子问题 2：数字笔迹如何模拟传统书法美感？

子问题 3：分享作品时如何保护隐私信息？

3.2.3 目标层：素养导向的跨学科教学目标设计

1. 信息科技学科核心素养目标

◆信息意识：在日常学习与生活中，在教师指导下，健康、安全地利用计算机、平板电脑、数码相机、扫描仪等数字设备获取汉字起源、演变、现状的素材，包括文字、图片、音频、视频。

◆计算思维：能描述任务实施步骤，能使用计算机、平板电脑对文字、图片、音频、视频等信息进行合理分类，并妥善保存作品。

◆数字化学习与创新：养成良好的数字设备使用习惯，能够利用数字设备记录学习和生活中的事物，并创作数字作品。

◆信息社会责任：规范、文明地进行信息交流与分享，并具备辨别信息真伪的能力，尊重数字作品所有者的权益。会使用图书馆和互联网资源来验证信息，比如查找学术文章、参考图书或咨询专家，确保收集的汉字相关素材是真实可靠的。

2. 相关学科核心素养目标

（1）语文

◆文化素养：学生通过素材的收集，了解汉字的历史演变过程，深入了解汉字所承载的中华文化精髓，从而提升自身的文化素养。

◆语言能力：学生在收集素材的过程中更好地理解和记忆汉字，提高汉字识别和书写能力，同时扩大词汇量，提高语言表达能力。

◆思维能力：学生通过观察、比较、归纳素材等方式，锻炼思维能力，提高逻辑思维和创新能力。

◆社会责任：学生通过收集素材，感受汉字作为中华民族文化遗产的重要性，从而树立起保护和传承汉字的责任感，同时培养爱国情怀。

（2）艺术

让学生感知身边的美，认识美存在于我们周边，初步形成发现、感知、欣赏美的意识。具体来说，学生能够根据周边环境中各种自然物与人造物，运用线条、形状、色彩、肌理等造型元素，以及对称、重复等形式，欣赏和评述其中的美；并能与同学分享、交流自己对身边的美的体会。

3. 多学科共通的核心素养目标

◆文化自信和社会责任感：学生通过收集与文字和信息载体的演变历程相关的文字、图片、音频、视频等数字化文件，认同并热爱中华文化，同时具有保护个人信息、尊重他人数字作品等社会责任感。

◆语言能力和交流技能：学生应具备正确、规范地运用语言文字的能力，能有效进行交流和表达观点。

◆创新思维和批判性思维：学生应具备好奇心、求知欲，勇于探索创新，学会思辨、判断、分析和创造。

3.2.4 任务簇：综合性的教学活动设计

1. 教学模式、策略与方法的应用

本案例采用任务驱动教学法，以"书写的历史：从甲骨到屏幕"为背景，采用渐进式任务簇，以"汉字的数字博物馆—汉字乐园展览"为核心环节，形成"利用计算机创建并管理一个展示汉字起源和演变的'汉字的数字博物馆'"初级任务和"使用不同的工具书写汉字和分享作品"进阶任务两个主干任务，结合多种数字化手段，设计多样化的教学活动，逐步引导学生深入了解汉字的演化历史，体会用不同工具书写汉字，并发现和欣赏汉字的美，提升跨学科学习的效果。

2. 教学活动设计及实施过程

主干任务 1：利用计算机创建并管理一个展示汉字起源和演变的"汉字的数字博物馆"

子任务 1：建立数字博物馆的根基

活动：打开计算机的文件管理器，单击鼠标右键创建新文件夹，并命名为"汉字的数字博物馆"。

子任务 2：收集展览品

活动：下载或扫描资料，并把它们拖动到"汉字的数字博物馆"文件夹中。

子任务 3：给展览品贴上标签

活动：给文件重命名，比如"甲骨文图片-20241002.jpg"，便于记住每个文件的内容。

子任务 4：布置展览

活动：创建子文件夹，如"图片资料""音频故事"和"视频讲解"，然后将相应的文件拖入对应的子文件夹中。

子任务 5：开放博物馆

活动：利用电子邮件云存储服务，将博物馆的链接分享给老师和同学。

主干任务 2：使用不同的工具书写汉字和分享作品

使用不同的工具来书写汉字，并在书写过程中发现和欣赏汉字的美。同时，学习如何安全地使用数字设备，并与同伴分享自己的发现和创作。

活动 1：教师展示甲骨、竹简等古代书写工具的图片（如果有条件，还可展示实物），讲述它们的使用方式。

活动2：学生尝试使用毛笔、钢笔、键盘、平板电脑手写笔等工具，体验书写的乐趣。

活动3：学生用不同的工具写同一个汉字，比较它们的形状和美感。

活动4：学生使用平板电脑或绘图软件，尝试用电子笔迹创作汉字艺术作品。

活动5：学生思考如何在分享作品时不泄露个人信息，如家庭住址、学校名称等。

3.2.5 证据集：学习评价的设计

1. 学习性评价

（1）评价目的

评估学生在项目学习过程中的参与度和学习进度，以及对书写工具和材料的理解和使用能力。

（2）评价方式

◆观察学生在课堂上使用不同书写工具（如毛笔、平板电脑手写笔）的实际操作。

◆收集学生的书写练习，包括在纸上的书写和在计算机上的输入练习。

◆检查学生创作的书法作品，了解他们对书写历史的认识。

（3）评价标准

◆学生能否正确使用书写工具。

◆学生的作品是否展现了对书写历史的基本理解。

◆学生是否能够完成指定的书写任务，并在过程中表现出积极的态度。

2. 学习式评价

（1）评价目的

评价学生在小组讨论和创作活动中的参与程度、合作能力及创造力。

（2）评价方式

◆通过小组讨论，观察学生是否能够积极发言、倾听他人意见，并提出自己的想法。

◆在创作活动中，观察学生是否能够发挥想象力，创作出与书写历史相关的作品。

◆通过学生的自评和互评，了解其对自己和他人作品的看法。

（3）评价标准

◆学生在小组讨论中的参与度和互动质量。

◆学生创作的作品是否具有创意和个人特色。

◆学生是否能够提供有建设性的反馈，并接受他人的建议。

3. 学习的评价

（1）评价目的

评价学生对书写历史的深入理解，以及他们在道德与法治方面的认知和表现。

（2）评价方式

◆通过提问和对话，评估学生对书写历史知识的掌握情况。

◆通过角色扮演或模拟活动，观察学生在保护个人信息和尊重他人知识产权方面的行为。

◆通过学生的项目报告或展示，评价他们对书写历史的整体理解。

（3）评价标准

◆学生对书写历史知识是否准确掌握和理解。

◆学生在模拟活动中展现出的道德判断和法治意识。

◆学生的报告是否能够清晰、有逻辑地表达他们对书写历史的理解。

3.2.6 信息化教学资源

（1）《汉字思维》系列短片（可在哔哩哔哩网站搜索"汉字思维100集"观看资源）

设计目的：生动形象的短片能够帮助学生直观感受汉字的形成和演化过程，理解汉字蕴含的丰富文化内涵。这些短片以故事性和互动性为特点，让学生沉浸其中，激发他们对汉字学习的兴趣。同时，短片还展现了不同时期汉字和书写工具的变迁，让学生感受到汉字作为中华文明载体的重要性。

用法：将《汉字思维》系列短片融入课堂教学，让学生在观看过程中主动思考、讨论，加深对汉字知识的理解。教师也可以引导学生在观看后进行相关创作实践，如绘制简单的甲骨文或篆刻印章，进一步体验汉字的魅力。

支撑性作用:《汉字思维》系列短片能够将抽象的汉字知识形象化、趣味化，激发学生的学习兴趣。通过沉浸式的体验，学生能更好地理解汉字的演化历程，感受到汉字作为中华文化符号的重要性，从而增强他们的文化自信。这些短片还可以为传统文化教育注入新的活力，促进学生全面而有趣地学习传统文化。

（2）阅读与视频资源补充

包括文章《一文读懂人类信息存储进化史》和视频《动画详细讲解计算机存储介质的发展演化历史》、微课《认识文件和文件夹》（可借助互联网和视频 App 搜索文章和视频资料）。

设计目的：让学生了解信息存储技术的演变过程，从而增强对信息技术的认识和理解。通过描述不同时期的信息存储工具和技术如何演变和影响人类社会，激发学生对信息存储演化的兴趣与思考。

用法：将《一文读懂人类信息存储进化史》引入课堂教学中作为教学材料，让学生阅读并讨论其中关于信息存储工具演化的内容。教师还可以设计有关信息存储工具演变的思考题目，引导学生深入探讨信息存储对人类社会的影响。

支撑性作用：可以在教学上起到激发学生学习兴趣的作用。学生可以从中了解到信息技术的发展对社会的重要性，培养对历史和科技的兴趣。此外，这篇文章还可以帮助学生理解现代信息技术的基础和历史渊源，为他们更深入地学习信息技术奠定基础。

▶▶ 3.3 案例反思

1. 对教学过程和效果的反思

教学过程：故事讲述和互动活动成功吸引了学生的注意力，使他们对书写的历史产生了兴趣。信息技术的引入，如使用计算机进行书写练习，提高了学生的参与度，但部分学生在操作计算机时显得有些吃力。在道德与法治的讨论环节，学生能够理解保护个人信息的重要性，但在深入讨论时，需要更多的引导。

教学效果：学生对汉字的起源和演变有了基本的认识，能够识别不同的书写材料和工具。在创作绘画和小故事时，学生展现出了丰富的想象力和创造力。学生在讨论个人信息保护时，能够表达自己的观点，但对法律知识的理解还不够深入。

2. 存在的问题和改进的方案

存在的问题：部分学生在信息技术操作方面存在困难，需要更多的指导。讨论环节时间分配不均，部分学生发言机会较少。教学资源的多样性不足，导致一些教学活动缺乏趣味性。

改进的方案：提供更多的信息技术操作练习，增加一对一辅导时间，帮助学生熟练使用计算机。优化讨论环节的时间管理，确保每个学生都有平等的发言机会。丰富教学资源，如引入更多的多媒体材料和互动游戏，提高教学活动的吸引力。

3. 对专业成长发展的思考

教学策略：需要不断更新教学方法，以适应不同学生的需求和学习风格。探索更多跨学科的教学模式，以促进学生全面发展。

技术应用：提高自身在信息技术方面的专业能力，以便更有效地指导学生。学习如何利用科技工具提高教学效果，如使用教育软件和在线资源。

学生评估：深入研究多样化的评价方法，以更全面地了解学生的学习进度和需求。学习如何通过评价促进学生的自我反思和自主学习。

持续学习：参与专业发展培训和研讨会，以保持对教育趋势的了解。与同行建立交流网络，分享教学和实践经验。

案例 4

周末巧安排
——数字设备来帮你

本跨学科案例涵盖了信息科技、道德与法治等多个学科领域，适合第一学段（1~2年级）的学生学习，建议授课时长为3课时。本案例由深圳市坪山区坪山实验学校夏秀明老师设计并提供。

▶▶ 4.1 案例背景信息

本案例为基于健全人格议题的跨学科主题学习案例，从学生的日常生活出发，根据二年级道德与法治课本中《周末巧安排》的内容，利用信息科技手段设计、实施、完善周末生活安排。

依据"信息隐私与安全"模块的核心知识，以设计、实践、反思周末生活为主线，有机整合道德与法治学科知识技能和思维方法。学生将①学习如何利用时间管理四象限，把周末任务按四象限进行分类；②了解访问文件时，不同人员的权限不同；③使用数字设备时，能合理设置密码；④周末出行时，了解定位的含义及作用，能认识到定位信息的价值；⑤能分享周末计划与真实过周末的差别，并总结周末生活，合理调整下一次的周末计划，能有信息安全意识地分享个人信息。在设计周末生活时，学生不再只通过喜好和需要两个维度判断如何安排周末生活，而是借助时间管理四象限理论指导，使规划更加合理科学。在实践周末生活时，学生利用数字设备使用文字、图片、音频、视频、位置等记录周末生活，使记录的内容更加全面。本案例涉及生活中常见的数字设备，不仅增加了学生对周末生活计划、实践、反思的兴趣，同时为三年级即将学习的"体验不同的数字设备"课程内容打下坚实的基础。

▶▶ 4.2 案例描述

4.2.1 概念群：结构化的跨学科教学内容设计

1. 子主题教学内容分析与大概念梳理

以信息科技为主干，辅以道德与法治学科，对课程标准、教材要求、相关论文、网络资料等文本进行分析，明确"周末巧安排——数字设备来帮你"这一主题所涉及的教学内容、核心素养及教学目标，梳理出相应的跨学科子主题。进一步厘清跨学科子主题中涉及的学科，以及各学科对应的一级学科大概念，并在学科交叉的基础上演绎出二级跨学科大概念。

子主题 1：设计周末生活

（1）涉及的学科

道德与法治、信息科技。

（2）主要内容

周末生活对人的重要性；时间管理四象限的具体内容；时间管理四象限应用于周末生活安排的具体案例；访问文件时不同的人有不同的权限。

（3）学科大概念

◆道德与法治：隐私权是自然人享有的基本人格权之一，个体对于自身私生活、静谧空间及信息安全等方面享有独立自主的掌控权利。

◆信息科技：保证信息的机密性，为不同的人设置不同的访问权限，权限只交给合适的人。

（4）跨学科大概念

时间管理：在单位时间内完成的任务数量是有限的，可通过规划完成任务的先后次序，使单位时间内的产出最高。

子主题 2：运用数字设备记录周末生活

（1）涉及的学科

道德与法治、信息科技。

（2）主要内容

密码对于信息安全的重要性；正确设置密码的方法；定位的作用及价值；正确使用定位信息。

（3）学科大概念

◆道德与法治：权利主体有权按照自己的意愿支配自己的隐私，只要不违背公序良俗即可。

◆信息科技：信息有不同的保密等级，重要信息（如密码）需要进行保护，不能轻易告诉他人。保证部分信息的机密性，如定位信息只有在特定情况下才公开。

（4）跨学科大概念

技术手段与安全措施：使用信息技术时，如密码和定位服务，要了解其安全性与风险，选择合适的保护措施以确保信息的机密性和安全性。

子主题 3：展示分享周末生活

（1）涉及的学科

道德与法治、信息科技。

（2）主要内容

展示分享周末生活；知道信息安全是保护个人隐私的重要前提，个人隐私的保护依赖有效的信息安全措施。

（3）学科大概念

◆道德与法治：权利主体有权隐瞒自己的隐私，使其不为他人所知，包括个人的生活习惯、内心世界、个人信息等。

◆信息科技：信息安全是保护我们的信息不被未经授权的人访问和滥用的过程。它确保我们的信息是安全的，只有我们想要分享的那些人才能看到。

（4）跨学科大概念

信息安全与个人隐私保护的关系：信息安全是保护个人隐私的重要前提；个人隐私的保护依赖有效的信息安全措施。

2. 跨学科大概念生成图

本案例的跨学科大概念生成图如图4-1所示。

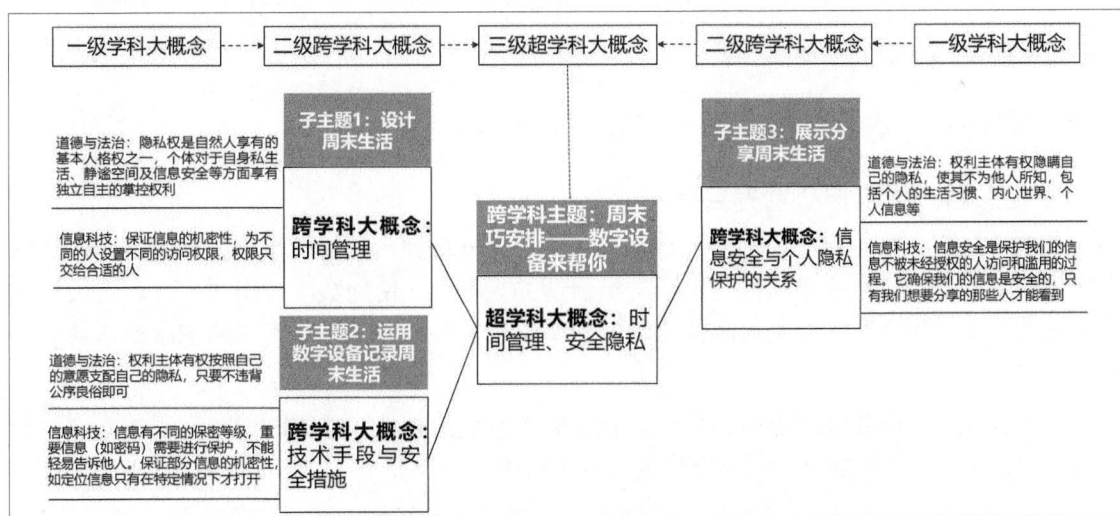

图4-1 "周末巧安排——数字设备来帮你"跨学科大概念生成图

4.2.2 问题链：进阶性的跨学科核心问题设计

主问题 1：如何有效安排周末生活？

问题情境1：周末到了，真开心。可是好多次周末想做的事没有做完，必须做的事到了周日晚上才完成。周末应该怎么安排，才能既有意义又能放松自己？

子问题 1：哪些是想做的事？

子问题 2：哪些是必须做的事？

子问题 3：哪些事应该先做，哪些事应该后做？

子问题 4：如何让小伙伴帮你修改周末计划，又不让其他人知道？

主问题 2：运用数字设备记录周末生活时，怎样兼顾信息安全？

问题情境 2：通过对主问题 1 的学习，我们将明白周末生活要想安排得既有意义又能放松自己，首先需要控制任务的数量，其次要将事件进行分类，先从重要的事情入手。周末生活已经安排好，让我们用电话手表或其他数字设备记录自己的周末生活吧。看一看计划与实际是否有差距，进一步调整计划或行为，同时记录周末的美好瞬间。

子问题 1：怎么保证自己的电话手表里的内容只有自己能看到？

子问题 2：密码怎么设置才不容易被猜到？

子问题 3：定位信息有什么作用？怎么使用定位信息更安全？

主问题 3：如何利用网络分享周末生活？

问题情境 3：同学们周末玩得真开心，有一些同学想把周末做的事分享到网络上，想一想，什么样的信息才适合分享在网络上？

子问题 1：什么样的图片信息不能分享在网络上？

子问题 2：在网络上分享文字类信息要注意什么？

子问题 3：还有哪些形式的信息适合在网络上分享？

子问题 4：信息安全和个人隐私保护之间有什么关系？

4.2.3 目标层：素养导向的跨学科教学目标设计

1. 信息科技学科核心素养目标

◆信息意识：学生有学习与使用数字设备的兴趣与意愿，养成给数字设备设置密码的好习惯；理解为保护信息安全，只把权限交给合适的人群；在使用数字设备时，了解定位信息的重要性；乐于使用数字设备与同伴交流、分享信息，并能理解不是所有的信息都适合在网络上分享。

◆计算思维：学生能分析容易被他人猜出来的密码的规律，并明白设置密码的方法；能合理使用数字设备，对数字设备与真实情境的关联感到好奇。

◆数字化学习与创新：学生能够运用数字化工具进行资料收集、沟通协作、成果展示，实现周末生活的安排、实践、展示及反思等过程。

◆信息社会责任：学生能够认识到信息科技给生活带来的便利，健康使用数字设备；在记录和分享周末生活时，能认识到个人信息保护的重要性。

2. 道德与法治学科核心素养目标

◆政治认同：学生能够理解分享不当图片会影响国家安全等问题，进一步培养爱祖国、爱人民、爱家乡的情感。

◆法治观念：学生能了解生活中基本的安全常识，达成在生活中树立个人信息保护意识、确保个人信息安全的法治观念素养目标。

◆健全人格：通过实践学习，学生能掌握个人信息保护的技巧，达成自我保护、远离伤害的健全人格素养目标。

3. 多学科共通的核心素养目标

◆元认知能力：学生通过设计、记录、分享、调整周末生活，更好地理解周末生活的意义，提升自我调节和反思能力。

◆沟通合作能力：学生通过共同修订周末计划，认识到团队协作和有效沟通的重要性，能在集体中发挥作用。

◆表达能力培养：学生通过在网络上分享周末生活，利用文字或图片清晰、有条理地传达自己的思想和观点，理性地点评他人的分享，培养表达能力。

4.2.4 任务簇：综合性的教学活动设计

1. 教学模式、策略与方法的应用

本案例采用项目学习教学方法，以规划周末生活为项目背景，根据"如何有效安排周末生活？""运用数字设备记录周末生活时，怎样兼顾信息安全？""如何利用网络分享周末生活？"这3个主问题，采用渐进式任务簇，以"计划周末生活—记录周末生活—分享周末生活"为核心环节。结合多种数字设备，设计多样化的教学活动，逐步引导学生设计、实践、分享、调整自己的周末生活，从而提升跨学科学习的效果。首先，学生通过头脑风暴了解周末生活难以将想做的和重要的事都做完，理解时间管理四象限可确定任务先后次序，利用数字设备帮助理顺任务先后次序；其次，教师引导学生通过数字设备记录周末生活，通过微课学习、案例展示等，学生理解数字设备使用过程中，密码、定位等对信息安全的重要性；最后，教师引导学生展示、反思周末生活，发现计划与实践的差距，从而进一步调节，制订更适合的计划，同时通过案例分析，引导学生归纳在网络上分享周末生活时，使用图片、文字和分享范围的注意事项，提高学生对信息安全与个人隐私保护关系的认识。

2. 教学活动设计及实施过程

子任务 1：设计周末生活

活动 1：头脑风暴找任务。学生分为 4 人小组，讨论并归纳周末想做的事和重要的事，并写在分发的纸条上。每个小组将 4 个纸条贴在黑板上。学生总结——周末很难将想做的和重要的事都做完。

活动 2：介绍时间管理四象限。教师介绍时间管理四象限，包括重要又紧急的事、重要但不紧急的事、不重要也不紧急的事、紧急但不重要的事，以及各象限任务的先后顺序。学生将黑板上贴出的想做的事和重要的事按照四象限进行分类。

活动 3：在平板电脑上制订周末计划。学生依据自己的实际生活，在平板电脑上通过拖

曳的方式制订周末计划。制订好周末计划后，通过文档共同编辑功能邀请同组的同学、家长修改，最终完成周末计划。在修改文档过程中让学生明白权限的意义，理解权限是把合适的功能给合适的人。

子任务 2：记录周末生活

活动 1：选择记录周末生活的方式及数字设备。通过图片或视频向学生介绍记录周末生活的多种方式及数字设备。依据家庭现有的数字设备的实际情况，选择可用的数字设备来记录周末生活。

作业布置：用选择的方式和数字设备记录周末生活。

活动 2：小组讨论设置数字设备密码的正确方法。讨论短密码、常用数字、特别数字作为密码的弊端，归纳设置密码的方法。

活动 3：理解定位信息有价值。教师播放利用定位信息威胁人身安全的视频，组织学生讨论定位信息的价值。学生讨论在应用数字设备时，什么场景可以分享定位信息，什么场景不能分享定位信息。

子任务 3：分享、调整周末生活

活动 1：课前学生准备 2～3 张图片和 100 字文段，分享周末最有趣的事。2～3 位同学展示分享周末的有趣事情。通过学生自评、互评、师评的方式开展周末趣事分享评价。教师播放图片和视频，引导学生认识到部分图片、文字信息会泄露国家秘密和个人信息，威胁到国家安全与个人安全，提醒学生在网络上分享周末趣事的注意事项。

活动 2：反思周末计划与真实周末生活的差距。学生对照周末计划及周末生活记录，分析计划与实践的差距。根据时间管理四象限原则，再次对周末计划进行调整完善。

活动 3：学生讨论并总结信息安全与个人隐私保护之间的关系。

4.2.5 证据集：学习评价的设计

1. 学习的评价

（1）评价目的

评估学生对文档的权限功能、密码设置、定位信息价值的理解，以及他们在做周末计划表、记录周末生活、分享周末生活时的表现。

（2）评价方式

知识测试和作品评价。

（3）评价标准

◆知识掌握：学生对与数字设备相关的信息安全知识的掌握程度。

◆动手操作能力：学生周末计划表、周末记录表、周末生活展的完成度和创新性。

2. 学习性评价

（1）评价目的

记录和评估学生在讨论周末任务、修改他人计划、讨论数字设备的密码设置方法等环节的参与度和合作能力。

（2）评价方式

◆自评：个人根据自己在小组中的表现，评价自己的贡献。

◆小组互评：通过小组互评，评估每个成员在小组活动中的贡献。

◆师评：教师对学生的学习过程和成果进行反馈。

（3）评价标准

◆参与度：学生在小组讨论中的活跃程度。

◆合作精神：学生在小组活动中的合作态度和团队协作能力。

◆解决问题能力：学生认识到周末计划与周末生活本身的差距，找出其中的问题，进一步对周末计划做调整，使周末生活更符合自身实际的能力。

3. 学习式评价

（1）评价目的

培养学生的自我评价能力，鼓励他们对周末生活从计划、实施到分享的过程进行反思，同时理解将数字设备应用到生活中时应关注个人隐私保护与信息安全。

（2）评价方式

◆自评：学生进行自我评价，评估自己在完成3个任务中的表现。

◆互评：学生相互评价，指出彼此在小组活动中的优点和需要改进的地方。

◆反思：学生对自己制作的周末生活展进行反思，并通过反思进一步调整周末计划。

（3）评价标准

◆自我认知：学生对自己学习状态的理解和认识。

◆评价技能：学生在进行自评和互评时的公正性和准确性。

◆互评质量：学生在互评中的客观性和建设性。

4.2.6 信息化教学资源

1. 跨学科教学资源的类型、功能及对教与学过程的优化作用

在教学过程中，使用电话手表或平板电脑等数字设备。

◆设计目的：让学生体验数字设备设置密码和解开密码的过程，利用定位信息定位并理解其价值。

◆用法：学生利用现有数字设备，在虚拟环境中自由探索。

◆支撑性作用：任何讲授都达不到真正体验的效果，数字设备可以让学生深刻体会到将权限分给不同人的用意，掌握密码设置的方法，以及认识到定位信息的价值。

2. 跨学科学习活动资源

（1）任务单

我的周末任务	
班级：_____	姓名：_____
想做的事：	重要的事：

我的周末计划	
班级：_____	姓名：_____
重要又紧急的事：	重要但不紧急的事：
不重要也不紧急的事：	紧急但不重要的事：

（2）学习内容评价

评价要素	评价标准			自评
	5分	3分	1分	
时间管理四象限	能全面理解时间管理四象限，并能够有效地将其运用于日常学习中。例如： ·精确区分所有任务的紧急性和重要性，并根据优先级清晰列出待办事项； ·制订和调整周末计划，确保所有重要任务得到及时关注； ·能够有效管理时间，避免拖延，确保任务按时完成； ·至少能够主动进行一次全面的时间管理审视，识别需要改进的领域，并采取措施提高学习效率	基本理解时间管理四象限，能够应用一些原则，但在实际操作中仍需进一步提高。例如： ·能够识别紧急和重要的任务，能够把某些任务正确地分类； ·能制订周末计划，但缺乏长远规划或对重要任务的持续关注； ·在时间管理中偶尔会受到干扰，导致任务延误； ·能够完成一些重要任务，但还需加强对重要但不紧急任务的关注	对时间管理四象限的概念知之甚少，难以将其应用到实际学习中。例如： ·难以识别紧急和重要任务的区别； ·任务优先级安排混乱，常常忽视重要又紧急的任务； ·学习计划缺乏结构，学习效果差； ·经常感到忙碌但无效，完成的任务数量少	

续表

评价要素	评价标准			自评
	5分	3分	1分	
文件的不同权限	对文件权限的理解比较深刻，能够清楚地表达各权限的意义和适用情况。例如： ·能准确解释什么是文件权限，并能够具体描述至少两种权限类型（如"查看权限"和"编辑权限"）； ·理解不同人员在文件使用中的权限差异，并能够提供多个相关的实际例子，如老师、学生和管理员的权限差异； ·能够表达出文件权限管理的重要性，能够简单说明不当权限配置可能导致的问题	对文件权限有初步认识，能辨别一些基本的权限类型。例如： ·能够简单描述什么是文件权限，能举出如"可以看"和"可以动"的基本概念； ·理解不同人员可能有不同的权限，但在具体描述时存在混乱或不完整； ·能举出一个简单的例子，如学校里老师和学生的不同权限（老师可以修改文件，学生只能查看文件）	对文件权限的概念非常模糊，几乎无法理解在使用文件时不同人员的权限差异。例如： ·无法说明什么是文件权限； ·对于文件的使用和权限管理缺乏认识，可能只知道文件是什么，但无法联想到权限的意义； ·不能举出具体的例子或情况，理解停留在表面	
设置数字设备密码	对设置一个好密码的理解非常清晰，能够有效地解释创建安全密码的原则和方法，如密码应包含大写字母、小写字母、数字和符号。例如： ·能够解释为什么这些原则（如避免使用个人信息、选择随机组合等）有助于提高密码的安全性； ·能够举出具体的例子，展示哪些是强密码，哪些是弱密码，并能说明选择强密码的理由（如提到防止被别人轻易猜到）	对创建好密码有初步的认识，能够描述一些基本的密码设置规则。例如： ·能提到密码应包含数字和字母，能简单描述一个相对安全的密码的特征； ·能够列举出一些基本的建议，如"不要用太简单的密码"或"不要用自己的名字拼音"； ·理解一些提高密码安全性的原则，如密码要长一点或使用多种字符类型，但缺乏详细的合理解释或实例支持	对设置好密码的概念理解非常有限，几乎无法描述如何创建安全的密码。例如： ·无法说明什么是"好密码"，或认为所有密码都是一样的； ·对于设置密码的基本原则完全不了解，无法提及任何具体的建议或方法； ·不能理解密码的重要性，对密码的安全性缺乏基本的认识，可能会举出将简单的个人信息（如生日、姓名拼音等）作为密码的例子	
定位信息的价值	对定位信息的价值理解非常全面，能够清晰地表达其重要性和多种用途。例如： ·能准确解释什么是定位信息，并能够清楚地描述其在生活中的各种实际应用，如导航、社交应用、公共安全等； ·能举出多个具体的例子，展示定位信息的不同用途，如在自然灾害中如何使用定位服务找寻帮助； ·理解定位信息的隐私和安全问题，能够简单讨论其带来的便利和潜在风险，并提到在使用定位服务时应该注意的事项	对定位信息有初步的认识，能够描述一些基本的用途和好处。例如： ·能简单解释什么是定位信息，明白它是指设备的地理位置； ·能够提到定位信息的一两个应用场景，如使用地图找路或相关的游戏，但可能缺乏深度理解； ·理解定位信息的价值，如帮助找到位置或提供导航，但对其在安全或社交方面的潜在应用了解不深	对定位信息的概念理解非常有限，几乎无法解释为什么定位信息有价值。例如： ·无法说明什么是定位信息，甚至可能不知道这个词的意思； ·对于定位信息的用途和意义完全不清楚，无法举出任何相关的例子或场景； ·不能认识到定位信息在日常生活中的现实应用，如导航或安全	

续表

评价要素	评价标准			自评
	5分	3分	1分	
网络分享信息	对网络分享信息的注意事项理解非常全面，能够清晰地表达出网络分享的重要性及多个具体的建议。例如： ·能准确解释什么是网络分享，能够详细描述分享时需遵循的具体规则，如"确保信息安全""只与可信赖的人分享信息""了解信息可能被分享给谁"等； ·能够列出多个具体的注意事项，并解释每个事项的原因，如为什么要保护个人隐私、如何判断分享对象的可信性等； ·理解网络分享的长期影响，能够讨论分享信息可能导致的后果，如影响隐私、安全和个人形象，并能提出在分享信息时应采取的谨慎态度	对网络分享信息有初步认识，能够描述一些网络分享的基本注意事项及其重要性。例如： ·能简单说明什么是网络分享，如分享照片、文字或视频等信息； ·能够列举出一两个基本的网络分享注意事项，如"不分享个人信息""不要与陌生人分享"； ·理解网络分享信息时的风险，能举出一些简单的例子，如分享位置可能导致不安全，但对更复杂的网络安全问题缺乏深入理解	对网络分享信息的概念理解有限，能简单提及一些基本的注意事项，但缺乏深入的理解。例如： ·能够简单描述什么是网络分享，如分享照片或文字，但对其具体含义理解不深； ·能提到一两个基本的网络分享注意事项，如"不分享个人信息""不要与陌生人分享"，但无法解释这些注意事项的原因； ·对于分享信息的潜在风险有初步的意识，能够举出一些简单的例子，如分享个人信息可能导致不安全，但对隐私保护的理解仍然较为模糊	

（3）计划—实践变化反思表

序号	计划	实践差别	原因	下次调整
1				
2				
3				
4				
5				

（4）小组合作中的表现

参与小组学习活动中的表现	自评			互评（_____）		
	优	中	差	优	中	差
1. 与其他同学合作与交流						
2. 认真听取其他同学的意见						
3. 与其他同学共同完成任务						
4. 完成自己的任务						
5. 帮助其他同学						
6. 协调小组成员						
7. 促进小组学习活动						
8. 愿意与其他同学分享学习成果						

▶▶ ④.3 案例反思

1. 对教学过程和效果的反思

通过跨学科主题学习，学生能够将道德与法治的知识与信息科技技能有效整合。在教学过程中，学生不仅学习了如何合理安排周末生活，还增强了信息隐私与安全的意识。教学效果体现在以下几个方面。

主动参与：学生在设计周末安排的过程中表现出积极主动的态度，利用时间管理四象限分类任务使其安排更加科学合理。通过将理论学习应用于生活实际，学生能够增加兴趣，在真实情境中体验到知识的价值和实用性。

多种数据形式记录：通过数字设备，学生能够借助文字、图片、音频和视频全面记录周末生活。这种多媒体记录方式提高了学生的表达能力和创造性，同时能帮助他们更好地反思。

反思与调整：学生在分享计划与实际情况的差距后，能够总结经验，用于指导下一次周末安排，提高了学生的自我评估和持续改进意识。

2. 存在的问题和改进的方案

技术应用能力不均。在使用数字设备时，学生的技术能力存在较大差异。为了使每个学生都能够充分参与，教师可以提供技能培训或分组活动，让技术能力较强的学生帮助其他同学，营造互助的学习氛围。

反思深度不足。在记录周末生活时，有少部分学生仅仅停留在表面，未深度反思。为此，设计过程中可利用任务单，设计一些更具引导性的问题，鼓励学生从不同角度进行深度思考，如探讨情感变化或时间管理的效率。

3. 对专业成长发展的思考

跨学科整合能力。开展跨学科主题学习需要教师具备良好的整合能力，能够将不同学科的知识有机结合。对此，后期我会参与更多的跨学科培训和学习，增强自身的专业素养。

反思与改进的能力。教师应培养持续反思的习惯，定期对自己的教学效果进行评估并进行相应的改进。我会建立一个反思记录体系，跟踪自己的教学策略和学生的反馈，将其应用于今后的教学设计。

案例 5

深圳湾观鸟行动

本跨学科案例涵盖了信息科技、科学、道德与法治等多个学科领域，适合第二学段（3~4年级）的学生学习，建议授课时长为3课时。本案例由深圳市龙华区第二实验学校教育集团熊辉亮老师设计并提供。

▶▶ 5.1 案例背景信息

本案例从《义务教育信息科技课程标准（2022年版）》素养要求出发，致力于提升学生应用信息科技的能力，以"深圳湾观鸟行动"为主题，融合信息科技、科学、道德与法治等学科内容，设计跨学科学习项目。

本案例以大单元的视角串联起3个重要学习内容，包含观鸟前、观鸟中和观鸟后3个课时的学习内容。"观鸟前"使用在线文档，头脑风暴分析观鸟过程中可能遇到的问题，并借助思维导图，制作详细可行的观鸟计划。"观鸟中"根据需要合理选用数字设备，了解生活中常见的数字设备和使用规范，并尝试在不同设备之间复制文件，加深对资源共享的理解。"观鸟后"了解常见搜索引擎，尝试使用关键词搜索、了解鸟类知识，并使用观鸟过程中收集到的图片、视频素材制作多媒体作品。

本案例注重跨学科融合，其中信息科技学科方面主要包含在线文档交流、思维导图制作、数字设备选择与使用、文件复制共享、搜索引擎的使用及多媒体作品的制作等内容；科学学科方面主要包含观察生物、认识鸟类、了解湿地生态等内容；道德与法治学科方面主要包含保护环境、爱护动物、团结协作及尊重自然等内容。

总的来说，深圳湾观鸟行动跨学科案例来源于学生真实的生活世界，紧密联系深圳地域特色，既有理论学习，也有实践探索。本案例能够激发学生兴趣，让学生走进大自然，亲近大自然，认识鸟类，保护鸟类，理解习近平总书记"绿水青山就是金山银山"的科学论断。同时对于学生信息意识的培养、计算思维的提升及数字化学习与创新能力的提升都有重要的促进作用。

▶▶ ５.２ 案例描述

5.2.1 概念群：结构化的跨学科教学内容设计

本案例对各学科课程标准、教材要求和相关论文等资料进行分析，明确"深圳湾观鸟行动"这一主题所涉及的教学内容、核心素养及教学目标，梳理出相应的跨学科子主题。基于此进一步厘清跨学科子主题中涉及的学科，以及各学科对应的一级学科大概念，并在学科交叉的基础上演绎出二级跨学科大概念。

1. 子主题教学内容分析与大概念梳理

子主题1：制订观鸟计划

（1）涉及的学科

信息科技、科学。

（2）主要内容

分析从学校出发去深圳湾观鸟需要考虑的问题，借助在线文档，头脑风暴制订计划；分解问题，细化计划，借助思维导图制作详细可行的观鸟计划；小组分享展示计划，互相学习改进提升。

（3）学科大概念

◆信息科技：在线文档、思维导图等信息工具有利于小组合作理清思路、制订计划。

◆科学：科学观察是研究生物多样性的重要方法，观察鸟类需要考虑多种因素并制订合理的计划。

（4）跨学科大概念

信息科技工具有助于小组合作收集与整合信息，对于制订鸟类观察计划有重要帮助。

子主题 2：选择观鸟设备

（1）涉及的学科

信息科技、道德与法治。

（2）主要内容

了解生活中常见的数字设备和使用规范；在不同设备之间复制文件，理解资源共享；使用观鸟过程中拍摄的图片、视频等资料制作PPT、短视频等多媒体作品。

（3）学科大概念

◆信息科技：根据不同的需要选择合适的设备与工具，有助于高效完成任务；电子文件可以通过硬件设备共享和线上共享。

◆道德与法治：尊重自然，选择科学的观鸟设备和观鸟方式，注意不破坏鸟类的栖息环境、不伤害鸟类。

（4）跨学科大概念

合适的信息科技设备和工具能帮助我们顺利完成观鸟实践及其他社会实践活动。

子主题 3：查找鸟类知识

（1）涉及的学科

信息科技、科学、道德与法治。

（2）主要内容

了解常见搜索引擎，使用关键词搜索、了解鸟类知识；认识图像识别，使用识图搜索认识鸟类，获取鸟类知识；评估搜索结果，分析相关性和可靠性。

（3）学科大概念

◆信息科技：运用搜索引擎获取知识需要通过信息检索、筛选、分析、整合等过程实现。

◆科学：鸟类的生存需要良好的生态环境，不同的鸟类有不同的外形和生活习性。

◆道德与法治：保护环境、推动生态文明建设和可持续发展是 21 世纪公民的重要责任。

（4）跨学科大概念

搜索引擎可以帮助查找与学习鸟类及其他动植物的知识。

2. 跨学科大概念生成图

如图 5-1 所示，在 3 个跨学科大概念的基础上生成最终的"信息科技的工具和方法能够助力项目规划"三级超学科大概念。

图 5-1 "深圳湾观鸟行动"跨学科大概念生成图

5.2.2 问题链：进阶性的跨学科核心问题设计

围绕跨学科大概念提出主干问题，并围绕学科大概念进一步提出子问题，形成"深圳湾观鸟行动"跨学科主题学习的问题链。

主问题 1：如何制订深圳湾观鸟计划？

问题情境1：候鸟南飞，广东每年的11月至次年2月是最佳的观鸟时期。为了培养同学们安静等待、仔细观察、自主学习、热爱大自然的良好品质，学校决定组织外出观鸟社会实践活动，现在正在征集翔实可行的观鸟计划。

子问题1：要从学校出发去深圳湾观鸟需要考虑哪些问题？小组如何分工？每个人要带什么东西？

子问题2：如何有条理、有逻辑地梳理问题，制订清晰可参考的观鸟计划？

子问题3：如何进行鸟类观察？生态文明与人类生存有何关系？

主问题 2：如何选择观鸟设备？

问题情境2：周末即将外出观鸟，同学们需要带上合适的设备前往深圳湾，深圳湾景色这么美，大家要选择合适的设备把这些美景"留"下来，哪些设备有助于我们的观鸟行动？从深圳湾归来，同学们拍了很多照片和视频，如何收集这些文件？

子问题1：生活中有哪些数字设备可以帮助我们"留"住美景？观鸟计划中还需要用到哪些数字设备？使用时有哪些注意事项？

子问题2：如何在不同设备间复制、共享文件？如何把你拍的照片分享给组长？

子问题3：怎么使用我们拍摄的照片和视频制作多媒体作品？

主问题 3：如何查找鸟类知识？

问题情境3：同学们从深圳湾归来，拍了很多鸟类照片，在互相展示拍到的鸟类照片时，大家会意识到有的鸟类我们认识，还有很多鸟类是我们不认识的，那么面对不知道的知识我们可以怎么做？

子问题1：如何借助搜索引擎使用关键词获取鸟类知识？

子问题2：如何使用识图搜索获取不知道名字的鸟类的知识？

子问题3：如何分析搜索结果，筛选所需内容？

5.2.3 目标层：素养导向的跨学科教学目标设计

1. 信息科技学科核心素养目标

◆信息意识：通过使用搜索引擎查找鸟类知识提升信息搜索能力，借助在线文档和思维导图制订计划，感受信息技术对学习和生活的影响，培养信息意识。

◆计算思维：通过制订观鸟计划，在小组合作的过程中分析和分解问题，学会使用信息科技的思维和方法解决实际问题，发展计算思维。

◆数字化学习与创新：根据实际需要选择合适的数字设备，熟悉使用规范，并学会资源的复制利用，提升数字化学习与创新能力。

◆信息社会责任：在了解鸟类、观察鸟类的实践过程中，自觉遵守信息社会法律法规，负责任地与他人共享多媒体资源，查找资料时尊重他人知识产权，培养信息社会责任感。

2. 相关学科核心素养目标

（1）科学

◆科学观念：认识周边常见的鸟类，能简单描述其外部主要特征、生长过程及生长环境，提升对自然现象的好奇心和探究热情。

◆科学方法：运用感官和恰当的工具、仪器，观察并描述鸟类的外部特征，用较准确的统计图表记录和整理信息，初步具有描述对象外部特征，以及分析、处理信息并得出结论的能力。

（2）道德与法治

◆道德修养：自觉保护环境、爱护动物，敬畏自然，具有绿色发展理念，初步形成环保意识和生态文明观。

◆责任意识：热爱自然，了解自然是我们生活的共同家园，懂得节约资源，树立可持续发展的意识与责任感。

3. 多学科共通的核心素养目标

◆文化认同与文化践行：知道"把我国建成富强民主文明和谐美丽的社会主义现代化强国"的重要性，树立"绿水青山就是金山银山"的绿色发展理念，知道生态文明的重要性，培养热爱自然、探索自然的科学意识。

◆批判性思维：在深圳湾收集鸟类信息时，能够评估多种来源信息的可靠性和不同观鸟计划的可行性，通过逻辑推理和证据支持，对不同计划进行深入探讨和论证。

◆创新思维：在讨论和制订深圳湾观鸟计划时，能够使用合适的信息科技工具和设备解决问题，并在项目实践过程中实现计划的迭代和完善。

◆沟通合作能力：能够在项目实践过程中和小组成员合理分工，有效沟通。

5.2.4 任务簇：综合性的教学活动设计

1. 教学模式、策略与方法的应用

本案例倡导真实性学习。通过生活中"深圳湾观鸟行动"这一真实情境，引发学生思考，激发学生解决问题的兴趣，使其化被动学习为主动学习。

本案例推进问题链引领。通过任务簇驱动，问题引领，创设大任务情境，教师循循善诱，以学生为中心，引导学生在做中学、用中学、创中学，设计多样课堂活动，让学生在体验参与中内化知识，在实践探究中提高核心素养。

本案例贯彻持续性评价。过程性和总结性评价相结合，从学习方法、学习态度、学习过

程、学习成果等方面，全方位评价学生的知识学习情况和小组合作情况，推动学生有效学习。

2. 教学活动设计及实施过程

本案例教学内容根据观鸟前、观鸟中和观鸟后分为3个课时，每个课时有不同的重点和任务，课时安排如图5-2所示。

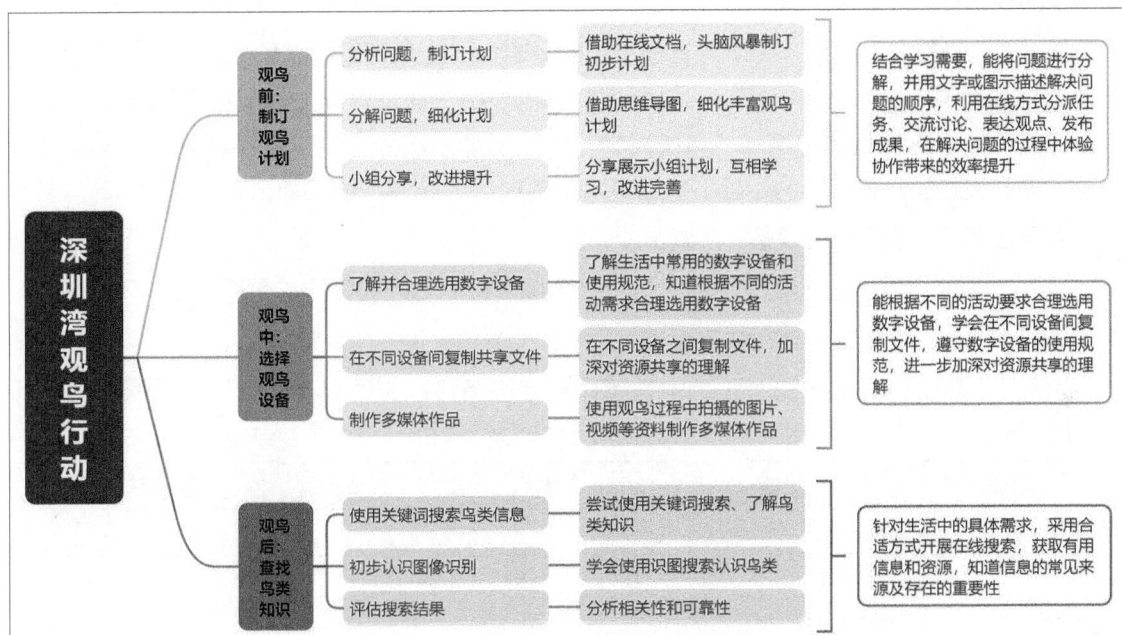

图5-2 "深圳湾观鸟行动"课时安排

主干任务1：制订观鸟计划

导入：外出观鸟是一个复杂的大项目，如何分工？每个人要带什么东西？需要我们深入思考。

子任务1：分析问题，制订计划

活动1：小组讨论，头脑风暴制订观鸟计划。结合出游经验，小组成员讨论、表达想法，如天气情况、交通方式、带什么东西、具体观鸟地点、最佳观鸟时间……

活动2：使用在线平台进行讨论交流，常见的微信、QQ、腾讯会议、腾讯文档等都是很好的在线交流与协作的平台。同学们可以借助在线文档进行线上讨论，同时输出观点，并征集大家的想法。

活动3：通过思考、对比与讨论，回答线上讨论与线下讨论各自有什么优势，借助在线平台与他人开展协作学习、问题讨论、计划制订有哪些便利，线上讨论适用于哪些情况。

子任务2：分解问题，细化计划

活动1：细化安排，引导学生借助思维导图使计划更加翔实可行，并确定好分工。思维导图是一种图形思维工具，简单、高效、实用。运用图文并重的技巧，可以把各级主题的隶属或相关关系用层级图表现出来。

活动2：思考鸟类观察与保护的重要性。思考可以从哪些方面观察鸟类、鸟类对生态环境的重要性、生态文明对人类活动的重要性。

子任务3：小组分享，改进提升

活动1：各小组选出代表进行分享交流。各小组代表根据小组制作的思维导图轮流介绍本小组的观鸟计划，其他同学认真聆听。

活动2：修改完善计划。聆听完其他小组的分享后，在原计划的基础上进行修改完善。

主干任务1小结：借助在线文档进行线上协作交流，体会在线学习的便利与创新；借助思维导图，让观鸟计划条理清晰、逻辑清楚；学习其他小组的观鸟计划并对自己的计划进行完善。教师鼓励学生在家长的带领下，选择合适的时间，结伴前往深圳湾。

主干任务 2：选择观鸟设备

导入：深圳湾景色这么美，鸟类资源如此丰富，我们如何能够把这美景"留"下来？

子任务1：了解并合理选用数字设备

活动1：教师引导学生思考生活中有哪些数字设备可以帮助我们"留"住美景，观鸟计划中还需要用到哪些数字设备，同时出示如下在线协作表格。

设备名称	功能	优点	缺点	使用注意事项
摄像机	拍摄视频			
照相机	拍摄照片			
望远镜	远距离观察			
录音机	录制声音			
智能手机	导航、拍摄、联系伙伴			
无人机	航拍			
计算机	查找资料			
……	……			

活动2：了解生活中常见的数字设备。通过观看介绍摄像机、照相机、智能手机等不同设备的微课，教师引导学生了解生活中常见数字设备的使用规范，知道根据不同的活动需求合理选用数字设备。小组成员结合微课的介绍与生活经验，讨论归纳不同设备的优缺点及使用规范。了解设备的物理损坏（如设备被摔和水、火、灰尘对设备的损害等）和系统损坏（如设备被重置、格式化和软件病毒危害设备等）。使用数字设备时，一方面要保护设备，另一方面也要学会保护自己，控制使用时间，注意浏览内容。

活动3：各小组汇报本小组选用的观鸟数字设备，并说明理由。教师总结并提醒学生注意数字设备的使用规范。

子任务2：在不同设备间复制共享文件

活动1：使用U盘、存储卡等硬件设备进行资源共享。不同存储设备之间的文件可以共享，教师指导学生尝试从U盘、存储卡中复制文件到计算机。

活动2：使用网盘等线上方式进行资源共享。除了线下方式，随着互联网的发展，线上资源共享也是一种非常好的方式，如用微信传输文件，用百度网盘、阿里云盘、邮箱分享文件等，学生尝试通过网络把一个文件分享给同学。

子任务3：制作多媒体作品

活动1：使用观鸟过程中拍摄的图片、视频等资料制作简单的PPT作品。

活动2：学有余力的同学可以将素材导入剪映等视频编辑工具中，制作简单的视频。

活动3：学生思考交流怎样才能为生态保护贡献自己的力量，了解生态文明的重要性，学习习近平总书记提出的"绿水青山就是金山银山"理论。

主干任务2小结：数字设备已经对我们的生活和学习产生了全方位的深刻影响，我们要根据不同需要选择合适的设备。不同设备会产生不同类型的文件，包括视频、图片、音频等，文件可以通过线下和线上两种方式进行保存和分享。我们还可以使用工具对这些文件进行加工，产生精美的多媒体作品。

主干任务3：查找鸟类知识

导入：同学们在展示拍到的鸟类图片时，发现有很多是我们不认识的，那么面对不知道的知识我们可以怎么做？

子任务1：使用关键词搜索鸟类信息

活动1：帮助学生认识搜索引擎，如Bing、百度、360等。

活动2：尝试使用关键词搜索。让学生打开一个搜索引擎，输入一种鸟类名称和关键词进行搜索，如"白鹭""白鹭的习性""白鹭喜欢吃什么"，然后分享搜索结果，讨论关键词的选择对结果的影响，总结关键词选择的基本原则。

活动3：进一步搜索鸟类的分类方法、深圳湾鸟类介绍、如何保护鸟类。

子任务2：初步认识图像识别

活动1：了解识图搜索，知道信息科技在鸟类保护方面的巨大作用，深圳湾配备24小时智能监测系统，能够自动识别鸟类活动，并判断环境变化，观察鸟类健康状况等。

活动2：认识垂直搜索网站，如鸟网中可以搜到准确的鸟类知识和高清的鸟类图片；假如想做鸟类的专业研究，就需要去专业的论文网站（如知网）查询资料。

活动3：根据不同的需求选择合适的搜索平台，例如，查询天气选择天气网站和App，有出行需求（如购买车票、预订酒店）时选择出行类App，查询地图时选择地图App，购买望远镜时选择购物App……此外，还可思考适用什么样的搜索工具（如计算机或移动设备）进行搜索？

子任务3：评估搜索结果

活动1：判断搜索信息是否可靠。可根据网站是否权威、作者背景如何、发布日期远近来分辨广告和真实内容，评估信息来源是否可靠，使用多种方式进行交叉验证。

活动2：借助案例，尝试分析其可靠性和相关性。小组讨论并分享分析结果，强调评估搜索结果的重要性。

活动3：查找相关资料，讨论可持续发展对人类的重要性。

主干任务3小结：面对不知道或不清楚的知识可以使用搜索引擎，关键词搜索是常用的方式，要根据不同的需要选择不同的搜索平台，并且要注意分辨筛选搜索结果，判断可靠性。

5.2.5 证据集：学习评价的设计

1. 学习的评价

（1）评价方式

知识测试和作品评价。

（2）评价标准

第1课时：能够熟练使用在线文档进行讨论交流，制订初步的观鸟计划；能够分解问题、细化计划，并借助思维导图让计划可视化；能够二次调整改进自己的计划。

第2课时：了解生活中常见的数字设备并根据需要灵活选用；能够通过U盘复制、网盘分享等方式在不同设备之间共享文件；能使用PPT或者剪映等软件制作多媒体作品。

第3课时：学会使用关键词搜索查找鸟类知识；了解并尝试使用识图搜索；评估搜索结果，分析相关性和可靠性。

2. 学习性评价

（1）评价方式

◆观察记录：教师记录学生在小组讨论中的互动。

◆小组互评：通过小组互评，评估每个成员在小组活动中的贡献。

◆师评：教师对学生的学习过程和成果进行反馈。

（2）评价标准

第1课时评价标准如下。

◆参与度：学生在小组讨论、头脑风暴制订观鸟计划中的活跃程度。

◆合作精神：学生在制订观鸟计划小组活动中的合作态度和团队协作能力，以及是否能够耐心聆听其他小组的汇报并改进自己的计划。

◆解决问题能力：学生在深圳湾观鸟行动中制订计划及解决问题过程中所采取的解决策略和效果。

第2课时评价标准如下。

◆参与度：学生分享生活中常见数字设备时的活跃程度。

◆合作精神：学生在不同设备之间迁移电子文件和制作多媒体作品时的合作态度和团队协作能力。

◆解决问题能力：学生在数字设备选择及使用、文件迁移、作品制作等过程中所采取的解决策略和效果。

第3课时评价标准如下。

◆参与度：学生在查找不同鸟类知识过程中的活跃程度。

◆合作精神：学生在观鸟计划实践过程中的合作态度和团队协作能力。

◆解决问题能力：学生在使用搜索引擎、筛选搜索内容等过程中所采取的解决策略和效果。

3. 学习式评价

（1）评价目的

培养学生的自我评价能力，鼓励他们对深圳湾观鸟行动的实践过程进行反思。

（2）评价方式

◆自评：学生进行自我评价，评估自己在小组合作和深圳湾观鸟行动中的表现。

◆互评：学生相互评价，指出彼此在小组活动中的优点和需要改进的地方。

◆反思：学生对自己制作的深圳湾观鸟行动计划与实践过程进行反思。

（3）评价标准

◆自我认知：学生对自己在深圳湾观鸟行动中学习状态的理解和认识。

◆评价技能：学生在进行自评和互评时的公正性和准确性。

◆互评质量：学生在互评中的客观性和建设性。

5.2.6　信息化教学资源

1. 跨学科教学资源的类型、功能及对教与学过程的优化作用

◆在线文档软件或网站及账号，如腾讯文档、金山文档、石墨文档等；思维导图软件，如Xmind、百度脑图等。

◆生活中常见的各种数字设备及其使用指导微课，如摄像机、照相机、望远镜、录音机、智能手机等；用于练习电子文件复制的U盘、存储卡。

◆深圳湾常见鸟类的照片及视频素材。

2. 跨学科学习活动资源

（1）任务单

学生是课堂的主体，任务单可以有效帮助学生理清思路，深圳湾观鸟行动第1课时的任务单如下。

《深圳湾观鸟行动》第1课时：制订观鸟计划 学生任务单		
小组名称：	姓名：	组长/组员
子任务 1：分析问题，制订计划		
（1）要从学校出发去深圳湾观鸟需要考虑哪些问题？ 如：交通、天气、安全、_____、_____、_____ （2）你都知道哪些常见的在线交流平台和工具？ 如：QQ、微信、腾讯文档、_____、_____、_____ （3）借助在线平台与他人开展协作学习、问题讨论、计划制订有哪些便利？线上讨论适用于哪些情况？		经历线下讨论，尝试在线交流，体会线上交流学习带来的便利与创新性
子任务 2：分解问题，细化计划		
（1）有哪些常见的思维导图工具？ 如：Xmind、百度脑图、_____、_____、_____ （2）请你借助思维导图工具制作深圳湾观鸟的计划图，可参考下图。 		借助思维导图，细化观鸟计划，数据可视化让思路更清晰
子任务 3：小组分享，改进提升		
认真聆听其他小组的汇报，思考有哪些方面值得学习，并改进自己的计划。		取长补短，修改完善

（2）评价表

针对每课时的具体内容，根据对应任务展开评价，通过自评、互评和师评相结合的方式进行过程性评价和总结性评价。第 2 课时的评价表如下。

评价内容		自评 （1~5分）	互评 （1~5分）	师评 （1~5分）
了解并合理 选用数字设备	知道生活中常见的数字设备有哪些			
	知道不同数字设备的优点和缺点			
	能根据使用情况，选择合适的数字设备			
在不同设备间 复制共享文件	了解常见电子文件的类型			
	掌握如何使用 U 盘等存储设备保存和分享文件			
	知道如何使用网盘等方式在线保存和分享文件			
制作多媒体 作品	了解 PPT 的基本制作方法			
	能借助工具制作简单的多媒体作品			
	能使用剪映制作基础的视频			

▶▶ 5.3 案例反思

1. 对教学过程和效果的反思

本案例以学生为中心，学生是学习的主体，教师以引导和帮助为主。

第1课时主要从制订观鸟计划开始，教师发布任务，提供解决问题的工具——在线文档和思维导图。

第2课时重点是了解常见的数字设备及使用方法，通过讨论汇报，知道数字设备的使用注意事项。

第3课时主要使用搜索引擎，借助互联网获取知识和资源，并学会尊重他人知识产权。

总的来说，要让学生在实践中掌握知识，学会技能，并提升素养。

2. 存在的问题和改进的方案

本案例目前还缺少证据性素材，很多设计环节也难免存在不合理的地方。后续将及时跟进实施，在实践中进一步修改完善。

3. 对专业成长发展的思考

本案例是一个较好的跨学科教学案例，针对信息科技和科学、道德与法治等课程及劳动实践有较多的连接。在信息科技方面，本案例注重素养导向，在活动设计和实施中提升学生的信息科技核心素养；在科学方面，引导学生了解深圳湾的地理位置、气候条件，以及人类活动对生态环境的影响，探讨环境保护与可持续发展的关系；在道德与法治方面，思考人类幸福与环境保护的关系，潜移默化地向学生传递"绿水青山就是金山银山"的理念；在劳动实践方面，提升学生的计划制订和实施能力，丰富学生的社会活动经验。

总体来看，本案例可以帮助学生在实地观察和数字技术应用中获得丰富的学习体验，提升其综合素质和解决问题的能力。

06

案例 6

健康生活

本跨学科案例主要涵盖了信息科技、英语两个学科领域，适合第二学段（3~4年级）的学生学习，建议授课时长为4课时。本案例由深圳市福田区红岭实验小学鲁效孔老师、刘清老师设计并提供。

▶▶ 6.1 案例背景信息

本案例选取贴近学生生活世界的"健康生活"作为跨学科主题学习的话题，以"健康"和"数据"作为概念性视角，形成"班级健康生活调查"的最终表现性任务。该任务被拆解成3个子任务："想一想——健康生活初体验""查一查——健康生活小探秘"和"做一做——健康生活大行动"。其中子任务1以"健康"为视角，让学生借助阅读策略进行英文故事类语篇阅读，引出与健康生活方式相关的真实问题和最终表现性任务；子任务2以"数据"为视角让学生根据调查目的设计、收集并分析问卷，得出有价值的结论；子任务3继续深入"数据"的视角，让学生基于数据探索"说服"的艺术，制作演示文稿，并向全班或全校同学发出健康生活的行动倡议。本案例整体上从"健康"和"数据"的视角审视当下学生的生活作息与生活安排等，让学生经历提出问题、调查梳理、呈现数据、文稿演示等过程，发展学生的语言能力、信息意识及数字化学习与创新能力。

▶▶ 6.2 案例描述

6.2.1 概念群：结构化的跨学科教学内容设计

以《义务教育信息科技课程标准（2022年版）》中的"用数据讲故事"为主干，辅以英语中的阅读策略和信息科技中的数字化学习与创新，充分分析和梳理课程标准中涉及的概念、问题、素养目标、任务、证据、资源，形成系统的跨学科教学内容设计。

1. 子主题教学内容分析与大概念梳理

子主题 1：想一想——健康生活初体验

（1）涉及的学科

英语。

（2）主要内容

健康与不健康的生活方式；绘本故事中关于健康与不健康生活方式的事件，阅读策略的使用；探究问题和最终表现性任务。

（3）学科大概念

英语：确定关键事件、识别关键信息有助于归纳故事情节。

（4）跨学科大概念

合理的生活安排促进健康习惯的形成。

子主题 2：查一查——健康生活小探秘

（1）涉及的学科

信息科技。

（2）主要内容

调查问卷的设计、数据的收集与分析。

（3）学科大概念

信息科技：调查者根据目的或假设采集、分析并呈现数据。

（4）跨学科大概念

调查者借助数据提供的事实和证据讲述有说服力的故事。

子主题 3：做一做——健康生活大行动

（1）涉及的学科

信息科技。

（2）主要内容

演示文稿的展示思路，演示文稿的设计、演练与最终呈现。

（3）学科大概念

信息科技：多媒体通过多样化的表现形式丰富内容创作、展示和交流的手段。

（4）跨学科大概念

逻辑、观点和数据有助于提升演讲的说服力。

2. 跨学科大概念生成图

本案例使用"健康生活"作为话题落实《义务教育信息科技课程标准（2022 年版）》中"用数据讲故事"的跨学科主题，以"健康"和"数据"作为概念性视角，形成"学习用数据讲述故事"的超学科大概念。子主题 1 以健康生活方式的问题和任务导入,聚焦"健康"视角,探究方法聚焦英语阅读策略和阅读过程。子主题 2 聚焦学生生活方式调查,探究方法聚焦"数据"视角,重在数据的采集、分析与呈现。子主题 3 主要是让学生制作有说服力的演示文稿并做出宣讲行动,探究方法聚焦"说服力",聚焦多媒体作品制作与展示过程背后的说服逻辑,聚焦"用数据讲故事"中的故事逻辑,重点落在"讲故事"的"讲"字上面。具体大概念生成图如图 6-1 所示。

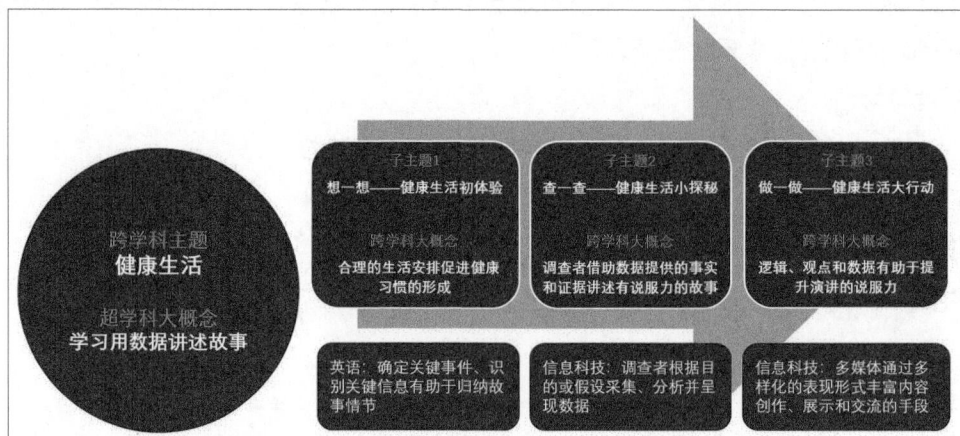

图 6-1 "健康生活"跨学科大概念生成图

6.2.2 问题链:进阶性的跨学科核心问题设计

围绕跨学科大概念提出主问题,围绕学科大概念进一步提出系列子问题,形成"健康生活"跨学科主题的问题链。

主问题 1:怎样过健康的生活?如何归纳事件?

问题情境 1:生活中有各种健康和不健康的生活习惯,思考什么是健康的生活习惯,怎样过健康的生活,怎样做出合理的食物选择。一起阅读绘本 *Bonk, the Healthy Monster* 和 *Healthy Me*,找出故事中的主要事件、主人公的选择,以及文本中的相应证据,尝试回答"食物选择如何影响健康"和"如何总结故事的主要事件"两个问题。

子问题 1(事实性):有哪些健康和不健康的生活习惯?

子问题 2(概念性):怎样过健康的生活?怎样做出食物选择?

子问题 3(概念性):如何归纳故事情节?

子问题 4(事实性):故事中的事件、食物选择和文本证据分别是什么?

主问题 2:怎样进行合理的生活安排?怎样采集、分析和呈现数据?

问题情境 2:数据可以帮助我们发现生活中的问题,并做出改进。在本任务中,我们要调查本班同学的生活安排是否合理和健康,需要思考我们要采集什么数据,我们的假设和目的是什么,应该怎样分析和呈现得到的数据,可以讲出怎样的故事。

子问题1（事实性）：问卷的基本结构是什么样的？

子问题2（概念性）：如何根据目的和假设确定要采集的数据，并设计问卷？

子问题3（概念性）：如何分析并呈现问卷中的数据？

主问题3：怎样根据数据进行展示与交流？

问题情境3：在上一个任务中，我们仔细分析了数据，也发现了一些问题，怎样对这些数据进行精彩的展示，说服别人做出理性选择和适切行动？

子问题1（事实性）：多媒体有哪些表现形式？

子问题2（概念性）：多媒体如何帮助人们创作演示内容，并进行展示与交流？

子问题3（概念性）：如何通过演示说服观众？

子问题4（事实性）：制作演示文稿的基本流程是什么？

6.2.3 目标层：素养导向的跨学科教学目标设计

1. 信息科技学科核心素养目标

◆信息意识：了解数据的作用与价值。

◆数字化学习与创新：借助信息科技进行简单的多媒体作品创作、展示、交流，尝试开展数字化创新活动，感受应用信息科技表达观点、创作作品、合作创新、分享传播的优势。

2. 英语学科核心素养目标

（1）语言能力（二级）

◆感知与积累：能读懂语言简单、主题相关的简短语篇，获取具体信息，理解主要内容。

◆习得与建构：在听或看发音清晰、语速适中、句式简单的音视频材料时，能获取关于人物、时间、地点、事件等的基本信息。

（2）思维品质（二级）

能识别、提炼、概括语篇的关键信息、主要内容、主题意义和观点。

3. 多学科共通的核心素养目标

合作素养：责任分担。结合自身角色制订计划和目标，积极主动承担分内职责，并充分发挥个人能动性，以较强的责任意识和担当精神，完成本职任务或工作。

6.2.4 任务簇：综合性的教学活动设计

1. 教学模式、策略与方法的应用

本案例主要采用了项目学习和分屏教学（Split Screen Teaching）方法，让学生在协作完成具体项目任务（如阅读、调查、数据分析、演讲）的同时，学习如何归纳信息、整合知识和表达观点。任务簇设计如图6-2所示。

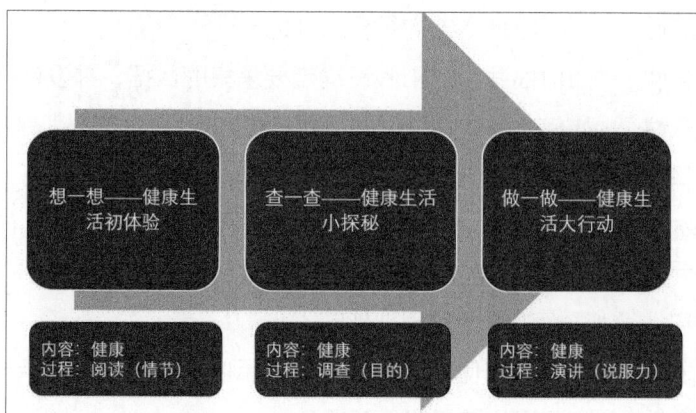

图6-2 "健康生活"任务簇设计

2. 教学活动设计及实施过程

最终表现性任务（主干任务）：班级健康生活调查

教师向学生介绍如下任务。

在这个任务中，你将扮演一名班级健康生活研究员，通过科学的方法对班里同学的健康生活方式进行调查研究。你将设计一份涵盖饮食、运动习惯和学习压力等方面的问卷在全班开展调查，然后使用WPS Office数据统计工具来分析收集到的数据。基于这些数据及分析结果，你需要制作一份演示文稿，向老师和同学清晰地展示你的发现和建议。这份演示文稿要具备强有力的说服力，帮助你通过富有感染力的演讲发出倡议。

子任务1：想一想——健康生活初体验

（1）前期评估。在开始阅读绘本之前，教师与学生讨论对健康与不健康生活习惯的理解，明确本次阅读活动的目标，在宏观概念性问题"怎样过健康的生活"下引入一个微观问题"怎样做出食物选择"。

（2）故事归纳。首先，示范事件梳理的阅读策略，教师借助绘本*Bonk,the Healthy Monster*示范如何通过阅读找到第一个事件：Bonk进入糖果店，购买并吃掉糖果，找到得出结论的文本证据，将结果填入学生阅读任务单的第一行。然后，教师适当放手，以相同方式在学生的协助下梳理第二个事件。最后，学生自主完成其他部分的阅读，完成第一个任务单，讨论两个问题，发表自己的看法。

（3）对比阅读。学生根据习得的方法独立阅读*Healthy Me*，寻找健康的生活选择，填入相同的任务单中，完成第二个任务单并讨论两个问题。

子任务2：查一查——健康生活小探秘

（1）设计调查问卷。首先，教师组织学生分小组讨论，聚焦"目的"的概念，讨论本次调查的目的是什么，怎样的问卷题项可以反映目的。每组讨论并列出自己认为重要的与生活方式相关的因素，如睡眠时间、饮食习惯、运动频率、课后写作业时间等，并形成问题。然后，教师按照简明扼要、易于理解、题项全面、语义清晰等原则指导学生设计问卷，提供案例，让学生反思、完善自己的问卷。最后，学生在教师的指导下定稿自己的设计问卷，并组织全班同学填写。

（2）统计问卷数据。首先，教师示范并指导如何根据现有纸质问卷提出统计数据，如睡眠满10小时的人数、满8小时的人数等，形成纸质的统计表。然后，教师指导学生到微机室根据纸质统计表制作WPS表格，生成饼图或柱状图等展示数据，教师提醒学生在整个统计过程中，重点考虑数据的统计能否反映出调查目的。

（3）分析统计数据，给出改进建议。教师指导小组讨论哪些生活习惯可能需要改进，组织每个小组根据讨论结果，撰写一份简短的改进建议报告，教师要帮助学生反思如何完善建议。

子任务3：做一做——健康生活大行动

展开行动之前，先聚焦"说服力"的概念，思考什么是说服力，结合自己的调查数据思考如何做出具有说服力的展示或论证。

（1）形成展示思路。教师引导学生讨论如何介绍自己发现的问题，如何有效使用数据，尤其是其中的关键数据（如睡眠时间、运动频率等）来支持自己的论点。

（2）制作演示文稿。教师通过正例和反例展现如何用数据讲好故事，并且在教室里提供金字塔原理等逻辑论证工具，方便学生借用其中的论证结构。学生分小组设计和制作自己的演示文稿，教师指导学生掌握文本框设计、图片插入、字体调整等方面的技能。

（3）演练和呈现。提高学生的公共演讲能力，并让他们学会如何清晰、有效地传达信息。学生先在小组中演练，然后正式向全班或全校同学发出倡议。

6.2.5 证据集：学习评价的设计

1. 学习的评价

（1）评价目的

通过最终的表现性任务"班级健康生活调查"充分展示学生对健康、生活安排、数据、说服力等概念的理解情况和知识技能的掌握情况。

（2）评价方式

学生完成最终的演讲汇报，学生自己及同伴和教师根据提交的作品和现场表现给出反馈。

◆自评和互评：学生根据其作品和表现进行自评和互评。

◆师评：教师针对学生的演示文稿作品和演讲表现提供有针对性的反馈。

（3）评价标准

◆展示思路的清晰程度。

◆演示文稿的制作质量。

◆内容的组织和逻辑性。

◆口头表达和演讲技能。

◆团队合作能力。

2. 学习性评价

（1）评价目的

通过观察、反馈、小组合作等持续地形成学习性评价，激励学生积极参与学习过程，增强他们对养成健康生活习惯的自觉性和责任感，同时培养对应的信息素养和语言能力。

（2）评价方式

◆观察记录：教师记录学生在小组讨论中的互动。

◆自评和互评：鼓励学生自我反思和相互评价，增强评价的多样性和全面性，同时促进学生深入理解自身的学习过程。

◆师评：教师对学生的英语阅读与情节归纳、问卷设计与填写，以及演示文稿的制作和呈现提供有针对性的反馈。

（3）评价标准

◆参与度、讨论质量及团队合作能力。

◆阅读理解和分析能力。

◆问卷设计的质量、填写参与度。

◆数据统计和图表制作的准确性，数据分析和改进建议的实用性。

◆展示思路的清晰度。

◆演示文稿的制作质量。

◆口头表达和演讲技能。

3. 学习式评价

（1）评价目的

培养学生的自我评价能力，鼓励他们对英语阅读与交流、问卷设计与制作、演示文稿制作与分享等过程中涉及的语言能力、合作素养、信息素养进行反思，不断在学习过程中制定目标并检验目标的完成情况。

（2）评价方式

◆自评：学生借助反思日记、进度表等途径分析自己的学习进展，反思自己的强项和不足。学生在教师的指导下设置学习目标，评估自己的进步之处并根据需要调整学习策略。

◆互评：学生相互评价，提供反馈，帮助彼此理解概念和改进学习策略。

（3）评价标准

◆自主性和能动性，自主使用反思日记、进度表等分析自己的学习进展。

◆基于标准的自我评价，结合教师提供的具体表现标准给自己设定清晰的目标，反思自己的作品质量，并根据目标反思自己的进步情况。

6.2.6 信息化教学资源

1. 跨学科教学资源的类型、功能及对教与学过程的优化作用

本案例涉及的跨学科教学资源类型包括信息技术工具、绘本和问卷。信息技术工具主要是 WPS Office，用于数据统计、分析和演示文稿的制作。绘本包括 *Bonk, the Healthy Monster* 和 *Healthy Me*，用于引入和探讨健康生活方式的问题。问卷由学生在教师的指导下设计，用于收集学生生活方式是否健康及健康程度的数据。

这些资源主要辅助学生体验真实问题的解决过程，并形成跨学科视角，发展学科与跨学科素养。例如，学生借助绘本故事思考健康生活方式，通过设计调查问卷、分析问卷数据、制作演示文稿并在班级中展示，锻炼了解决真实问题的能力，进而增强了学习动力，培养了批判性思维、合作素养和信息素养。

2. 跨学科学习活动资源

（1）学生阅读任务单（含中英文版）

<table>
<tr><td colspan="3" align="center">Reading Task
□ Bonk, The Healthy Monster
□ Healthy Me</td></tr>
<tr><td>Class:</td><td>Name:</td><td>Number:</td></tr>
<tr><td align="center">Event</td><td align="center">Choice</td><td align="center">Text evidence</td></tr>
<tr><td></td><td></td><td></td></tr>
<tr><td></td><td></td><td></td></tr>
<tr><td></td><td></td><td></td></tr>
<tr><td></td><td></td><td></td></tr>
<tr><td></td><td></td><td></td></tr>
<tr><td colspan="3">Question 1: How food choice affects health? Provide opinions and evidences.</td></tr>
<tr><td colspan="3">

</td></tr>
<tr><td colspan="3">Question 2: How to summarize the main events of a story?</td></tr>
<tr><td colspan="3">

</td></tr>
</table>

<table>
<tr><td colspan="3" align="center">阅读任务
□《邦克，健康的怪兽》
□《健康的我》

班级：   姓名：   学号：</td></tr>
</table>

事件	选择	文本证据

问题1：食物选择如何影响健康？提供观点和证据。

问题2：如何总结故事的主要事件？

（2）学生调查问卷（含中英文版）

Survey on health

Class: Name: Number:

1. What time do you go to bed?

A. Before 9:00 p.m. B. 9:00—10:30 p.m. C. After 10:30 p.m.

2. What time do you get up?

A. Before 7:00 a.m. B. 7:00—7:30 a.m. C. After 7:30 a.m.

3. How long do you sleep everyday?_____ hours.

4. How many hours do you have for sleeping at the weekend? _____ hours.

5. What do you like to do when you are free?

A. Do sports   B. Play games   C. Reading   D._____

6. How often do you do sports in a week?

A. Everyday   B. Sometimes   C. Seldom

7. How long do you spend doing sports every time?

A.Within 30 minutes   B. 30—60 minutes   C. more than 1 hour

8. What do you like to eat?

A. Hamburgers and snacks   B. Vegetables and fruits   C. Meat only

9. What do you have for breakfast?

_____.

10. What do you have for dinner?

_____.

11. Do you wash your hands before meals and after toilet?

A. Always   B. Sometimes   C. Seldom

健康调查

班级：   姓名：   学号：

1. 你几点睡觉？

A. 晚上9:00之前   B. 晚上9:00—10:30   C. 晚上10:30之后

2. 你几点起床？

A. 早上7:00之前   B. 早上7:00—7:30   C. 早上7:30之后

3. 你每天睡多长时间？ _____小时。

4. 周末每天你睡多长时间？ _____小时。

5. 你空闲时喜欢做什么？

A. 做运动   B. 玩游戏   C.阅读   D._____

6. 你每周做运动的频率如何？

A. 每天   B. 有时候   C. 很少

7. 你每次运动多久？

A. 30分钟以内   B. 30~60分钟   C. 1小时以上

8. 你喜欢吃什么？

A. 汉堡和点心   B. 蔬菜和水果   C. 只喜欢吃肉

9. 你早餐吃什么？

_____.

10. 你晚餐吃什么？

_____.

11. 你在饭前和上厕所后会洗手吗？

A. 总是   B. 有时候   C. 很少

（3）学生作品评价维度和指标

评价维度	评价指标	评分星级
展示思路的清晰度	是否能够清晰地展示从数据中发现的问题	☆ ☆ ☆
	展示中支撑数据的选择是否合理，是否能有效支撑观点	☆ ☆ ☆
演示文稿的制作质量	演示文稿中的页面布局、字体选择、图表的使用是否专业、美观	☆ ☆ ☆
	数据图表是否准确插入，图表是否正确地展示了调查数据	☆ ☆ ☆
内容的组织和逻辑性	演示文稿中的内容是否逻辑清晰，各部分是否有条理，是否有助于做出有说服力的演讲	☆ ☆ ☆
	从问题介绍到数据展示，再到改进建议的流程是否流畅	☆ ☆ ☆
口头表达和演讲技能	信息传达效果，包括语言流畅性和清晰度	☆ ☆ ☆
	演讲互动效果，如与听众的互动有效性	☆ ☆ ☆
团队合作	小组成员的参与情况和贡献程度	☆ ☆ ☆
	小组成员合作的有效性	☆ ☆ ☆

（4）反思日记

XXX的反思日记

日期：[填写日期]

活动/课程：[绘本阅读与交流、问卷设计、数据分析、演示文稿制作、演讲]

1. 我今天学习的强项和不足

（1）我的强项：

（2）需要改进的地方：

2. 设置的目标及完成情况

（1）我设定的目标是什么？

（2）我完成这些目标了吗？

（3）如果没有完成，原因是什么？

3. 明天的学习计划

（1）明天我计划学习什么？

（2）我如何准备？

师评：[教师可以在此处提供反馈]

（5）进度表

学生姓名：[填写学生姓名]
课程名称：健康生活

日期	学习活动	完成目标	实际完成情况	需要调整的策略
	绘本阅读与交流			
	问卷设计			
	演示文稿制作			

▶▶ 6.3 案例反思

1. 对教学过程和效果的反思

本案例的主体是一个最终表现性任务，其可被拆分成3个子任务，每个子任务相对独立，完成过程环环相扣，构成一个围绕"健康生活"话题的跨学科项目。

子任务1主要使用分屏教学的逻辑展开，中间使用责任的逐渐转移模型让学生逐渐接受绘本阅读的责任，从学生的作品及现场的课堂表现来看，策略非常有效，学生展示出浓厚的阅读兴趣，而且在语篇阅读过程中，信息提取和归纳表现良好，学习目标完成度还是非常不错的。

在子任务2中，问卷的设计及处理很有挑战性，最大的挑战莫过于学生缺少用数据讲故事的意识，这点在后续课程开展中需要引起足够的关注。另外，设计环节使用了WPS Office工具，有效提升了团队成员合作的效果，最终的问卷设计令人满意。在数据分析环节，学生得到数据后起初不知道怎么分析，不知道依据什么健康标准来分析，在提供《中国学龄儿童膳食指南（2022）》和"中国居民平衡膳食宝塔（2022）"作为核心资源，《中小学健康教育指导纲要》作为辅助资源后，学生有了分析数据的理论依据，得出了不少有价值的结论。比如，在睡眠方面，有同学得出的结论是"80%的学生的睡眠时间符合标准，但20%的学生睡眠时间较短（低于10小时）"，给出的建议是"确保所有学生每天至少有10小时的睡眠时间，建议家长和教师帮助学生制订合理的作息时间表"。

子任务3的完成比较顺利，学生可以将在子任务2中得到的结论设计成良好的演示文稿展示给别人。

2. 存在的问题和改进的方案

存在的问题：首先是时间问题，整体上4课时的预计时间是不足的，开展教学时利用了不少课下的时间，不论是深入的绘本阅读，还是问卷的设计、填写、分析与结论得出的都非常耗时；其次是学习习惯问题，学生缺少思辨性阅读的习惯，在独立阅读时面临一定的挑战。

改进的方案：一是延长项目开展时间，增加对学生阅读和问卷设计的指导时间；二是提供更多思辨性阅读的学习机会，改进学生阅读习惯。

3. 对专业成长发展的思考

专业成长发展是一个实践养成的过程，在本项目的实施过程中，我们体会到：一是教师要展开跨学科协作，学科教师如果能够适当减少学科本位的束缚，与其他教师展开研究性教学，学生的学习效果和学习方式就有可能发生质的变化；二是学校要提供足够的时间、空间、物资等方面的支持，让学生和教师可以顺利地开展跨学科项目。

本案例是信息科技和英语跨学科主题学习的一次尝试，在英语方面，力图让课程超越话题，走向概念性视角和思辨，聚焦学生英语语言能力的核心素养培养；在信息科技方面，通过真实的健康大调查，学生能够体验数据整理与分析的过程，学会使用数据讲故事，理解信息科技在解决真实问题中的巨大作用。案例的实施虽然还存在问题，但不论是教师还是学生，都充分体验到了项目学习的乐趣。

案例 7

07

让声音可见——用语音识别技术助力听障人士

本跨学科案例涵盖了信息科技、科学、道德与法治等多个学科领域，适合第二学段（3~4年级）的学生学习，建议授课时长为4课时。本案例由深圳市宝安区宝民小学刘晓君老师、何红老师设计并提供。

▶▶ 7.1 案例背景信息

本案例是基于社会议题的跨学科主题学习案例，聚焦听障人士日常沟通难题，以语音识别技术为核心，以信息科技为主干学科，依据原中央电化教育馆所编《中小学人工智能技术与工程素养框架》的小学阶段要求，以设计帮助听障人士的机器人为主线，整合科学、道德与法治等学科知识与思维方法。学生借此系统学习人工智能（AI）语音识别技术，通过项目实践将语音转为文本，为听障人士提供新的信息获取途径，体验用技术解决实际问题的过程。

案例创新点有三：①聚焦语音识别技术教学应用，开展新的教学实验与活动设计，帮助学生掌握该技术；②提出跨学科教学内容设计新方法，融合信息科技与科学，解决听障人士沟通难问题；③注重小组活动评价，包括自评、互评和师评，评价项目涵盖合作学习、实验探究、语言表达等能力。

▶▶ 7.2 案例描述

7.2.1 概念群：结构化的跨学科教学内容设计

1. 子主题教学内容分析与大概念梳理

子主题1：调查听障人士日常的沟通问题

（1）涉及的学科

信息科技、科学。

（2）主要内容

学生通过查阅网上资料、实地走访听障人士，了解声音传播的原理和听障人士听力缺失的主要原因，探寻听障人士在日常沟通上的难点和痛点，利用在线文档编辑资料，汇集成果。

（3）学科大概念

◆信息科技：利用在线文档（如腾讯文档、钉钉协作）进行资料收集与共享，用流程图、思维导图学习问题的拆解逻辑，明确分工与时间节点，并将实践结果图文并茂地展示。

◆科学：理解声音传播机制与听障人士听力障碍的关联性，掌握声音产生的原理、人耳接收机制。声音因振动而产生，人耳听到声音需要经历发声体发出声音—介质传声—耳朵听声 3 个阶段。声音可以通过固体、液体和气体 3 种介质传播。

（4）跨学科大概念

在线搜索资料是调查的重要方式。

子主题 2：人工智能技术与听障人士关系探索

（1）涉及的学科

信息科技、道德与法治。

（2）主要内容

人工智能中的语音识别技术可以化身听障人士的"耳朵"，通过"看见声音"和"以图辨声"活动，理解语音识别技术的原理。

（3）学科大概念

◆信息科技：通过"采集→提取→匹配→输出"流程将语音转为文字，满足听障人士需求。

◆道德与法治：珍视生命价值，构建尊重、关爱、互助的听障人士社会支持体系。

（4）跨学科大概念

人工智能技术可以延伸和补充人的听觉功能。

人工智能是研究用计算机模拟人类智力活动的理论和技术，人类的需求影响着人工智能技术的发展。例如，听障人士损失听力，可以由人工智能帮忙把"听"到的声音转换为可见的文字。

子主题 3：听障人士 AI 助手设计

（1）涉及的学科

信息科技、道德与法治。

（2）主要内容

针对听障人士探索 AI 助手的具体功能，用程序模块实现该功能的算法，并探索可能影响语音识别效果的因素。

（3）学科大概念

◆信息科技：探索听障群体需求，通过编程实现功能算法。学生分组调研市场上如音书、讯飞听见等无障碍交互智能工具在生活中的应用，了解功能、发现问题，激发深度思考与实践创新。利用畅言智 AI 平台"将听到的（多语言）转写"及"转写结果"模块，结合已学模块为听障人士编写 AI 助手程序，并探索可能影响语音识别效果的因素。

◆道德与法治：了解、感受社会生活，认识特殊人群，主动参与服务性劳动，为其建言献策，积极奉献、助人为乐。

（4）跨学科大概念

为特定群体的需求提出设计方案。

子主题 4：听障人士 AI 助手的优化

（1）涉及的学科

信息科技、道德与法治。

（2）主要内容

基于同理心分析职业/生活场景的需求，不断迭代优化自己设计和制作的 AI 助手。

（3）学科大概念

◆信息科技：运用"同理心地图"定位痛点，针对性升级功能并持续优化算法。

◆道德与法治：以同理心看待特定人群，能理解和帮助他人。

（4）跨学科大概念

为不同职业的听障人士或生活场景优化 AI 助手功能。

2. 跨学科大概念生成图

本案例具体的大概念生成图如图 7-1 所示。

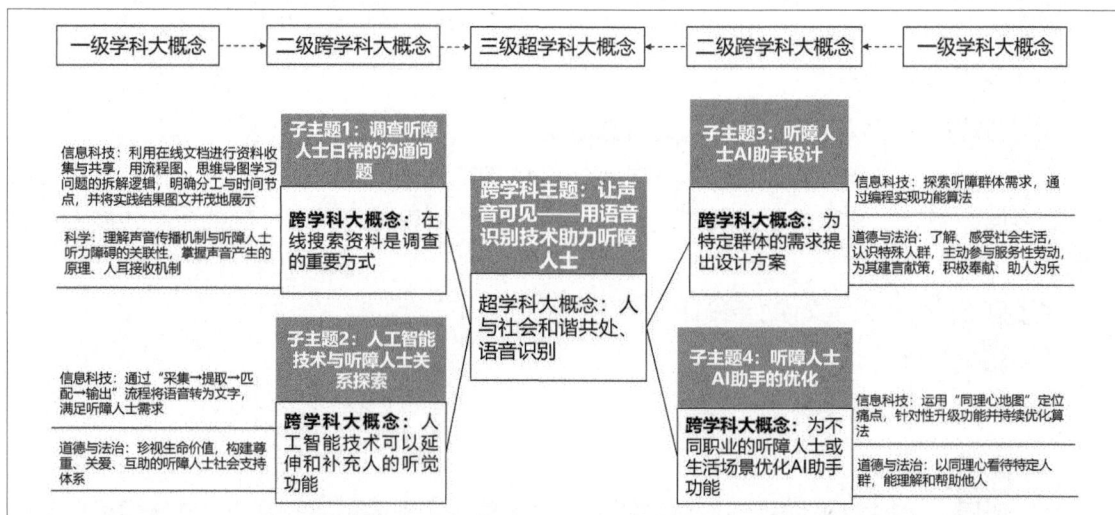

图 7-1 "让声音可见——用语音识别技术助力听障人士"跨学科大概念生成图

7.2.2 问题链：进阶性的跨学科核心问题设计

围绕大概念及子主题，将本案例分为 4 个循序渐进的主问题，每个主问题分解为 2~4 个子问题。通过问题链的形式，学生亲历发现问题—分析问题—设计方案—实现方案的过程。

主问题 1：听障人士在日常沟通中遇到了哪些问题？

问题情境 1：第二次全国残疾人抽样调查主要数据显示，我国的听力残疾人数超过两千万。由于残障特征不明显，信息无障碍基础设施缺失，听力残疾人在日常生活中时常遭遇不便和尴尬。仅从外表来看，听障人士看起来与普通人并无太大差别。然而，一旦遇到问题需要与人沟通时，听力障碍就像一堵"玻璃墙"，阻断了声音的传播和信息的获取。

子问题 1：人类是如何听见声音的？

子问题 2：听障人士听不见声音的原因有哪些？

子问题 3：听力障碍会影响听障人士生活的哪些方面？

主问题 2：人工智能技术的引入如何帮助听障人士解决日常沟通问题？

问题情境 2：互联网技术的发展，为听障人士更好地融入社会提供了极大便利，人工智能的什么技术能帮助听障人士解决问题？

子问题 1：人工智能是人类智能的延伸，听障人士的听力受到损害，那人工智能中能弥补听力的技术是什么？

子问题 2：机器是如何听懂人话的？

主问题 3：如何设计制作一个帮助听障人士的 AI 助手？

问题情境 3：使用畅言智 AI 平台，我们可以编程设计一款能帮助听障人士的 AI 助手，我们应该如何完成呢？

子问题 1：目前市场上有哪些辅助听障人士的 AI 工具？有何优缺点？

子问题 2：帮助听障人士的 AI 助手需要有哪些功能？

子问题 3：如何编写程序？

子问题 4：有哪些因素会影响 AI 助手的语音识别效果？

主问题 4：如何评估和优化你的设计方案，让 AI 助手功能更加符合听障人士的需求？

问题情境 4：听障人士的沟通问题会发生在多个场景中，这些问题也会有特定的职业属性，例如，有些听障人士是外卖员，或在方言地区生活等，我们需要为他们的日常生活场景设计更有针对性的方案。

子问题 1：你希望针对哪类听障人群设计 AI 助手？

子问题 2：这类人群所需的 AI 助手除了需要把声音转换为文字，还需要升级哪些服务？

子问题 3：如何评估我们的设计是否符合这类听障人群的需求？

7.2.3 目标层：素养导向的跨学科教学目标设计

1. 信息科技学科核心素养目标

◆人工智能与人类：知道人工智能是模拟人类智力活动的理论和技术，能利用人工智能的语音识别技术代替听障人士"听",将语音转为听障人士可见的文字,理解人机协同工作时,人和人工智能各自承担的任务。

◆人工智能与社会:人工智能产品已经进入社会的各个领域,与听障人士的关联也越来越密切,能列举不同职业或背景的听障人士对人工智能产品功能的需求,设计和开发对此类人群产生积极影响的人工智能产品。

◆人工智能支撑技术:能使用人工智能解决听障人士日常沟通交流问题,理解开发和使用人工智能产品是为了更好地解决生活、工作、学习中的交流与行动问题,会针对听障人士探索具体的人工智能产品功能,并用程序模块实现该功能的算法。

◆人工智能产品的设计与开发:开发一个人工智能产品前,需要根据目标进行设计,在对听障人士需求分析的基础上完成方案设计,多次测试并优化方案。

2. 相关学科核心素养目标

(1)科学

◆科学观念:能够分析声音是如何传播的,理解听障人士听不见声音的原因。

◆科学思维:通过阅读资料、实地调研、实验对比等方式,分析影响语音识别的关键因素。

◆探究实践:通过查找资料、社会调研等方式,明确听障人士需要解决的现实问题,制定合理的 AI 助手设计方案,并从不同角度评估方案的实用性、创新性和可行性。

◆态度责任:通过探究实践,经历发现问题、分析问题、设计方案、实现方案的过程,保持好奇心和热情。

(2)道德与法治

◆道德修养:能够践行相互尊重、助人为乐的道德要求,关心爱护作为特殊群体的听障人士,并能用所学知识寻求解决问题的办法,做社会的好公民,树立热情服务、奉献社会的职业道德感,做未来的好建设者。

◆健全人格:能够换位思考,从听障人士的角度考虑问题,具有互助精神。

◆责任意识:具有主人翁意识,关心社会,有担当精神,学会应用人工智能技术帮助听障人士解决问题。

3. 多学科共通的核心素养目标

◆人文关怀与道德修养:强调学生应具备对特殊群体(如听障人士)的关心与尊重;应具备职业道德感和社会责任感,以及热情服务和奉献社会的精神。

◆社会责任与实践能力:学生能够将所学知识应用到实际中,特别是利用人工智能技术帮助听障人士解决生活中的问题。通过实际调研、社会服务等方式,培养实践能力和解决问题的能力。

◆科学探究与创新思维:学生能够理解人工智能产品背后的科学原理和技术,以及它们如何解决具体问题。通过科学方法,如研究资料、实验对比等,探究和理解声音传播和人工智能语音识别技术的原理。

7.2.4　任务簇：综合性的教学活动设计

1. 教学模式、策略与方法的应用

本案例采用讲授式和探究式相结合的教学模式。在讲授式教学中，教师通过讲解语音识别技术的原理和步骤，帮助学生建立理论基础。在探究式教学中，教师设计多个实验和活动，如"看见声音""以图辨声"等，让学生通过实际操作和观察，深入理解语音识别技术的原理和影响因素。

2. 教学活动设计及实施过程

主干任务 1：调查听障人士日常沟通存在的主要问题

子任务 1：了解听障人士在日常沟通中遇到的问题

活动 1：学生收集和整理听障人士在日常沟通中遇到的具体问题。

活动 2：教师邀请听障人士分享他们的个人经历，让学生更深入地了解他们的困境。

子任务 2：探究人类听见声音的原理

活动 1：学生通过查阅资料、观看视频等方式，了解人类听见声音的原理。

活动 2：进行实验或模拟实验，让学生亲身体验声音的传播和接收过程。

子任务 3：分析听障人士听不见声音的原因

活动 1：学生通过查阅资料、咨询专业人士等方式，了解听障人士听不见声音的原因。

活动 2：学生进行小组讨论，分享他们的研究成果，并互相交流看法。

子任务 4：探讨听力障碍对听障人士生活的影响

活动 1：学生通过查阅资料、咨询专业人士等方式，了解听力障碍对听障人士生活的具体影响。

活动 2：学生进行小组讨论，分享他们的研究成果，并互相交流看法。

主干任务 2：用人工智能技术帮助听障人士解决沟通问题

子任务 1：探索帮助听障人士的人工智能技术

活动 1：学生通过查阅资料或观看视频，了解目前人工智能中用于帮助听障人士的技术，如语音识别、语音合成、手语识别等。

活动 2：组织小组讨论，让学生分析这些技术是如何工作的，以及它们各自的优势和局限性。

子任务 2：理解机器如何理解人类语言

活动 1：看见声音。通过录音软件录制声音，观察声音的波形，进行探究实验并填写以下记录单。

探究的问题	预测的结果	实际结果
说出"猫"和"狗"两个字的声音的波形是相似的吗？		
用方言和普通话说同一个字的声音的波形是相似的吗？		
用不同速度说同一个字的声音的波形是相似的吗？		
用不同音量说同一个字的声音的波形是相似的吗？		
同桌两人说同一个字的声音的波形是相似的吗？		

活动2：以图辨声。教师展示下图中的文字和声学模型图片，请学生对应连线（提示，可以先用录音软件尝试录制每一组文字，观察声音的波形，对比选择相应的声学模型）。

活动3：总结原理。总结归纳语音识别的原理，把下列结果排序。

语音采集→特征提取→模型匹配→文字输出

主干任务3：用语音识别技术设计听障人士AI助手

子任务1：无障碍交互智能工具调研

活动：调研音书、讯飞听见等无障碍交互智能工具，了解其功能并进行记录。

产品名称	功能描述	适用场景	适用人群	特点
音书	语音识别、文字-语音转换、手语翻译	会议记录、授课演讲、媒体访谈、个人写作	听障人士、老年人、教师、学生、记者、律师	无障碍交互、多语种翻译

子任务2：思考AI助手需要具备的主要功能

活动1：学生用以下方式表示听障人士AI助手需要具备的功能。

语音采集→语音识别→文字显示

活动2：在畅言智AI平台找出能实现语音转写功能的模块，如图7-2所示。

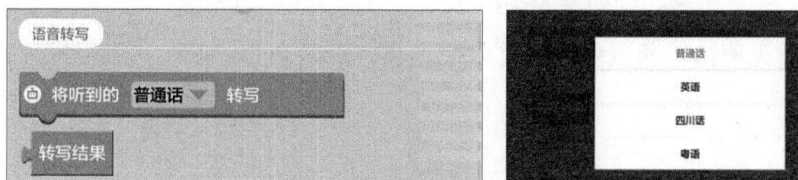

图7-2　实现语音转写功能的模块

子任务 3：编写程序实现功能

活动：尝试使用编程模块编写 AI 助手的程序，如图 7-3 所示。

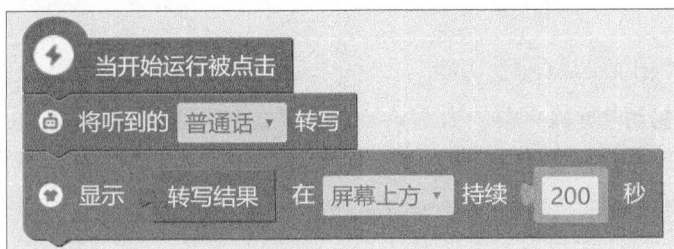

图 7-3　AI 助手的程序

子任务 4：探索影响语音识别正确率的因素

活动 1：有哪些因素可能会影响语音识别的效果？每组选择一到两个因素探究，也可以自己增加探究因素，完成实验并填写下面的记录单。

探究的因素	我的发现	我的建议
语速（快慢）		
不同的停顿位置		
音量（大小）		
不同的语言（如方言与普通话）		
环境（安静或嘈杂）		
同音词		

活动 2：小组代表汇报实验结果，教师提问，目前语音识别技术要往哪些方面优化呢？

提示：除噪声、增加方言声学模型等。

子任务 5：探讨语音识别和声纹识别的异同

活动 1：教师提问，全班讨论，随着技术发展，安全门禁也引入了人工智能技术，如能用语音开关门锁，请问这项技术用的也是本节课所学的语音识别技术吗？

提示：语音识别是识别不同的字，但声纹识别是识别不同的人。

活动 2：教师提问，学生尝试回答，在日常的学习中，语音识别技术可以帮助我们做哪些事情呢？请小组尝试利用语音输入的方法，通过搜索引擎搜索相关信息并汇报。

提示：写文章、做笔记、记录会议内容、视频配旁白、语音输入搜索信息等。

主干任务 4：升级优化听障人士 AI 助手功能

子任务 1：确定目标人群需求

活动 1：提前进行调研，运用同理心地图，分析不同听障人士（如有听力障碍的外卖员、方言地区的听障人士等）的需求和痛点。

活动2：根据调研结果，选择一个特定的听障人群作为目标人群，并详细列出他们需要的功能和服务。

子任务2：设计和优化 AI 助手功能

活动1：针对选定的听障人群，升级 AI 助手的功能和服务，确保 AI 助手能够满足他们的特定需求。

活动2：学生进行展示，教师、同学对设计方案进行指导和点评。

子任务3：评估产品的有效性

活动1：通过问卷调查、访谈等方式，收集目标用户对设计方案的反馈意见。

活动2：分析反馈意见，评估设计方案是否符合目标听障人群的需求，并找出需要改进的地方。

活动3：根据反馈意见，对 AI 助手再次优化和调整，确保最终方案能够更好地满足目标听障人群的需求。

7.2.5 证据集：学习评价的设计

1. 学习的评价

（1）评价目的

评估学生对语音识别技术原理的理解，以及他们在听障人士 AI 助手制作中的表现。

（2）评价方式

知识测试和作品评价。

（3）评价标准

◆知识掌握：学生对语音识别技术相关知识的掌握程度。

◆动手操作能力：学生作品完成度和创新性。

2. 学习性评价

（1）评价目的

记录和评估学生在设计听障人士 AI 助手项目时的参与度和合作能力。

（2）评价方式

◆观察记录：教师记录学生在小组讨论中的互动。

◆小组互评：通过小组互评，评估每个成员在小组活动中的贡献。

◆师评：教师对学生的学习过程和成果进行反馈。

（3）评价标准

◆参与度：学生在小组讨论中的活跃程度。

◆合作精神：学生在小组活动中的合作态度和团队协作能力。

◆解决问题能力：学生在制作听障人士AI助手过程中遇到问题时所采取的解决策略和效果。

3. 学习式评价

（1）评价目的

培养学生的自我评价能力，鼓励他们对听障人士AI助手制作过程进行反思。

（2）评价方式

◆自评：学生填写自我评价表，评估自己在小组合作中的表现。

◆互评：学生相互评价，指出彼此在小组活动中的优点和需要改进的地方。

（3）评价标准

◆自我认知：学生对自己学习状态的理解和认识。

◆评价技能：学生在进行自评和互评时的公正性和准确性。

◆互评质量：学生在互评中的客观性和建设性。

7.2.6 信息化教学资源

1. 跨学科教学资源的类型、功能及对教与学过程的优化作用

教学媒体包括小飞机器人、畅言智AI平台、华为平板录音软件、课件、语音识别技术原理视频。

2. 跨学科学习活动资源

（1）自我评价表

经过本课的学习，你有哪些收获呢？我们快速扫描一遍，对所学内容进行整理存盘。			
1. 你认为以下描述是否正确？请选择"是""否"或者"不确定"。			
描述	**是**	**否**	**不确定**
两个人用普通话读两个相同的字，声音的波形不同			
说出"猫"和"狗"两个字的声音的波形相似			
用方言说"猫"和用普通话说"猫"，声音的波形是不同的			
语音识别需要把采集的语音进行声学模型的匹配，才能得出正确的识别结果			
2. 小组活动评价，根据评价结果在相应数量的五角星内涂上颜色，五颗星为最佳成绩。			
评价项目			**自评**
在小组实验活动中，我能想出一个探究问题并做探究实验			☆ ☆ ☆ ☆ ☆
我能说出语音识别的原理			☆ ☆ ☆ ☆ ☆

（2）项目评价表

除了课堂评价，本案例还包括项目评价，主要分为过程评价和成果评价。过程评价更多

注重学生的综合素质素养，成果评价则是评价项目的成果。

评价项目		评价指标	自评	互评	师评
过程评价	合作学习能力	与小组同学积极合作，合理分工并完成任务	☆ ☆ ☆	☆ ☆ ☆	☆ ☆ ☆
		积极发表个人观点，并认真聆听他人观点，具有团队意识	☆ ☆ ☆	☆ ☆ ☆	☆ ☆ ☆
	实验探究能力	明确实验要求，按照要求完成实验	☆ ☆ ☆	☆ ☆ ☆	☆ ☆ ☆
		实验思路清晰，结果准确	☆ ☆ ☆	☆ ☆ ☆	☆ ☆ ☆
	语言表达能力	能够逻辑清晰、语言流畅地阐明自己的观点	☆ ☆ ☆	☆ ☆ ☆	☆ ☆ ☆
成果评价	成果形式	能够通过编写程序，用屏幕展示语音识别的文章内容	☆ ☆ ☆	☆ ☆ ☆	☆ ☆ ☆
	成果内容	识别内容准确率高，能说清楚物体的样子、功能	☆ ☆ ☆	☆ ☆ ☆	☆ ☆ ☆
	成果展示	展示自然大方，表述流畅，声音洪亮，语速恰当，有较强的感染力	☆ ☆ ☆	☆ ☆ ☆	☆ ☆ ☆

▶▶ 7.3 案例反思

1. 对教学过程和效果的反思

在本案例中，我们采用了讲授式和探究式相结合的教学模式，旨在帮助学生掌握语音识别技术的理论基础，并通过实际操作深入理解其原理和影响因素。总体上，教学过程顺利，学生参与度高，教学效果较好。然而，在实践操作环节，我们发现部分学生对技术的理解和应用仍存在困难，这提示我们在今后的教学中需要更加关注这部分学生的学习需求，并针对性地提供支持和指导。

2. 存在的问题和改进的方案

存在的问题主要包括：部分学生对于语音识别技术的原理和应用理解不深，导致在实际操作中出现困难；教学资源分配不够均衡，部分学生对信息化教学资源的掌握和运用存在差距；教学评价体系有待完善，目前主要依赖学生的自评和互评，缺乏客观的评价标准。

针对以上问题，我们计划采取以下改进方案：加强语音识别技术的基本原理和实际应用的教学，通过案例分析和实际操作，提高学生的理解和应用能力；优化教学资源分配，针对不同学生的需求和学习情况，提供个性化的教学支持；建立和完善教学评价体系，引入更多的客观评价标准，如知识测试、作品评价等，以全面评估学生的学习效果。

3. 对专业成长发展的思考

作为一名教师，我们深知专业成长和发展的重要性。在本案例中，我们需要不断学习和掌握新的教学方法和技术，以提高教学效果和质量。同时，我们还需要关注学生的学习需求和反馈，不断调整和改进教学内容和方法。在今后的教学过程中，我们将积极探索新的教学模式和方法，提高自己的专业素养和教学能力，为学生的学习和成长提供更好的支持和服务。此外，我们也将积极参与相关领域的学术交流和培训，不断拓宽知识视野，提升专业水平。

案例 8

数字出行——探秘家乡的地理文化

本跨学科案例涵盖了信息科技、地理、道德与法治等多个学科领域，适合第二学段（3~4年级）的学生学习，建议授课时长为3课时。本案例由深圳高级中学（集团）北校区赵振图老师、李保成老师设计并提供。

▶▶ 8.1 案例背景信息

本教学案例根据《义务教育信息科技课程标准（2022年版）》第二学段"在线学习与生活"模块设计，利用信息科技学科的在线学习方式和数字化学习工具实现，涉及地理、道德与法治等学科内容。案例的目标是引导学生通过"数字出行——探秘家乡的地理文化"主题，探索家乡的地理、文化和历史，培养学生对家乡的热爱和关注家乡发展的意识。在这个教学案例中，学生将通过3个子主题完成一个完整的任务：使用电子地图探索家乡地理文化、在线搜索家乡地理文化信息、使用数字设备记录家乡地理文化特色。学生将学会使用电子地图和卫星导航系统，探索家乡的地理特征和重要地点；利用在线搜索平台获取家乡文化、历史和景点信息，并重视信息的来源和有效搜索策略；使用数字设备记录和分享家乡的自然和人文特点，同时提升合作精神和环保意识。这个案例的特色在于贯穿始终的信息获取、记录和分享过程，以探索家乡为外主线、以信息为内主线，通过使用数字设备和体验在线内容，不仅能帮助学生学习地理知识和家乡文化，还能提升他们的信息技术应用能力，同时培养他们对家乡的深厚情感和探索精神。

▶▶ 8.2 案例描述

8.2.1 概念群：结构化的跨学科教学内容设计

1. 子主题教学内容分析与大概念梳理

子主题1：使用电子地图探索家乡地理文化

（1）涉及的学科

信息科技、地理。

（2）主要内容

使用适当的电子地图探索家乡地理信息，理解卫星导航系统的应用及其在日常生活中的便利性。养成使用电子地图的习惯，探索数字化学习平台和工具，以提升学习和合作效率。

（3）具体学科内容

◆信息科技：结合学习需要，将"探秘家乡的地理文化"这一问题进行分解，并用文字或图示描述解决问题的顺序，利用在线方式分派任务、交流讨论、表达观点、发布成果，在解决问题的过程中体验协作带来的效率提升；对比实际案例，将生活中掌握的在线沟通与交流能力迁移到学习中，通过线上平台与他人开展协作学习活动，讨论学习规划，分享学习资源，感悟在线学习的便利与创新性；查找数字化学习平台和工具，比较这些平台和工具的差异，了解数字化学习环境的优势，选用合适的平台和工具完成学习任务，提升数字化学习与创新能力。

◆地理：选择适用的电子地图，查找家乡的地理信息，养成使用电子地图的习惯；结合生活实例，描述电子地图和卫星导航系统给人们生活带来的便捷。

（4）跨学科大概念

地理工具和信息技术的应用。

子主题 2：在线搜索家乡地理文化信息

（1）涉及的学科

信息科技。

（2）主要内容

利用在线搜索平台获取家乡文化、历史和景点信息，强调信息来源的重要性和有效搜索策略。

（3）具体学科内容

信息科技：采用合适方式开展在线搜索，获取和家乡有关的有用信息和资源，知道信息的常见来源及存在的重要性；通过互联网检索家乡的景点、文化、历史等资源，使用恰当的在线搜索平台获取文字、图片、音频与视频等。

（4）跨学科大概念

数字信息检索与整合。

子主题 3：使用数字设备记录家乡地理文化特色

（1）涉及的学科

信息科技、地理、道德与法治。

（2）主要内容

使用数字设备记录和分享家乡信息，学习跨平台文件复制技能，遵守数字设备使用规范。描述家乡的自然和人文特点，探索其形成原因和影响。培养环境保护意识，体验和推广公共设施的使用，提升社区责任感。

（3）具体学科内容

◆信息科技：根据活动要求，合理选用数字设备记录收集到的信息，学会在不同设备间复制文件的方法，并遵守数字设备的使用规范，进一步加深对资源共享的理解。

◆地理：进行野外考察并利用图文资料，描述家乡典型的自然与人文事物和现象，归纳家乡地理环境的特点，举例说明其形成过程及原因；与他人交流各自对家乡的看法并说明理由，感悟人们在不同体验和感知背景下对家乡形成的不同看法；举例说明家乡环境及生产发展给当地居民生活带来的影响和变化，并尝试用绿色发展理念，对家乡的发展规划提出合理建议，增强热爱家乡、建设家乡的意识。

◆道德与法治：感受身边的变化，了解家乡的发展，对祖国未来充满信心；体验公共设施给人们生活带来的便利，形成爱护公共设施，人人有责的意识；学习环境保护的基本常识，增强环境保护意识。

（4）跨学科大概念

数字化记录与存档。

2. 跨学科大概念生成图

本案例的具体大概念生成图如图8-1所示。

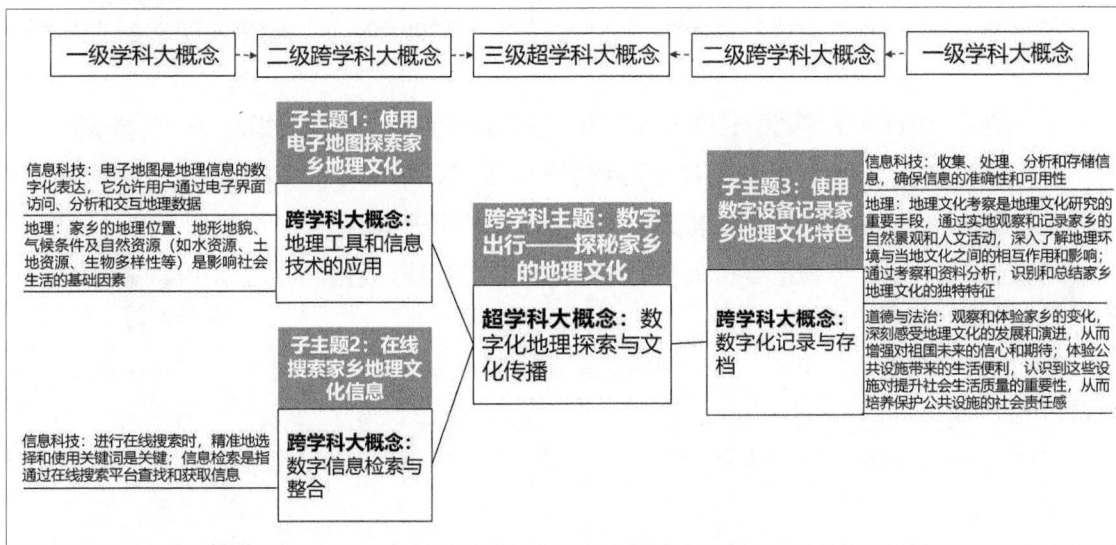

图8-1 "数字出行——探秘家乡的地理文化"跨学科大概念生成图

经验分享

在数字化时代，探索和传播家乡的地理文化信息需要跨学科的视角。重点在于如何从单学科知识出发，整合多个学科的大概念，形成超学科大概念，并在实践中应用。仅识别单学科具有局限性：最初，我们主要从信息科技学科视角探索家乡，但这种方法难以全面反映家乡的多维文化；后来，我们参考《义务教育信息科技课程标准（2022年版）》，识别出与家乡地理文化相关的跨学科概念，如环境与社会的关系、文化传承与创新，于是我们开始整合多学科概念。通过实践和反思，我们整合了地理学科的空间分析、信息科技学科的数据管理和道德与法治学科，形成了"数字化地理探索与文化传播"的超学科大概念。

8.2.2 问题链：进阶性的跨学科核心问题设计

本案例的重点工作包括以下 3 部分。

◆使用电子地图：了解家乡名胜古迹、网红打卡点等景点的地理位置，并设计游玩路线和出行方式。

◆在线信息搜索：收集家乡的文化和历史信息，可以收集景点的相关信息，如电话、门票、评价等。

◆实地考察与记录：使用数字设备记录家乡特色景观，为文化传播提供素材。

设计的具体问题如下。

主问题 1：如何利用电子地图了解家乡的地理信息？

问题情境 1：假设你和你的同学们参与了一个名为"探索家乡"的项目，项目的第一阶段是利用电子地图深入了解家乡的地理特征和重要地标。

子问题 1：在"探索家乡"项目中，你们如何选择和使用电子地图来发现家乡的重要地标？

子问题 2：通过电子地图和卫星导航系统，你们如何更便捷地规划和执行探索路线？

子问题 3：在整个项目中，你们如何利用电子地图分享和传播你们所发现的家乡地理信息？

主问题 2：如何通过在线搜索来收集家乡的文化和历史信息？

问题情境 2：在"探索家乡"项目的第二阶段，你们决定通过联合上网搜索来深入研究家乡的文化遗产和历史事件。

子问题 1：在团队合作中，你们使用哪些在线搜索策略来获取关于家乡文化和历史的详细资料？

子问题 2：在利用在线搜索平台时，你们如何评估信息的来源和可信度，确保所获得的资料准确无误？

子问题 3：在整个项目中，你们如何有效地利用互联网资源，向社区分享和传播你们发现的家乡文化资源？

主问题 3：如何通过数字设备记录和分享家乡的名胜古迹、网红打卡点？

问题情境 3：在"探索家乡"项目的最后阶段，你们计划使用现代数字设备记录和分析家乡的自然和人文特点，并通过这些活动来提升社区居民的环保意识和社区责任感。

子问题 1：在实地探索中，你们将选择哪些数字设备来记录和捕捉家乡的自然和人文特点？为什么这些设备最适合？

子问题 2：通过记录和分享家乡的信息，你们如何向社区中的居民传达环保意识和社区责任感的重要性？

子问题3：在整个项目中，你们如何利用数字设备和实地探索活动来促进合作和共享？

━━━━━━━━━┃ **经验分享** ┃━━━━━━━━━

生成问题链时，首先围绕大概念来设定主问题，如"如何利用电子地图了解家乡的地理信息"，然后构建子问题来深入探讨每个主问题的不同方面，如选择和使用电子地图、规划探索路线、分享和传播地理信息等。在生成问题链的过程中，确保每个问题都与大概念紧密相关，同时考虑问题的实际应用和培养学生的批判性思维。最后，根据项目实施过程中的反馈和新发现，对问题链进行动态调整，以确保学习活动的连贯和深入。

8.2.3 目标层：素养导向的跨学科教学目标设计

信息科技学科核心素养目标强调信息意识、计算思维、数字化学习与创新、信息社会责任，地理和道德与法治学科则侧重人地协调观、综合思维、区域认知、地理实践力、道德修养、热爱集体和责任意识，多学科共通的核心素养目标包括文化理解与传承、批判性思维、创新、沟通、合作，旨在培养学生在数字化时代下的综合能力和社会责任感。

1. 信息科技学科核心素养目标

（1）信息意识

在网络应用过程中，合理使用数字身份，知道数字身份对个人日常学习与生活的作用和意义，规范地进行网络信息交流。

（2）计算思维

◆能根据需要选用合适的数字设备解决问题，并简单地说明理由。

◆在问题的解决过程中，有意识地把问题划分为多个可解决的小问题，通过解决各个小问题，实现整体问题的解决。

◆依据解决问题的需要，组织与分析数据，用可视化方式呈现数据之间的关系，支撑所形成的观点。

（3）数字化学习与创新

◆利用在线平台和数字设备获取学习资源，开展合作学习，认识到在线平台对学习的影响。

◆比较线上、线下学习方式的异同，依据学习需要，在教师指导下有效地管理个人在线学习资源。

◆进行简单的多媒体作品创作、展示、交流，尝试开展数字化创新活动，感受应用信息科技表达观点、创作作品、合作创新、分享传播的优势。

（4）信息社会责任

在上网搜索和在线浏览信息时，认识到数字身份的唯一性与信用价值，增强保护个人隐私的意识，提升自我管理能力，形成在线社会生存的安全观。

2. 相关学科核心素养目标

（1）地理

◆人地协调观：尊重和保护自然。

◆综合思维：具备综合认识地理环境及人地关系的思维方式和能力。

◆区域认知：具备从空间—区域的视角认识地理环境及人地关系的思维方式和能力。

◆地理实践力：在实地考察等地理实践活动中所具备的行动力和意志品质。

（2）道德与法治

◆道德修养：体验公共设施给生活带来的便利，爱护公共设施，遵守公共秩序。

◆热爱集体：热爱集体，积极参与集体活动和民主管理，有互助意识。

◆责任意识：热爱自然，了解自然是我们生活的共同家园，懂得保护环境、爱护动物、节约资源。

3. 多学科共通的核心素养目标

◆文化理解与传承：理解和规范使用数字身份，认识其在个人学习与生活中的作用和意义，遵守社会秩序和文化规范，保护公共设施和环境。同时，了解和传承家乡文化，增强对本土文化的认同感。

◆批判性思维：选择合适的数字工具解决问题，分解和解决复杂问题，通过组织和分析数据支持观点，提升自我管理和隐私保护意识。

◆创新素养：利用数字平台和设备进行学习和合作，创作和展示多媒体作品，探索数字化创新的应用，推动个人和社会的进步。

◆沟通素养：比较并有效管理线上、线下学习资源，通过数字工具进行多媒体创作和交流，提升信息表达和沟通能力。

◆合作素养：在学习和创新过程中合作，分享资源和成果，推动集体活动和环境保护，增强团队协作和社会责任感。

8.2.4 任务簇：综合性的教学活动设计

1. 教学模式、策略与方法的应用

本案例采用综合探究模式，通过多个子任务层层递进，引导学生进行全面的数字化探究，通过任务驱动的方式促使学生在真实情境中应用和整合所学知识。教师设置具体的主干任务和子任务，激发学生的学习兴趣和主动性，帮助他们在解决实际问题的过程中掌握知识和技能。任务驱动的方式不仅能够增强学生的学习动力，还能够提高他们的综合应用能力。

本案例的教学活动设计整合了多种教学模式和策略，以确保学生能够全面而深入地探索和理解家乡的地理文化。活动开始时，教师通过引导和示范，帮助学生掌握必要的技能和知识，如选择电子地图平台、规划探索路线和评估信息来源的可信度。随后，学生通过分组合作，共同讨论、规划和执行任务，这种合作学习模式不仅促进了团队协作，还提高了学习效率。在实地探索

和数字设备使用环节，学生将理论知识应用于实践，通过拍摄、录制和记录数据，增强学习的实践性和互动性。此外，学生学习如何将收集到的信息整理成报告或制作成多媒体作品，并在班级或学校内进行展示和分享，这样的成果展示不仅锻炼了学生的表达能力，也鼓励了他们进行创造性的思考。整个过程中，教师提供持续的反馈和指导，帮助学生不断改进和完善工作，这种形成性评价方法有助于学生及时调整学习策略，提升学习成效。综合性的教学设计不仅能够帮助学生掌握地理和信息科技等学科知识，还能培养他们的团队合作精神和社会责任感。

2. 教学活动设计及实施过程

主干任务：数字出行——探秘家乡的地理文化

子任务1：利用电子地图探索家乡

活动1：选择和使用电子地图来发现家乡的重要地标。

◆讨论和选择平台：教师介绍不同的电子地图平台（如高德地图、百度地图、腾讯地图等），并讲解每个平台的优缺点。学生分组讨论，选择最适合探索家乡的电子地图平台，并说明选择的理由。

◆实地标记和记录：教师示范如何在选定的电子地图上标记家乡的重要地标，如学校、医院、公园等。学生组成小组，使用电子地图标记自己家乡的重要地标，并附上简短的说明。

活动2：通过电子地图和卫星导航系统规划和执行探索路线。

◆路线规划：教师讲解如何使用电子地图和卫星导航系统规划探索路线，考虑距离、时间和安全因素。学生分组设计一条探索家乡的路线，标出起点、终点及沿途的重要地标，并使用电子地图计算出行时间和距离。

◆实地探索：教师带领学生进行一次实地探索，验证所规划的路线，并记录沿途发现的地理特征。学生按小组出发，使用卫星导航系统执行探索路线，并在途中拍摄照片和记录发现。

活动3：利用电子地图分享和传播所发现的家乡地理信息。

◆数据整理和分享：教师讲解如何将探索过程中收集到的地理信息整理成可分享的形式（如创建电子地图、撰写报告等）。学生分组整理各自收集到的信息，制作电子地图或报告，并通过学校网站、班级微信群等渠道进行分享。

◆展示和反馈：教师组织一次班级分享会，让各组展示他们的探索成果，并提供反馈和建议。学生在分享会上展示各组的地图和报告，并根据反馈进行改进和完善。

子任务2：上网搜索收集家乡的文化和历史信息

活动1：使用在线搜索策略获取家乡文化和历史的详细资料。

◆搜索技巧培训：教师教授有效的在线搜索技巧，如选择关键词、使用高级搜索功能等。学生分组练习不同的搜索技巧，查找家乡的文化和历史资料，并记录有用的信息。

◆资料收集和整理：教师指导学生整理和分类收集到的资料，确保信息的完整性和逻辑性。学生根据整理收集到的文化和历史资料，制作简洁明了的笔记或幻灯片。

活动2：评估信息来源和可信度，确保资料准确无误。

◆信息评估标准：教师介绍如何评估信息来源的可信度，如检查作者背景、查看引用来源、对比多方信息等。学生分组讨论并列出信息评估的标准，针对已收集到的资料进行评估。

◆信息验证和修正：教师提供一些实际案例，帮助学生练习评估和验证信息。学生使用所学评估标准，对之前收集的信息进行验证，修正可能存在的不准确之处。

活动3：利用互联网分享和传播家乡文化资源。

◆内容创作和发布：教师讲解如何将文化和历史资料转化为有趣且易于传播的内容（使用学生的在线学习平台）。各组创作一份关于家乡文化和历史的数字内容，并通过社交媒体或学校平台进行发布。

◆社区互动和反馈：教师组织线上或线下的分享活动，学生在在线学习平台分享活动中展示自己的作品，收集反馈并进行改进。

子任务3：用数字设备记录和分享家乡的自然和人文特点，增强环保意识和社区责任感

活动1：选择数字设备记录和捕捉家乡的自然和人文特点。

◆设备介绍和选择：教师介绍适合记录自然和人文景观的数字设备，如智能手机、平板电脑、无人机、照相机等。学生分组讨论并选择适合自己小组的设备，说明选择的理由。

◆设备使用培训：教师演示如何使用这些设备进行拍摄、录制和数据记录。学生练习使用设备，熟悉基本操作和功能。

活动2：记录和分享家乡信息，讨论环保意识和社区责任感的重要性。

◆实地记录和分析：教师带领学生进行实地考察，示范如何记录自然和人文特点。学生使用选择的设备记录家乡的自然和人文景观，并进行初步分析。

◆同学之间分享和讨论：教师指导学生将记录的信息整理成报告或简短的视频。学生在班级内进行分享，向同学们展示自己的记录和分析，并讨论环保意识和社区责任感的重要性。

活动3：利用数字设备和实地探索活动分享信息，促进合作和交流。

◆成果展示和分享：教师再次组织班级分享会，让各组展示他们的记录和分析成果。学生分组展示各自的作品，并分享在实地探索中的经验和心得。

◆合作讨论和反馈：学生在分享会后进行小组讨论，互相提出改进建议，并分享对环保意识和社区责任感的看法，根据反馈进一步完善自己的作品，并将最终成果在班级或学校内进行展示。

8.2.5 证据集：学习评价的设计

1. 学习的评价

（1）评价目的

通过评估学生在每一课时中的工程笔记、数据记录和活动参与情况，了解他们在整个学习过程中的完成情况。

（2）评价方式

◆工程笔记：检查学生在每一课时后的笔记内容，是否完整记录了学习过程、思考过程和重要知识点。

◆数据记录：评估学生在电子地图标记、探索路线规划、实地记录等环节中所记录的数据是否准确、详细。

◆活动参与情况：观察学生在小组讨论中的参与情况，以及他们在小组汇报时的表现，评估其合作能力和表达能力。

（3）评价标准

◆完整性：工程笔记和数据记录是否完整，是否包括所有必要的信息和步骤。

◆准确性：记录的数据是否准确，是否反映了实际情况。

◆理解度：是否能够通过笔记和记录清晰地表达对知识点的理解。

◆参与度：在小组讨论和汇报中的参与度，是否积极发言、提出见解。

2. 学习性评价

通过对学生在探秘家乡的地理文化过程中的学习行为和策略进行评价，了解他们的信息搜索、整理和评估能力。

3. 学习式评价

通过评估学生在记录和分享家乡自然与人文特点过程中的表现，了解他们的实际操作能力、合作能力和社区责任感。

8.2.6 信息化教学资源

1. 跨学科教学资源的类型、功能及对教与学过程的优化作用

本案例的教学过程中用到了电子地图平台。教师介绍不同的电子地图平台及其优缺点，学生分组讨论选择合适的平台标记家乡的重要地标，并规划探索路线。电子地图平台提供直观的地理信息和导航功能，帮助学生更好地理解家乡的地理信息，培养空间思维和解决问题能力。

2. 跨学科学习活动资源

作品评价量表如下。

评价项目	评价标准	评分（满分为5分）
电子地图标记	标记准确，说明简洁清晰	
探索路线规划	路线设计合理，考虑距离、时间和安全因素	
信息整理与展示	数据整理逻辑清晰，展示内容丰富，有创意	
文化历史信息	信息来源可靠，评估标准明确，验证结果准确	
记录与分析	记录信息详细，分析结果科学合理	
合作与交流	团队合作良好，交流互动积极，提出有效反馈和改进建议	
环保意识与责任感	展示内容关注环保意识和社区责任感，讨论深入	

▶▶ 8.3 案例反思

1. 对教学过程和效果的反思

学生在电子地图探索和实地考察中展现出的高度热情，充分证明了实践活动在激发学生兴趣方面的有效性。然而，我们也注意到在信息整理和分享环节，部分学生的参与度有所降低，或是受到任务复杂性的影响，或是对成果展示缺乏自信。尽管如此，大多数学生已能熟练掌握电子地图和数字设备的使用，实现了技术应用的目标。在文化和历史信息的收集与评估上，学生们基本掌握了关键技巧，但在深度分析和批判性思考方面仍有进步空间。通过简化任务流程、增强学生自信、引入激励措施及引导性问题等方法，我们可以进一步提升学生的整体参与度和思考深度。

2. 下一步教学优化方向

◆调整子主题 1 和子主题 2 及对应的子任务 1 和子任务 2 的顺序，先在线搜索家乡地理文化信息，然后再利用电子地图探索家乡可能会更好。

◆子主题 1 重点应该是"给学生打开一扇门"，让学生知道电子地图能做什么，以及计算机和网络带来的便利性，应该减少操作的讲解。

◆子任务 2 中，在搜索信息的时候可以让学生更多地收集量化和非量化数据，如游客数量、景点评价等，根据多方面数据得出结论。

◆子任务 3 中，收集数据后的保存数据环节，可以加强"世界是有序的"这一观念。

3. 对专业成长发展的思考

结合深圳每周的半天计划，我们可以实际地引导学生从寻找景点着手，逐步进行信息搜索并规划出行路线。接下来，以班级为单位组织实地考察活动。在整个过程中，我们将重点讲授选择景点的标准，即我们是如何在线搜集和筛选相关数据的，通过数据选择景点。这样让学生深刻体会到计算机网络在日常生活学习中的便捷性与实用性。最终，我们将指导学生使用数字设备记录考察过程，并进行整理归档，以此强调资料管理的有序性和重要性。通过这样的实践活动，学生们不仅能够领略家乡的地理文化，还能提升信息处理和团队协作的能力。

案例 9

AI 运动健康小助手
——姿态识别在健康
管理与运动训练中的应用

本跨学科案例涵盖了信息科技、科学、体育等多个学科领域，适合第二学段（3~4年级）的学生学习，建议授课时长为3课时。本案例由深圳市龙华区龙为小学吴锦涛老师、深圳市龙华区实验学校教育集团林漫娜老师设计并提供。

▶▶ 9.1 案例背景信息

本案例基于现代社会对健康和科技的关注，从学生日常生活出发，以"姿态识别"为跨学科主题的核心，以信息科技为主干学科，结合科学和体育学科，通过"过程与控制"模块的核心知识，探索如何利用科技手段进行姿态识别和运动健康管理。学生将系统学习姿态识别技术的基本原理及其在运动健康中的应用，了解人体姿态的科学原理和影响因素，设计并开发一个基于姿态识别技术的AI运动健康小助手。案例旨在培养学生的科学思维、创新能力和跨学科整合能力，让学生体验现代科技在运动健康管理中的实际应用，提升他们对健康生活方式的理解和实践能力。

▶▶ 9.2 案例描述

9.2.1 概念群：结构化的跨学科教学内容设计

1. 子主题教学内容分析与大概念梳理

以信息科技为主干，辅以科学、体育等学科，分析课程标准，明确"AI运动健康小助手——姿态识别在健康管理与运动训练中的应用"主题所涉及的教学内容、核心素养及教学目标，梳理出相应的跨学科子主题。进一步厘清跨学科子主题中涉及的学科，以及各学科对应的一级学科大概念，并在学科交叉的基础上演绎出二级跨学科大概念。

子主题 1：初步认识姿态识别技术

（1）涉及的学科

信息科技、科学。

（2）主要内容

了解姿态识别技术的发展概况和应用场景，学习姿态识别系统的设计与实现过程，掌握图像处理的基本方法和算法。

（3）学科大概念

◆信息科技：了解姿态识别技术的发展概况和技术应用，包括数据采集、处理、传输与存储，同时关注信息安全与隐私保护的重要性。

◆科学：了解姿态识别过程中涉及的基本生物力学原理。

（4）跨学科大概念

技术与伦理意识的融合具有重要意义。技术发展带来机遇与挑战，伦理意识提供道德指引。

子主题 2：探究姿态识别技术的基本原理

（1）涉及的学科

信息科技、体育。

（2）主要内容

了解姿态识别技术的基本原理和工作方式，学习如何通过编程软件和图像处理算法实现简单的姿态识别功能，并初步探索姿态识别技术在运动健康管理中的应用。

（3）学科大概念

◆信息科技：了解姿态识别技术的基本原理、编程软件和图像处理算法的使用。

◆体育：从体育学科角度，了解体育学科中涉及姿态识别和运动训练的相关原理，学习姿态识别技术如何基于运动训练原理优化运动姿势和预防损伤。

（4）跨学科大概念

了解姿态识别技术的基本原理，初步探索将姿态识别技术应用于健康管理与运动训练。

子主题 3：AI 运动健康小助手的设计

（1）涉及的学科

信息科技、体育。

（2）主要内容

了解姿态识别技术在运动健康管理中的具体应用，学习 AI 运动健康小助手的设计与实现，了解运动数据的采集与分析方法。

（3）学科大概念

◆信息科技：了解姿态数据的采集、处理与分析，构建高效、稳定的 AI 运动健康小助手，同时关注数据安全与隐私保护。

◆体育：了解体育与姿态识别技术如何应用于健康管理与运动训练。

（4）跨学科大概念

现代科技在运动健康管理中发挥了重要作用。通过设计AI运动健康小助手，实现对运动姿态的智能化监测和管理，促进健康生活方式的养成。

2. 跨学科大概念生成图

在3个跨学科大概念的基础上生成最终的三级超学科大概念，即"智能化姿态识别，优化健康管理和运动表现"，如图9-1所示。

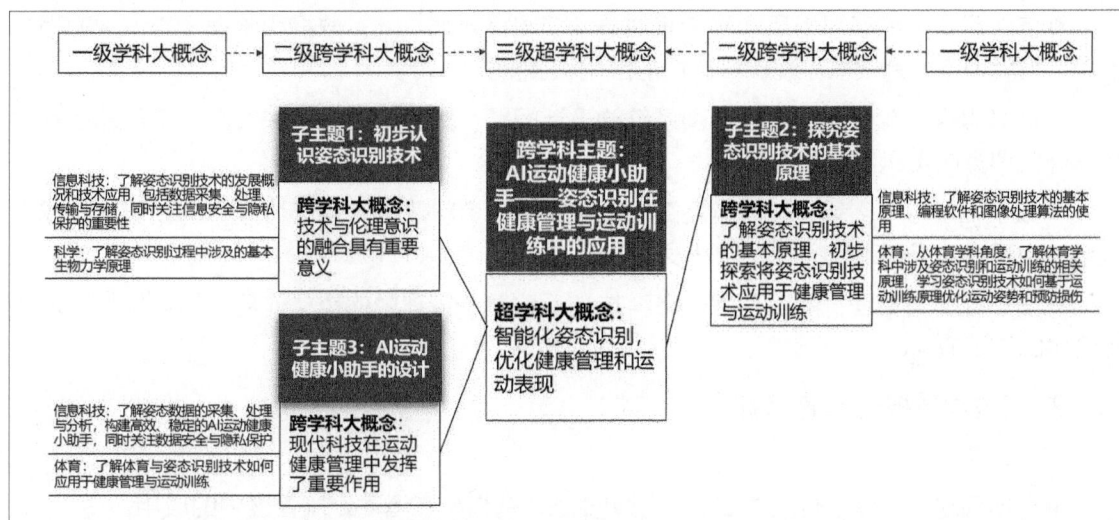

图9-1 "AI运动健康小助手——姿态识别在健康管理与运动训练中的应用"跨学科大概念生成图

9.2.2 问题链：进阶性的跨学科核心问题设计

围绕跨学科大概念提出主问题，并围绕学科大概念进一步提出子问题，形成本案例的问题链。

主问题1：姿态识别技术的基本原理是什么？

问题情境1：想象一下，你是一个科技小专家，需要向大家介绍姿态识别技术的原理和应用，让大家明白姿态识别技术的科学基础和实现方法。

子问题1：什么是姿态识别技术？

子问题2：姿态识别技术是如何工作的？

子问题3：姿态识别系统的设计和实现需要哪些步骤？

子问题4：姿态识别技术在日常生活中的应用有哪些？

主问题2：如何利用姿态识别技术进行运动健康管理？

问题情境2：作为一个运动健康管理小专家，你需要设计一个AI运动健康小助手，帮助大家监测和管理运动中的姿态，预防运动损伤，提高运动效果。

子问题 1：姿态识别技术在运动健康管理中的具体应用有哪些？

子问题 2：如何设计一个 AI 运动健康小助手来监测运动姿态？

子问题 3：运动数据的采集和分析方法有哪些？

子问题 4：如何根据 AI 运动健康小助手的反馈和建议，改善运动姿态和提高运动效果？

9.2.3 目标层：素养导向的跨学科教学目标设计

1. 信息科技学科核心素养目标

◆信息意识：能够利用互联网和其他数字资源有效地收集、分析和整理姿态识别的相关信息，理解姿态识别技术在现代科技中的应用和重要性。

◆计算思维：能够分析姿态识别系统的设计问题，提出合理的解决方案，使用编程软件和图像处理算法实现姿态识别系统。

◆数字化学习与创新：能够运用数字化工具进行资料收集、沟通协作、项目管理和成果展示，实现姿态识别系统的设计与开发。

◆信息社会与责任：能够理解信息科技在运动健康管理中的重要作用，认识技术在现代社会中的广泛应用。

2. 相关学科核心素养目标

（1）科学

◆科学观念：能够分析人体姿态，理解姿态识别技术在运动健康管理中的应用。

◆科学思维：通过阅读资料、推理论证等方式，分析影响姿态识别的关键因素。

◆探究实践：通过查找资料、社会调研等方式，明确姿态识别系统需要解决的现实问题，制定合理的设计方案，并从不同角度评估方案的实用性、创新性和可行性。

（2）体育

◆运动技能：能够掌握科学的运动姿态，了解姿态识别技术在运动中的应用。

◆运动健康管理：能够利用姿态识别技术监测运动中的姿态和动作，预防运动损伤，促进健康生活方式的养成。

3. 多学科共通的核心素养目标

◆文化理解与传承：加深对姿态识别技术应用于运动健康管理的认识。

◆批判性思维：在分析姿态识别系统时，能够评估多种来源信息的可靠性和不同设计方案的有效性，通过逻辑推理和证据支持，对不同观点和假设进行探讨。

◆创新思维：在设计姿态识别系统时，能够提出独特的创意和解决方案。

◆沟通合作能力：能够在项目实践过程中和小组成员合理分工，有效沟通。

9.2.4　任务簇：综合性的教学活动设计

1. 教学模式、策略与方法的应用

本案例采用项目学习法，以"设计与开发一个AI运动健康小助手"为项目背景，采用渐进式任务簇，以"姿态感知—特征探究—操作体验—系统开发"为核心环节，形成"姿态识别技术基本原理探索"初级任务和"AI运动健康小助手开发"进阶任务两个主干任务，结合多种数字化手段，设计多样化的教学活动，逐步引导学生深入了解姿态识别和运动健康管理的过程，提升跨学科学习的效果。本案例分为3课时，教学流程如图9-2所示。

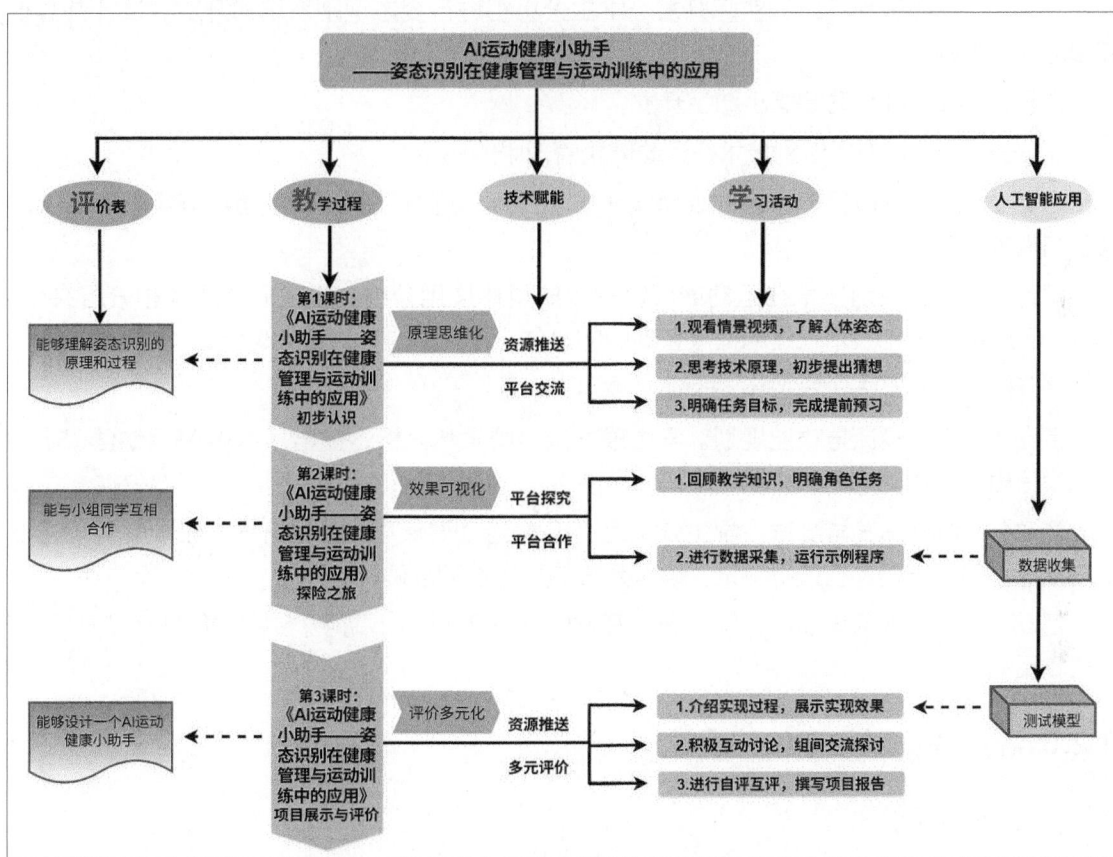

图9-2　本案例的教学流程

2. 教学活动设计及实施过程

主干任务1：姿态识别技术基本原理探索

子任务1：了解姿态识别技术的基本原理

活动1：课前线上资料搜集与分享。学生通过图书馆、互联网等渠道搜集关于姿态识别技术基本原理和应用场景的资料；将搜集到的资料在课堂上进行小组分享。

活动2：姿态识别系统的虚拟环境体验。教师提供姿态识别系统的虚拟环境资源，学生亲身感受姿态识别系统的工作原理和应用场景。

活动3：课堂讨论与知识梳理。学生在教师引导下讨论姿态识别技术的科学原理及其在日常生活中的应用。

子任务2：学习姿态识别系统的设计与实现过程

活动1：姿态识别系统的设计思路交流。学生通过头脑风暴，提出姿态识别系统的设计思路和方案，并进行讨论。

活动2：编程软件及算法学习。教师讲解编程软件和图像处理算法的基础知识，学生通过在线教程和案例学习。

活动3：姿态识别系统的实际开发。学生分小组进行姿态识别系统的开发，设计并实现简单的姿态识别功能。

主干任务 2：AI 运动健康小助手开发

子任务1：分析姿态识别技术在运动健康管理中的应用

活动1：运动健康管理系统的现状调研。学生通过问卷调查，了解运动健康管理系统的现状和需求。

活动2：姿态识别技术在运动健康管理中的具体应用分析。学生通过阅读和分析文献、案例，了解姿态识别技术在运动健康管理中的具体应用，并进行讨论和总结。

子任务2：设计并开发AI运动健康小助手

活动1：系统设计与功能规划。学生根据调研结果和分析，提出基本的AI运动健康小助手的设计思路和功能规划。

活动2：系统开发与测试。学生分小组进行AI运动健康小助手的开发，设计并实现主要功能模块；对开发的系统进行测试，确保系统的稳定性和准确性。

活动3：系统展示与评估。学生展示开发的AI运动健康小助手，并邀请教师和同学进行评估和反馈。

9.2.5 证据集：学习评价的设计

1. 学习的评价

（1）评价目的

评估学生对姿态识别技术的基本原理及其在运动健康管理中具体应用的理解。

（2）评价方式

◆知识测试：通过在线测验，评估学生对姿态识别技术相关知识的了解程度。

◆作品评价：通过项目演示，评估学生设计与实现的AI运动健康小助手的完成度、创新性和实用性。

（3）评价标准

◆知识掌握：学生对姿态识别技术基本原理、图像处理算法及其在运动健康管理中的应用是否有深入理解。

◆动手操作能力：学生设计与实现的AI运动健康小助手在完成度、创新性和实用性方面的表现。

2. 学习性评价

（1）评价目的

记录和评估学生在AI运动健康小助手设计与实现过程中的参与度、合作能力和解决问题能力。

（2）评价方式

◆观察记录：教师记录学生在小组讨论和项目开发中的互动情况，关注学生的参与度和合作态度。

◆小组互评：通过小组互评，评估每个成员在小组活动中的贡献和协作能力。

◆师评：教师对学生的学习过程和项目成果提供具体的反馈和指导意见。

（3）评价标准

◆参与度：学生在小组讨论和项目开发中的活跃程度，是否积极参与各项任务。

◆合作精神：学生在小组活动中的合作态度和团队协作能力，是否能有效沟通和协调。

◆解决问题能力：学生在AI运动健康小助手开发过程中面对问题时的解决策略和效果。

3. 学习式评价

（1）评价目的

培养学生的自我评价能力，鼓励他们对AI运动健康小助手的设计与实现过程进行反思。

（2）评价方式

◆自评：学生进行自评，评估自己在小组合作和AI运动健康小助手设计中的表现。

◆反思：学生对自己设计的AI运动健康小助手进行反思，总结经验和不足。

◆互评：学生在小组讨论过程中对组员的表现进行评价。

（3）评价标准

◆自我认知：学生对自己在学习过程中的状态和表现是否有清晰的理解和认识。

◆评价技能：学生在进行自评和互评时的公正性和准确性。

◆互评质量：学生在互评中的客观性和建设性，是否能提出具体的改进建议。

9.2.6　信息化教学资源

1. 跨学科教学资源的类型、功能及对教与学过程的优化作用

（1）腾讯青少年人工智能教育平台

◆设计目的：利用腾讯青少年人工智能教育平台的互动性和可视化特性，帮助学生更直观地理解姿态识别技术的原理和实现过程。

◆用法：学生利用腾讯青少年人工智能教育平台，在"AI训练馆"中自由探索姿态识别

技术的实现过程。

◆支撑性作用：让学生在安全的环境下深入探索姿态识别技术，增强学习的沉浸感和趣味性。

（2）数字化学习资源库

◆设计目的：帮助学生建立对姿态识别技术的全面了解，提高核心素养。

◆用法：提供关于姿态识别技术的多媒体资料，包括图片、视频、文献等，学生可以直接访问资源库，浏览和学习；可以使用搜索功能，查找特定的技术细节或应用案例。

◆支撑性作用：为学生提供丰富的背景知识，帮助他们建立全面的认识；在资源库的使用过程中，学生可以学习如何有效地搜索、评估和使用信息，提高信息素养。

2. 跨学科学习活动资源

以下为本案例第2课时的导学单。

AI运动健康小助手——姿态识别在健康管理与运动训练中的应用

第2课时导学单

姓名：_____ 班级：_____

任务1：姿态识别先感知

（1）打开腾讯青少年人工智能教育平台中的"AI训练馆"，体验"人体姿态分类模型训练"。

（2）在摄像头前摆出3个不同的姿势，在"学习"板块分别长按"训练模型一""训练模型二""训练模型三"，让模型进行学习。

（3）在"输出"板块，为不同姿势的模型选择喜欢的"声音"，或者在"说话"板块写上每个姿势的提示词（仅支持英文）。

（4）做出不同的姿势，看看模型是否能正确感知并给出反馈！

任务2：关键点骨骼连一连

结合所学知识和右侧左图展示的14点姿态骨架图，请标出右图所示人物角色的14个关键点。然后，用线将这些关键点连接起来，看看能否绘制出一个完整的人物骨骼图。

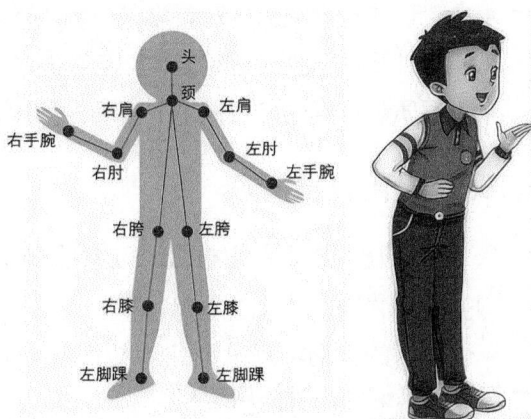

任务3：检测流程排一排

尝试将下面的姿态检测过程进行正确的排序吧！

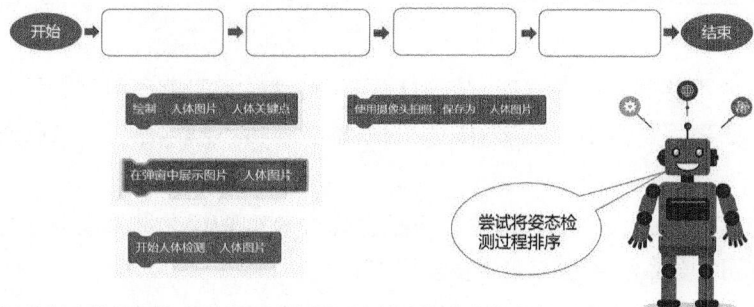

任务4：AI运动健康小助手我能做

请你根据下面的操作指南，动手试一试吧！

（1）在腾讯青少年人工智能教育平台"我的作业"中，找到"智能监控防意外"，单击"做作业"，完成搭建任务。

（2）运行监控程序，以3人为小组进行合作，输出多人姿态估计结果，观察不同动作下人体骨骼的变化和姿态。

第2课时评价量表如下。

学习内容	评分
能够理解姿态识别的原理和过程	☆ ☆ ☆ ☆ ☆
能与小组同学互相合作	☆ ☆ ☆ ☆ ☆
能够设计一个AI运动健康小助手	☆ ☆ ☆ ☆ ☆

▶▶ 9.3 案例反思

1. 对教学过程和效果的反思

在"AI运动健康小助手——姿态识别在健康管理与运动训练中的应用"这一跨学科教学案例的实施过程中，整体教学效果达到了预期目标。学生通过理论学习和实践操作，对姿态识别技术的基本原理和应用场景有了基本了解，同时在实际操作中培养了动手能力和合作精神。教学过程中，腾讯青少年人工智能教育平台和实体教具的应用增强了学生的参与感和学习兴趣，使复杂的技术概念得以形象化和具体化。然而，教学过程也暴露了一些问题，例如，学生对跨学科知识的理解存在一定的局限性，部分学生在任务分配和合作方面表现不够积极。此外，教学内容的深度和广度在有限的课时内难以全面覆盖，需要在课程设计上进行进一步优化。

通过课堂观察和教学反馈，我们发现学生对姿态识别技术表现出了浓厚的兴趣，多数学生能够在小组讨论中积极发表意见和提出建议。我们在教学过程中灵活运用了多种教学方法，如讲授法、讨论法、探究法等，注重学生的主体地位，促进了学生自主学习和创新能力的发展。

2. 存在的问题和改进的方案

（1）存在的问题

◆跨学科整合不够深入：在课程实施过程中，虽然涉及了信息科技、科学和体育等多个学科的知识，但在实际操作中，各学科之间的联系和整合不够紧密，学生在跨学科知识应用上存在困难。

◆学生参与度差异较大：部分学生在小组合作中表现积极，能够主动承担任务，而另一些学生则相对被动，导致小组合作效果参差不齐。

◆技术工具使用不熟练：部分学生对虚拟仿真平台的使用不够熟练，影响了学习效果和任务完成质量。

（2）改进的方案

◆加强跨学科整合：在课程设计上，应进一步加强跨学科知识的整合，明确不同学科知识在项目中的应用。可以通过增加跨学科讲座或研讨会，邀请不同学科的专家共同参与教学，提升学生的跨学科思维能力。

◆提高学生参与度：通过优化小组分配和任务设计，确保每个学生在小组中都有明确的角色和任务，促进全员参与。可以引入积分制或奖励机制，激励学生积极参与讨论和任务实施。

◆提升技术工具使用技能：在课程开始前，安排专门的技术培训课程，帮助学生了解虚拟仿真平台和实体教具的使用方法。教师应在课堂上提供更多的指导和支持，确保学生能够顺利进行实践操作。

3. 对专业成长发展的思考

通过实施"AI运动健康小助手——姿态识别在健康管理与运动训练中的应用"这一跨学科教学案例，我们在专业成长方面也得到了诸多启示和提升。

首先，在教学理念上，更加认识到跨学科教学的重要性和挑战性，理解了不同学科知识的整合对于学生综合素质培养的重要作用。在未来的教学中，将更加注重跨学科思维的培养，努力设计和实施更多具有跨学科特色的教学活动。

其次，在教学方法上，通过实际教学经验，逐步掌握了多种教学方法的灵活运用，提高了课堂管理能力和教学效果。在跨学科教学过程中，学会了如何有效利用虚拟仿真平台和实体教具等现代化教学工具，提升了信息化教学的能力和水平。

最后，在教学反思和改进方面，通过不断反思和总结教学过程中的问题和经验，形成了良好的教学反思习惯。这不仅有助于自身教学水平的提高，也为未来的教学实践提供了宝贵的参考和借鉴。在专业成长的道路上，我们将继续保持学习和探索的态度，不断更新教学理念和方法，努力成为具备跨学科教学能力和创新精神的优秀教师。

10

案例 10

长信宫灯文物探秘

本跨学科案例涵盖了信息科技、历史、美术、语文、数学、道德与法治等多个学科领域，适合第二学段（3~4年级）的学生学习，建议授课时长为4课时。本案例由深圳市宝安区宝民小学李红珠老师、何红老师设计并提供。

▶▶ 10.1 案例背景信息

本案例以"长信宫灯文物探秘"为主题，通过跨学科的教学方法，激发学生对历史文物的兴趣，提升学生的信息素养和创新能力等。案例的特点和创新之处体现在以下几个方面。

◆技术创新：引入了zSpace设备，利用VR技术，让学生不受时空限制，近距离、跨时空地观察和研究文物。极大地提升了学生对文物探秘的亲身体验感，使学习过程更直观、更生动。

◆内容创新：不仅对长信宫灯历史和文化进行简单的介绍，更让学生围绕海报的制作，深入学习长信宫灯的知识，将所学内容运用到海报设计中。学生需要从已有资源和设备出发，运用互联网、多媒体制作、二维码和在线表格制作等工具和技术完成项目活动，融合了信息科技、历史、美术、语文、数学、道德与法治等学科。

◆方法创新：采用了跨学科项目学习方式，将传统的接受式学习转变为以学生为主体的积极参与式学习。项目中学生将学科知识融合到作品创作中，提升综合运用能力。同时，教师引导学生以文物为出发点，运用创新思维方式，创作特色海报作品，提升创造能力。

▶▶ 10.2 案例描述

10.2.1 概念群：结构化的跨学科教学内容设计

以信息科技为主干，辅以历史、美术、语文、数学等学科，分析教材、课程标准、论文、网络资料，明确"长信宫灯文物探秘"这一主题所涉及的教学内容、核心素养及教学目标，梳理出相应的跨学科子主题。通过分析子主题教学内容，明确各子主题学科大概念和跨学科大概念。

1. 子主题教学内容分析与大概念梳理

子主题 1：我会自学长信宫灯文物知识

（1）涉及的学科

信息科技、历史。

（2）主要内容

通过互联网自学长信宫灯文物的历史背景、文化意义、制作工艺等。运用信息科技手段，如搜索引擎、在线数据库和虚拟博物馆，收集相关图文资料。评估网络信息的可信度，通过创建文件夹整理图文资料。

（3）学科大概念

◆信息科技：用数字化工具、平台与资源获取、整理和表达信息。

◆历史：文物具有特定时期的文化特征、历史价值和文化传承的意义。

（4）跨学科大概念

合适的在线搜索策略能获取可靠的历史文物信息。

子主题 2：我会制作长信宫灯文物海报

（1）涉及的学科

信息科技、美术。

（2）主要内容

使用多媒体制作工具将长信宫灯相关资料制作成海报，结合历史背景和艺术元素，将长信宫灯的文化特征和历史价值以视觉艺术的形式呈现，通过在线平台或班级展览分享和交流作品。

（3）学科大概念

◆信息科技：借助多媒体制作工具开展创作、展示、分享等数字化创新活动。

◆美术：海报设计需要遵循一定的原则与方法，符合审美判断。

（4）跨学科大概念

数字化工具可以实现对历史文化的创新表达与再加工。

子主题 3：我会解说长信宫灯文物故事

（1）涉及的学科

信息科技、语文、历史。

（2）主要内容

综合运用信息科技和语文学科的知识，讲述长信宫灯的历史背景和文化意义，利用语言和视觉元素有效地传达信息，并吸引听众注意力。在班级或学校活动中分享对长信宫灯的理解和研究。

（3）学科大概念

◆信息科技：运用多媒体制作工具能更形象生动地呈现信息。

◆语文：语言是表达思想情感和交流成果的基础。

◆历史：故事性叙事方式可以描述历史文化的"前世今生"，传承经典文化。

（4）跨学科大概念

借助多媒体制作工具表达文字、图片、音频、视频等多样化信息。

子主题4：我会守护在线数据安全

（1）涉及的学科

信息科技、数学、道德与法治。

（2）主要内容

安全地使用在线工具，特别是在线表格，来统计和分析数据。有效地管理个人的在线资源，包括设置强密码、识别可疑链接和保护个人隐私，在网络环境中规范地进行信息交流，培养在数字世界中保护个人数据和隐私的能力。

（3）学科大概念

◆信息科技：在线表格实现信息和资源在学习社群中的共享和流转。

◆数学：多样化、庞杂的数据可以借助表格工具实现分类、汇总和分析，从而实现数据的比较和总结。

◆道德与法治：在网络交流过程中认识到保护个人隐私的重要性。

（4）跨学科大概念

树立正确的信息社会责任意识。

2. 跨学科大概念生成图

通过线上线下融合式学习及VR技术赋能，学生可以跨时空近距离认识长信宫灯，并利用多学科知识解决实际问题，弘扬我国文化精粹。在学习活动中，学生学习文物历史知识，通过美学角度设计海报、用信息技术手段制作海报，提炼语言表达技巧进行汇报演讲，在评分时在线填报数据，提升网络安全管理意识。整个案例过程指向"数字时代的文化探索与表达"这一超学科大概念，如图10-1所示。

▏ 经验分享 ▏

深入分析课程标准，概括核心要点，从而提取出学科大概念。梳理学习阶段内容和目标，找出关键句和核心词汇，结合AIGC技术，整理和归纳相关子主题的知识点，在此基础上，结合已有教学经验，创新性地优化相关概念。例如，在分析长信宫灯的历史文化价值时，AIGC识别出"文化传承""历史意义"和"艺术特色"等核心概念。将这些概念与不同学科的知识点进行整合，最终形成跨学科大概念。

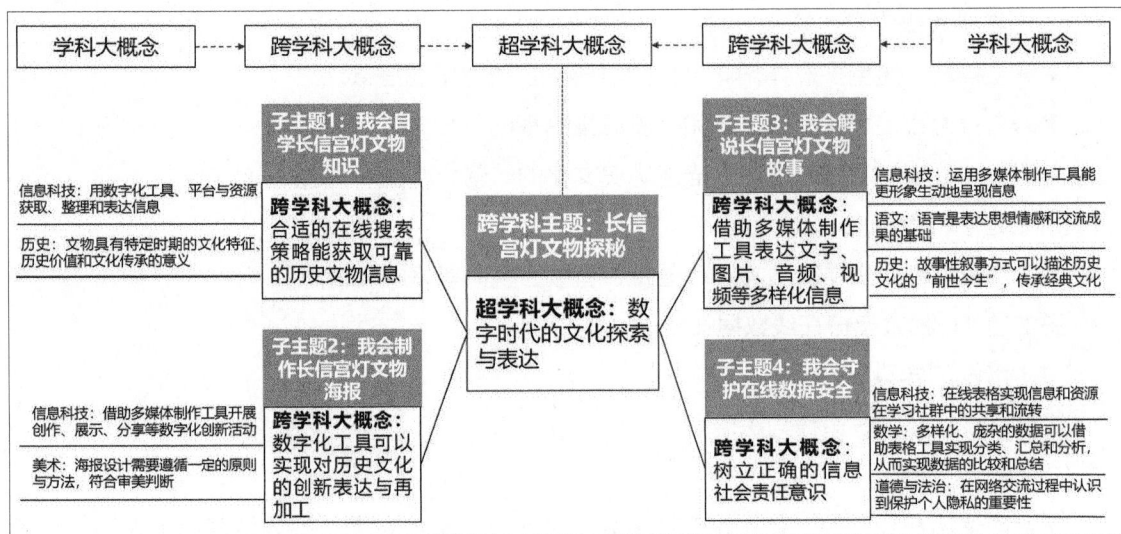

图 10-1 "长信宫灯文物探秘"跨学科大概念生成图

10.2.2 问题链：进阶性的跨学科核心问题设计

围绕跨学科大概念提出主问题和子问题，形成以"展示长信宫灯文物海报，弘扬中华文化瑰宝"为方向的跨学科主题学习问题链。

主问题 1：如何借助信息技术准确地找到长信宫灯的介绍并进行资料整理？

问题情境 1：长信宫灯是我国珍贵的文物，但很多人对它的了解却很有限。如果我们想深入了解长信宫灯的历史背景、文化意义和制作工艺，该怎么办呢？让我们一起用数字化工具去探索长信宫灯的奥秘。

子问题 1：哪些技术和方式可以帮我们找到关于长信宫灯的资料？

子问题 2：如何合理创建文件夹对长信宫灯的图文资料进行分类整理？

子问题 3：怎样判断所获取的长信宫灯信息的来源是否可靠？

子问题 4：在小组合作中运用哪些信息技术来更好地学习长信宫灯知识？

主问题 2：如何运用信息科技和美术知识制作出精美的长信宫灯文物海报？

问题情境 2：学校要举办一场历史文化展览，我们决定制作文物海报展示文物魅力。但是，怎样制作出吸引人的海报，把文化瑰宝介绍给大家呢？

子问题 1：使用多媒体制作工具制作海报时，有哪些技巧可以更好地处理图文素材？

子问题 2：海报设计中应遵循哪些原则和方法来突出长信宫灯的特色？

子问题 3：如何进行色彩搭配和构图让海报更具美感？

主问题 3：如何生动地分享长信宫灯文物故事？

问题情境 3：大家已经认识了长信宫灯并成功创作出长信宫灯文物海报。现在我们将要开展长信宫灯故事分享会，你准备怎么做让解说生动有趣、吸引观众呢？

子问题1：讲述长信宫灯故事时，需要运用哪些语言表达和叙述技巧？

子问题2：为了让展示效果更良好，可以使用哪些多媒体制作工具来辅助解说？

子问题3：演讲文稿设计应遵循哪些原则呈现长信宫灯信息？

子问题4：应遵循哪些要求公平、准确、合理地进行评分？

主问题4：如何把纸质表格用在线形式让大家协同填报，并确保在线数据安全？

问题情境4：各小组评分表的组别多、栏目多，统计难。有没有更快捷的数据统计方法呢？

子问题1：如何设计表格能快捷统计数据，得出各小组的总分，评出最优小组？

子问题2：怎样把统计表做成在线表格，让大家在线填写呢？

子问题3：在线录入数据过程中，发现有些小组的数据被不小心删掉或改动了，怎么解决这种问题？

子问题4：作为新时代数字公民，如何保护数据隐私？

┃ 经验分享 ┃

生成进阶性的跨学科核心问题设计，首先需明确各学科核心概念，然后根据教学目标，构建一个由浅入深的问题链，每个问题都应促进学生对概念的深入理解。问题设计应鼓励学生进行批判性思考和创造性探索，同时确保问题与学生的生活经验相关联，以激发他们的学习兴趣，逐步构建跨学科知识和技能。

10.2.3 目标层：素养导向的跨学科教学目标设计

本案例教学目标由信息科技主干学科和其他相关学科组成，并在此基础上提炼多学科共通的核心素养目标。

1. 信息科技学科核心素养目标

◆信息意识：熟练运用在线浏览器查找文物资料，养成及时对所查资料进行分类存储的良好习惯；正确选择合适的信息手段创作作品、处理表格数据等，成为合格的数字公民。

◆计算思维：在解决问题时，有意识地把问题划分为多个可解决的小问题，通过解决各个小问题，实现整体问题的解决；小组共同合作，梳理解决问题的思路，总结解决问题的方案。

◆数字化学习与创新：合理选取熟悉的软件或工具创作海报和分享PPT，提升演讲效果；选取合适的在线工具，制作在线表格，统计各小组文物解说得分，提升数字化学习与创新能力。

◆信息社会责任：通过思考在线填报数据中可能出现的问题，增强保护个人隐私的意识，提升网络安全管理意识和能力，形成在线社会生存的安全观。

2. 相关学科核心素养目标

（1）历史

◆史料分析：收集和评估长信宫灯图文资料，确保信息准确性。

◆时空观念：理解长信宫灯是我国文化瑰宝，了解其特定历史和文化背景意义。

（2）美术

◆美术设计要点：掌握海报设计所包含的元素，了解海报合理布局的重要性。

◆美术设计实践：运用创新思维和美术技巧设计海报，表达对长信宫灯的理解和感受。

（3）语文

◆语言运用：在制作海报和解说长信宫灯时，运用语言文字进行有效表达和沟通。

◆思维能力：通过分析和讲解长信宫灯，提升批判性和创造性思维。

（4）数学

逻辑推理：在整理数据时，运用逻辑推理，确保数据的有序性和合理性。

3. 多学科共通的核心素养目标

◆文化理解与传承：通过学习长信宫灯的历史背景，认同并愿意传承中华文化，理解中华优秀传统文化的价值观念和道德伦理。

◆辩证思维：运用科学的思维方式，对收集到的长信宫灯资料进行分析和评估，形成自己的观点和理解。

◆创新思维：发挥想象力和创造力，提出新颖的想法和解决方案，如在设计海报时展现创意。

◆沟通：清晰地表达自己对长信宫灯的理解和创意。

◆合作：学会与同伴合作，培养团队意识和协作精神。

┃ 经验分享 ┃

根据特定学科的内容和技能要求，提取关键知识和能力点，强调信息检索、数据处理等。寻找不同学科间的交集，提炼出跨学科学习的能力，如在多学科中都应用批判性思维、创造力和沟通能力。最后，基于学生发展的核心素养框架，整合各学科的共通点，形成一套全面的素养目标，包括文化理解与传承、辩证思维、创新思维、沟通和合作。

10.2.4 任务簇：综合性的教学活动设计

1. 教学模式、策略与方法的应用

本案例融合信息科技、历史、美术、语文、数学、道德与法治等学科，引导学生用数字化工具学习长信宫灯，关注学生综合能力和素养的提升。

（1）教学模式

采用项目学习的教学模式，让学生围绕长信宫灯展开跨学科的探究活动，从在线学习文物，到用多媒体制作工具制作文物海报，从文物汇报演讲、成果展示到在线数据处理、评价总结等，学生全程参与，实现深度学习。

（2）教学策略

◆个性化学习路径：根据学生的兴趣和需求，提供多样化的学习任务和工具，让学生参与制订学习目标和计划，以满足学生自主学习的需求。

◆合作学习的策略：运用在线平台资源、学习任务单等，促进小组内的互动和合作，提高学习效率和质量。

◆数字化工具的支持：使用VR设备让学生更直观地感受长信宫灯文化瑰宝的魅力。提供数字化平台和工具，帮助学生学会选用合适的资源来学习。

（3）教学方法

◆问题驱动：设置驱动性问题，让学生在真实或模拟的情境中运用多学科知识解决问题，增强学习的实践性和应用性。

◆互动式讲解分享：鼓励学生通过多媒体演示的方式，如PPT、视频等，讲解和分享研究成果，提升表达和沟通能力。

2. 教学活动设计及实施过程

（1）教学活动设计

本案例教学内容围绕《义务教育信息科技课程标准（2022年版）》"在线学习与生活"模块中的第二部分"在线学习"（对应内容要求（4）~（6）），以及第三部分"在线安全"（对应内容要求（7）~（8））设计。对应的核心概念是信息处理，包括围绕特定学习需求确定主题、规划内容、收集素材、制作作品、展示交流，以及选择合适的在线工具，编辑在线协作文档，合理创建文件夹存储资料等知识与技能，还通过思考在线数据处理过程中可能出现的问题，引导学生意识到数字公民要加强保护个人隐私、提升自我管理责任，初步形成在线社会的安全观。课时计划如图10-2所示。

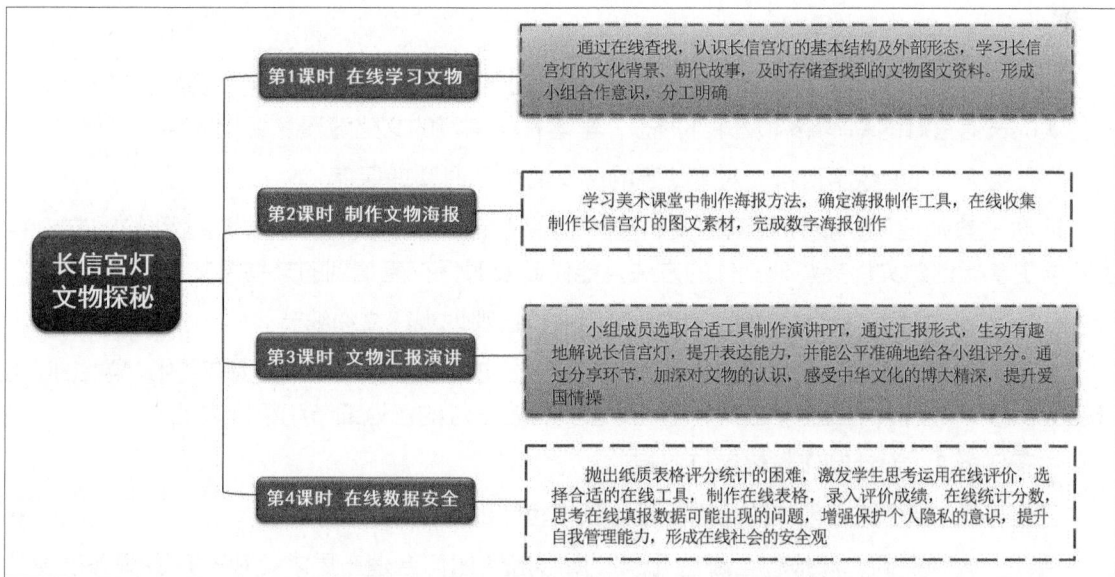

图10-2 "长信宫灯文物探秘"课时计划

（2）教学活动实施过程

本跨学科案例教学活动分为认识文物、制作作品、汇报评价、分析总结 4 个部分，具体教学活动实施过程如图 10-3 所示。

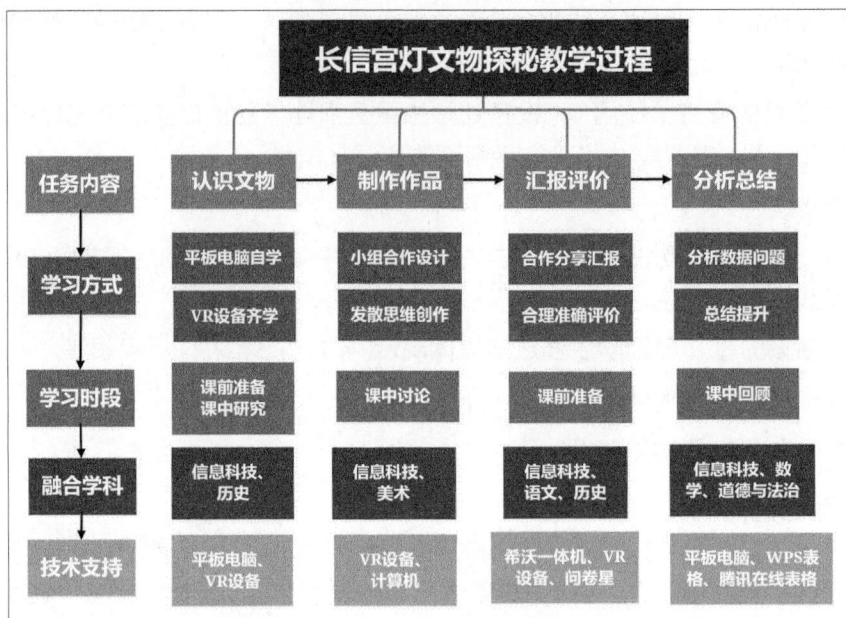

图 10-3　教学活动实施过程

（3）课程内容的组织与呈现方式

下面将依据主干任务、子任务和系列活动 3 个维度构建任务簇。

主干任务 1：认识长信宫灯

子任务 1：通过在线查找方式，认识长信宫灯

活动：教师引导学生选用合适的数字化工具和平台查找文物资料；学生通过在线查找方式，认识长信宫灯的基本结构及外部形态，学习长信宫灯的文化背景、朝代故事。

子任务 2：处理数字资料，对查找到的图文资料及时整理保存

活动：教师提问，我们找到的资料要如何保存在计算机上？如何整理找到的图文资料呢？学生掌握创建文件夹整理文件的方法，能做到及时保存查找到的文物图文资料。

子任务 3：利用 zSpace 平台在虚拟现实中更直观地观察文物细节

活动：教师提供 zSpace 的 VR 设备帮助学生进一步了解长信宫灯的文化；学生应用 zSpace 的 VR 设备，在虚拟现实中近距离感受长信宫灯的各处细节和精妙之处。

主干任务 2：设计制作长信宫灯海报

子任务 1：结合海报创作的原则，设计长信宫灯的海报

活动：教师提问，海报包含哪些元素？海报应该如何合理布局才美观？并讲解海报设计的方法技巧。学生将所学的美术知识延伸到海报创作中，认识如何从美学角度创作文物海报。

子任务 2：选用合适的多媒体制作工具创作海报

活动：教师提问，使用什么工具创作海报？并讲解海报制作的方法技巧。学生选取比较熟悉的画图软件或WPS文字工具创作海报，运用收集到的长信宫灯图文素材，完成数字海报创作。

主干任务 3：解说长信宫灯文物故事

子任务 1：了解分享会需要准备的事宜，明确成员分工，合作准备分享会

活动：本次分享会分为准备阶段和分享阶段两个环节，教师引导学生做好活动准备；学生通过小组分工合作，制作PPT、讨论演讲稿、排练演讲等，再进行精彩分享。

子任务 2：学习语文学科中的演讲文稿撰写方式，选取合适的工具制作PPT

活动：教师指导学生撰写文稿和制作PPT；学生分小组讨论文稿撰写方式，撰写文稿，选取合适工具制作演讲PPT，汇报员排练演讲。

子任务 3：正确理解评价量表，认识到公平准确评价的重要性

活动：教师组织学生对作品进行赏析，对他人的作品进行合理评价；学生能够正确理解评价量表，做到公平准确地给各小组评分。

主干任务 4：数据分析活动总结

子任务 1：选择合适的在线工具制作在线表格

活动：教师提出纸质表格组别多、栏目多，统计难，激发学生思考运用在线工具统计评价的信息意识；学生选择合适的在线工具制作在线表格，便于录入评价成绩，在线实时统计分数。

子任务 2：认识在线表格协同工作的便捷性，学习制作在线表格

活动：教师引导学生探究在线表格的制作方法；学生设计统计表格，通过在线学习，结合教师讲解尝试制作在线表格。

子任务 3：在协作学习时保护自己的个人数据

活动：教师提问，在录入数据过程中，小组成员的数据会被不小心删掉或改动吗？为什么会这样？怎么解决这样的问题？学生通过思考在线填报数据可能出现的问题，增强保护个人隐私的意识，提升自我管理能力。

子任务 4：总结"长信宫灯文物探秘"项目活动体验感受，填写调查表

活动：教师引导学生总结整个项目的感受；学生把自己的体验、感受写下来，进行分享，感受成功的喜悦。

▏ 经验分享 ▕

通过整理、分享，加深学生的团队友谊，为下次活动的良好开展提供保障，也为教学活动调整提供依据。例如，很多学生觉得在作品分享课上将自己的作品成功分享给大家是一件很快乐的事情。

10.2.5 证据集：学习评价的设计

（1）子主题1：我会自学长信宫灯文物知识

评价目标	学习活动	评价类型	评价证据
通过在线查找方式，认识长信宫灯	在线查找、学习长信宫灯的文化背景、朝代故事等	学习性评价、学习的评价	评价量表
及时整理保存查找到的图文资料	掌握创建文件夹整理文件的方法，及时保存查找到的文物图文资料	学习性评价	教师语言评价
在虚拟现实中更直观地观察文物细节	应用zSpace的VR设备，在虚拟现实中近距离感受长信宫灯的各处细节和精妙之处	学习性评价、学习的评价	评价量表

（2）子主题2：我会制作长信宫灯文物海报

评价目标	学习活动	评价类型	评价证据
结合海报创作原则，设计长信宫灯海报	学会从美学角度创作文物海报	学习性评价、学习的评价	评价量表
选用合适的多媒体制作工具创作海报	选取比较熟悉的画图软件或WPS文字工具创作海报，运用收集到的长信宫灯图文素材完成数字海报创作	学习性评价、学习的评价	评价量表

（3）子主题3：我会解说长信宫灯文物故事

评价目标	学习活动	评价类型	评价证据
了解分享会需要准备事宜，明确成员分工	小组分工，制作PPT、讨论演讲稿、排练演讲并进行精彩分享	学习性评价、学习的评价	评价量表
学习撰写演讲文稿，选取适合的工具制作PPT	小组讨论撰写文稿，选取合适工具制作演讲PPT，汇报员排练演讲	学习的评价	评价量表
认识到公平准确评价的重要性	正确理解评价量表，公平准确地给各小组评分	学习式评价	评价量表

（4）子主题4：我会守护在线数据安全

评价目标	学习活动	评价类型	评价证据
选择合适的在线工具，学习制作在线表格	录入评价成绩，在线实时统计分数	学习性评价	评价量表
认识在线表格协同工作的便捷性，制作在线表格	设计统计表格，试制作在线表格	学习性评价	教师语言评价
在协作学习时保护个人数据	思考在线填报数据可能出现的问题，增强保护个人隐私的意识，提升自我管理能力	学习性评价	教师语言评价
总结长信宫灯项目活动体验感受，填写调查表	整理、分享活动体验和感受	学习性评价、学习的评价	教师语言评价、评价量表

经验分享

　　学习评价的设计应依据课程标准，明确评价目的和核心素养目标。设计时考虑评价的多样性，确保评价覆盖知识、技能和态度。制订具体的评价指标和任务，并利用观察、作业、测试等多种方式收集数据。

10.2.6 信息化教学资源

1. 跨学科教学资源的类型、功能及对教与学过程的优化作用

（1）云平台

◆网站：在线查找"长信宫灯"、五年级（上）美术课中"环保小卫士"招贴创作相关课件资料。

◆国家智慧教育公共服务平台：查阅关于美术课"长信宫灯"的课件资料。

◆希沃班级优化大师平台。

（2）数字资源

　　国宝博览VR课堂系统，系统提供包括长信宫灯在内的24件藏于全国各地的文物瑰宝的数字资源；自主开发长信宫灯文物学习系列课件资源。

（3）智能工具

　　zSpace智能VR/AR切换一体机、平板电脑、腾讯在线表格填报工具和问卷星。

2. 跨学科学习活动资源

（1）各课时学习任务单

第1课时　我会自学长信宫灯文物知识	
学习任务单	
第　　　组	组员：
一、初步认识长信宫灯 1.出土于＿＿＿＿＿＿＿＿＿＿＿（地名），目前收藏于＿＿＿＿＿＿＿＿＿＿＿＿博物馆。 2.灯体通高＿＿＿＿＿＿＿＿＿＿＿＿＿，宫女高＿＿＿＿＿＿＿＿、重＿＿＿＿＿＿＿＿＿。 3.材质：＿＿＿＿＿＿＿＿＿＿＿＿＿＿＿＿＿＿＿＿＿＿＿＿＿＿＿＿＿＿＿＿＿＿＿＿＿＿＿ 4.外部造型描述：＿＿＿＿＿＿＿＿＿＿＿＿＿＿＿＿＿＿＿＿＿＿＿＿＿＿＿＿＿＿＿＿＿＿＿ ＿＿ 二、深入了解文物 写出更多你对长信宫灯的认识。 ＿＿ ＿＿	

第2课时　我会制作长信宫灯文物海报
学习任务单

一、海报设计包含要素

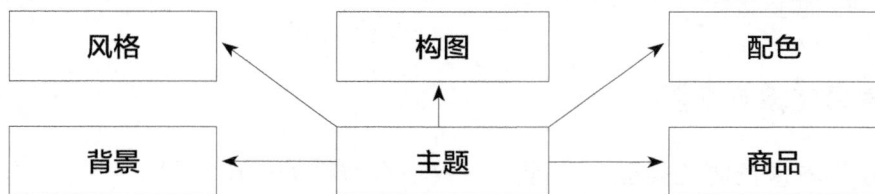

```
┌──────────┐        ┌──────────┐        ┌──────────┐
│   风格   │◄───    │   构图   │    ───►│   配色   │
└──────────┘    ╲   └──────────┘   ╱    └──────────┘
                 ╲                ╱
┌──────────┐      ┌──────────┐       ┌──────────┐
│   背景   │◄─────│   主题   │──────►│   商品   │
└──────────┘      └──────────┘       └──────────┘
```

二、草图设计

第3课时　我会解说长信宫灯文物故事
学习任务单

一、组员分工

1. 解说人员（　　）：熟悉讲稿　　　　2. 文案人员（　　）：解说文稿

3. 绘图人员（　　）：完善海报　　　　4. 技术人员（　　）：制作PPT

二、小组成员讨论讲解内容

_____

_____

三、小组成员组内排练情况

不排练（　　）　　较认真排练（　　　）　　很认真排练（　　　）

四、认识评价量表，并准确给其他小组评分

第4课时　我会守护在线数据安全
学习任务单

一、在线统计工具有哪些

1.＿＿＿＿＿＿＿＿＿＿＿＿＿＿＿＿＿＿＿＿＿＿＿＿＿＿＿＿＿＿＿＿＿

2.＿＿＿＿＿＿＿＿＿＿＿＿＿＿＿＿＿＿＿＿＿＿＿＿＿＿＿＿＿＿＿＿＿

3.＿＿＿＿＿＿＿＿＿＿＿＿＿＿＿＿＿＿＿＿＿＿＿＿＿＿＿＿＿＿＿＿＿

二、在线表格制作方法

1.用小组账号登录腾讯聊天工具。

2.单击"文档"，选择创建表格。

3.输入标题，在表格中输入评分组号和被评分组组别。

4.创建并分享表格链接，发送到班级群。

5.各组点击链接，进行数据填写（如右图所示）。

三、检查本组填报数据的准确性　准确（　　　）不准确（　　　　）

四、在线表格录入数据，可能会出现什么问题

1.＿＿＿＿＿＿＿＿＿＿＿＿＿＿＿＿＿＿＿＿＿＿＿＿＿＿＿＿＿＿＿＿＿

2.＿＿＿＿＿＿＿＿＿＿＿＿＿＿＿＿＿＿＿＿＿＿＿＿＿＿＿＿＿＿＿＿＿

五、每位成员课后填写项目活动体验感受调查表

"长信宫灯文物探秘"项目活动体验感受调查表

第　　　　组	姓名：

经过"长信宫灯文物探秘"项目学习活动，同学们已经了解了学习文物的活动过程。从小组初步查找资料认识文物，初次讲解分享，到通过VR设备深入观察和研究文物的更多知识并制作海报，到最后的汇报及评价总结。

1. 请你结合自我感受，想一想在下一轮新文物学习中，你希望增加什么活动？

＿＿＿＿＿＿＿＿＿＿＿＿＿＿＿＿＿＿＿＿＿＿＿＿＿＿＿＿＿＿＿＿＿＿＿＿＿＿

2. 经过"长信宫灯文物探秘"项目学习，你对组内的分工有什么意见？下次你想承担什么角色的任务？

＿＿＿＿＿＿＿＿＿＿＿＿＿＿＿＿＿＿＿＿＿＿＿＿＿＿＿＿＿＿＿＿＿＿＿＿＿＿

3. 对于展示环节的评价量表，你觉得合理吗？有没有更好的评价建议？

＿＿＿＿＿＿＿＿＿＿＿＿＿＿＿＿＿＿＿＿＿＿＿＿＿＿＿＿＿＿＿＿＿＿＿＿＿＿

4. 你觉得展示环节如何才能更出彩，更吸引观众认真倾听？

＿＿＿＿＿＿＿＿＿＿＿＿＿＿＿＿＿＿＿＿＿＿＿＿＿＿＿＿＿＿＿＿＿＿＿＿＿＿

5. 如果你是博物馆里的工作人员，你会担任什么职务呢？为了经营好博物馆，吸引更多的游客参观博物馆，应该如何经营呢？可以从哪些方面入手？

＿＿＿＿＿＿＿＿＿＿＿＿＿＿＿＿＿＿＿＿＿＿＿＿＿＿＿＿＿＿＿＿＿＿＿＿＿＿

（2）相关评价量表

评价量表 1："长信宫灯文物探秘"项目评价量规

"长信宫灯文物探秘"项目评价量规									
								第	组
评价方向	评价指标	分值（分）	评价组别						
			一	二	三	四	五	六	七
知识完整	认识文物基本工艺、参数、形态结构等基础知识	5							
	了解文物背后的故事、历史文化，感受中华文化源远流长	5							
	小组对文物有更深入的独特理解与看法	5							
资料齐全	海报美观、颜色鲜明，凸显文物特点，文字标识明显	5							
	学习任务单填写完整，字迹工整	5							
讲解清晰	讲解语言简洁，声音清晰，表达流畅	5							
	讲解过程有小组特色，如用语幽默或应用表演形式展示等	5							
	讲解呈现海报、学习任务单，以及VR操作细节	5							
联想创造	有创想构思，撰写创意说明，讲解并分享创意	5							
	有创意设计图，图稿清晰、美观、形象	5							
总分		50							
填表说明：小组成员根据各组分享情况给出相应分值，每个指标最高分5分，最低分0分。填完后统计每组总分并报送给统计员									

评价量表 2：小组自评

宝民小学VR博物馆评价量表（小组自评）				
			第	组
一级	二级	标准（根据学段、学生特点提出）	分值（分）	自评
学习态度	1.乐于沟通，共定任务	会倾听同伴发言，不粗暴打断，会梳理发言，提炼出任务	1	
	2.积极合作，共同完成	有不同的意见，会协商解决。履行承诺，认真完成	1	
	3.反思改进，共同进步	自我反思，自我改进	1	

参与程度	4.人人参与，共同投入	人人有事做，人人争做事	1	
	5.寻求帮助，共同学习	会独立思考，解决问题；会向网络、同伴、教师、家长寻求帮助	1	
	6.积极反馈，提高效果	会主动交流，积极反馈活动情况，提高活动效果	1	
核心素养	7.积极运用网络查找文物资料（信息意识）	熟练使用平板电脑上网查找资料，及时记录查找到的资料	1	
	8.分析文物历史、文化背景、工艺、价值，为正确分享文物做准备（信息社会责任）	通过网络查找、VR设备观看、教师讲解、组间分享深入了解文物	1	
	9.用合适方式表达分享，正确弘扬我国文化博大精深（信息社会责任）	通过多种形式分享文物，利用分享让大家正确认识我国文物，感受我国文化的博大精深	1	
	10.结合文物特点，创新构想新事物（数字化学习与创新）	有创新意识，经过对文物分析，解剖出文物的精妙之处，加以利用到创作新事物中	1	
得分				
填表要求：达到得1分，未达到得0分，请组员通过讨论后，评价出本组得分				

评价量表3："长信宫灯文物探秘"汇报活动总评表

"长信宫灯文物探秘"汇报活动总评表							
项目	第一组	第二组	第三组	第四组	第五组	第六组	第七组
组间评价得分							
组内评价得分							
教师评价得分							

（3）评价方式和工具

评价过程	项目评价方式和工具	
	评价方式	评价工具
过程性评价	教师点评	语言评价
	小组合作评价	希沃班级优化大师
诊断性评价	小组自评	小组自评、问卷星投票
	组间评价	项目评价量规、问卷星
总结性评价	小组成员自评总结	项目活动体验感受调查表、问卷星

（4）海报设计手绘图

图 10-4 展示了部分学生制作的长信宫灯海报。

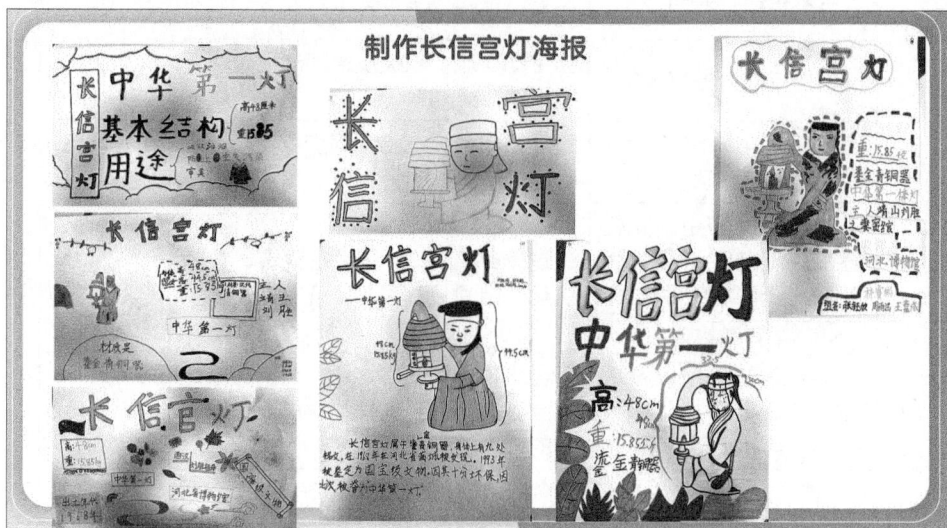

图10-4　长信宫灯海报展示

10.3 案例反思

1. 对教学过程和效果的反思

"长信宫灯文物探秘"活动是学校博物馆系列课程之一，学校还开展了错金铜博山炉和青铜神树文物探秘活动，形成一系列较成熟的课程模式，实施效果较良好，具体分析如下。

◆ VR博物馆资源丰富逼真。通过 zSpace 设备的国宝软件开展虚拟现实学习体验，开设不同主题的项目式课程，激发学生对文物学习的兴趣和探究欲望。

◆ 跨学科融合知识更齐全。文物学习不仅关注文物历史性知识，而且涉及其他学科内涵知识，需要多学科教师共同研究合作，把文物知识更精准地传授给学生。

◆ 项目学习提升综合能力。跨学科项目过程要求成员积极参与，团结合作，完成任务，提升学生的合作能力、表达能力、创造能力。

2. 存在的问题和改进的方案

受时空限制，在中小学开展博物馆课程需要多方支持。可以开展研学活动，让学生到博物馆观摩学习，利用新技术，如 MR（混合现实）、AI 等让学生更直观地认识文物；馆校合作、专家引领能够打造更优质的博物馆课程。

3. 对专业成长发展的思考

案例的研究过程需要有计划、有目标、有准备，经过长期研究，多轮迭代，形成可靠的经验和教学方式。在数字时代如何更好地讲解文物、传承文化，需要教师提升综合素养，联合各学科教师，合作研究课程。

11

案例 11

用数据讲故事
——校园生活大调查

本跨学科案例涵盖了信息科技、数学、语文等多个学科领域，适合第二学段（3~4年级）的学生学习，建议授课时长为3课时。本案例由深圳市龙岗区麓城外国语小学林舒琪老师、深圳市龙岗区教育科学研究院中小学信息科技教研员陈学宏老师设计并提供。

▶▶ 11.1 案例背景信息

本案例聚焦探索与改善校园生活，围绕"如何通过问卷调查、数据分析改善或丰富校园生活"展开，下设关于问卷设计、数据整理与分析、调查成果展示等子问题，旨在通过调查实践与数据分析，培养学生与数据打交道的能力，深入挖掘数据逻辑，全面理解并提升校园生活。教学过程为"聚焦问题，设计问卷—开展调查，整理数据—交流分享，展示成果"，引导学生关注校园生活细节，团队合作设计问卷，完成调查并形成报告，在班级内分享。此过程不仅让学生掌握基本调查与数据分析技巧，还促进学生社会实践、团队协作能力及批判性思维的培养。案例打破学科壁垒，整合信息科技、数学、语文等学科知识，使学生丰富知识体系，培养综合应用能力，体验知识融合。此外，项目学习强调学生的主体性和实践性，鼓励学生主动发现问题、提出解决方案，并在团队合作中成长，为学生提供广阔视野和丰富学习体验。

▶▶ 11.2 案例描述

11.2.1 概念群：结构化的跨学科教学内容设计

1. 子主题教学内容分析与大概念梳理

子主题1：聚焦问题，设计问卷

（1）涉及的学科

◆信息科技：探索使用数字化工具辅助调查设计的可能性。

◆数学：初步设计调查样本与问卷，考虑数据收集的方法与统计分析的初步框架。

（2）主要内容

本阶段明确调查的目标与问题，设计合理的调查方案。包括确定需要调查的校园环境问题，设计问卷以收集相关数据，并规划调查的实施步骤。

（3）学科大概念

◆信息科技：介绍使用在线问卷平台（如问卷星）或电子表格软件（如 Excel）进行问卷设计与数据收集的方法，探讨如何利用这些工具提高调查的效率与数据分析的便捷性。

◆数学：教授学生基本的抽样方法（如随机抽样），以确保调查结果的代表性。设计问卷时，问题的设置应简洁明了，避免引导性提问。

（4）跨学科大概念

设计调查方案，收集调查数据。

子主题 2：开展调查，整理数据

（1）涉及的学科

◆信息科技：运用数字化工具进行数据录入、清洗与初步分析。

◆数学：进行实际的数据收集与统计分析。

（2）主要内容

本阶段实施调查计划，收集数据并进行初步整理与分析。包括向选定的调查对象发放问卷，回收数据，进行数据清洗与编码，以及进行初步的统计分析。

（3）学科大概念

◆信息科技：教授学生使用电子表格软件（如 Excel）进行数据录入与整理，引导学生使用图表（如柱状图、饼图等）直观展示调查结果。

◆数学：组织学生进行实地调查或在线调查，确保问卷的完整回收；运用描述性统计方法对数据进行初步分析，了解基本情况。

（4）跨学科大概念

分析调查数据，形成调查报告。

子主题 3：交流分享，展示成果

（1）涉及的学科

◆信息科技：利用数字化平台展示调查成果。

◆语文：撰写调查报告，清晰表述调查过程与结论。

（2）主要内容

本阶段将调查成果进行整理与呈现，通过撰写调查报告和举办分享会，向师生展示调查结果与改进建议。

（3）学科大概念

◆信息科技：教授学生使用多媒体演示软件（如 PowerPoint）制作展示课件，引导学生将调查报告中的关键内容转化为图表和动画等形式，以便在分享会上生动展示。

◆语文：指导学生撰写调查报告，包括调查背景、目的、方法、结果与分析及结论与建议等部分。鼓励学生使用图表等辅助材料增强报告的可读性。

（4）跨学科大概念

分享调查结果，交流总结反思。

2. 跨学科大概念生成图

本案例围绕"用数据讲故事——校园生活大调查"这一主题，教学重点是引导学生通过对校园生活的全面调查，加深对校园生活的理解并提高参与度，强调数据的重要性。学生首先设计问卷进行调查，然后整理和分析数据，借助图表使数据可视化，并提取有价值的信息，最后完成调查报告，展示调查成果，分享自己的发现和感受，提出对校园生活的改善建议。具体大概念生成图如图 11-1 所示。

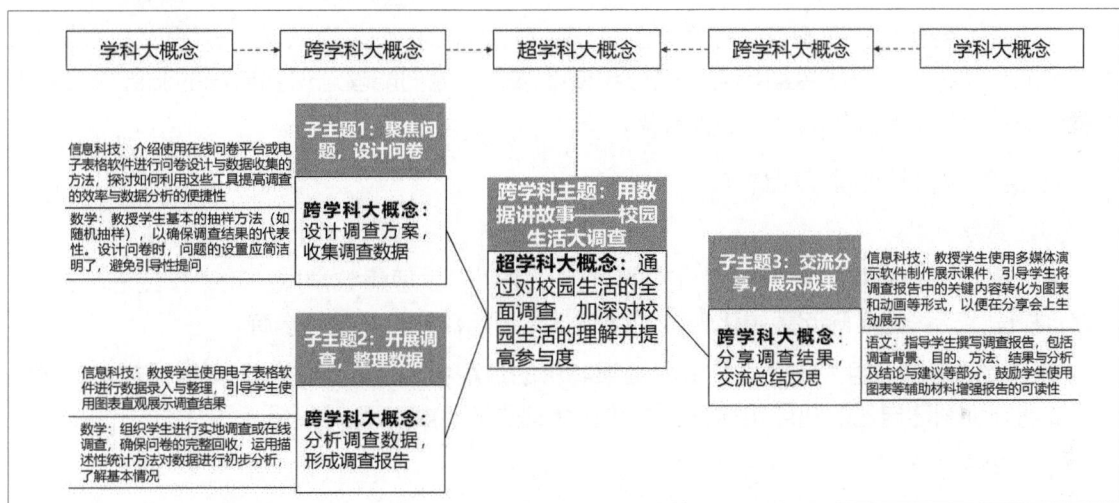

图 11-1　"用数据讲故事——校园生活大调查"跨学科大概念生成图

11.2.2　问题链：进阶性的跨学科核心问题设计

主问题：如何通过调查、分析数据改善或丰富校园生活？

问题情境：随着教育环境变化和学生需求多样化，学生对校园生活的期待已超越传统范畴，更加追求创新、包容、互动与支持的环境。但由于资源有限、信息不对称及需求多样等，校园生活难以满足所有学生的期望。为深入了解现状、识别问题并探索改进措施，我们思考如何通过调查、分析数据改善或丰富校园生活，以满足学生日益多样化的需求。

子问题 1：校园生活的哪些方面是学生最关心的？我们如何设计问卷来收集学生的意见和建议？

子问题 2：如何对收集到的数据进行有效的整理与分析？

子问题 3：如何有效地向师生展示和传达调查成果？

11.2.3 目标层：素养导向的跨学科教学目标设计

1. 信息科技学科核心素养目标

◆信息意识：培养学生具备敏锐的信息感知能力，能够识别并关注校园生活中与信息科技相关的问题和需求；同时，增强学生对信息价值的判断力，理解数据分析在改善校园生活中的重要性。

◆计算思维：通过设计调查问卷、收集和处理数据等实践活动，锻炼学生的逻辑思维和解决问题能力，使学生能够运用计算思维的方法论（如抽象、建模、算法设计等）来分析和解决校园生活中的实际问题。

◆数字化学习与创新：鼓励学生利用数字化工具和平台（如在线问卷平台、数据分析软件等）进行学习和创新，掌握数字化学习资源和工具的使用方法，提高学习效率和质量；同时，激发学生的创新思维，鼓励他们在校园生活的改善中提出新颖的解决方案。

◆信息社会责任：在调查过程中，引导学生尊重和保护个人隐私，遵守信息法律法规和道德规范；同时，培养学生的社会责任感和使命感，使他们能够意识到自己的调查成果对于改善校园生活和提升师生福祉有积极意义。

2. 相关学科核心素养目标

（1）数学

◆数学抽象与建模：通过数据分析的过程，帮助学生理解数学抽象和建模的思想方法，能够将校园生活中的实际问题转化为数学问题，并运用数学工具进行求解。

◆逻辑推理与证明：在数据分析和结果解释的过程中，培养学生的逻辑推理能力，使学生能够清晰地阐述自己的观点和结论，并给出合理的证明或解释。

（2）语文

◆语言建构与运用：在设计调查问卷、撰写调查报告和分享调查成果的过程中，提升学生的语言文字运用能力，包括准确表达观点、清晰阐述问题、生动描述现象等；引导学生关注校园生活中的语言现象，如标语、海报、校园广播等，分析其语言特点和表达效果，培养学生的语言敏感性和鉴赏力。

◆思维发展与提升：通过调查和分析校园生活中的问题，锻炼学生的逻辑思维和批判性思维，使他们能够深入思考问题本质，提出有见地的观点和建议；鼓励学生运用语文思维工具（如比较、归纳、演绎等）对调查数据进行解读和分析，提升他们的思维深度并拓宽广度。

◆文化传承与理解：在调查过程中，引导学生关注校园文化的传承与发展，了解学校的历史传统、文化特色和精神内涵，增强他们的文化认同感和自豪感；鼓励学生通过调查和分析，提出对校园文化传承与创新的见解和建议，为校园文化的繁荣发展贡献自己的力量。

3. 多学科共通的核心素养目标

◆沟通与协作：强调团队合作和有效沟通的重要性，通过跨学科的合作与交流，提升学生的沟通能力和团队协作精神。

◆解决问题与创新：培养学生的解决问题能力和创新能力，使他们在面对复杂问题时能够综合运用所学知识进行思考和探索，提出创新性的解决方案。

◆自主学习与终身学习：激发学生的学习兴趣和动力，培养他们的自主学习能力和终身学习的意识，为未来的学习和工作打下坚实的基础。

11.2.4 任务簇：综合性的教学活动设计

1. 教学模式、策略与方法的应用

探究学习教学模式：鼓励学生主动提出问题、设计调查方案、收集和分析数据，并最终形成调查报告。整个过程以学生为主体，教师作为引导者和辅助者，通过问题导向和任务驱动，激发学生的探究兴趣和求知欲。

合作学习策略：将学生分为若干小组，每个小组负责不同的调查内容或任务。小组成员之间需要相互协作、共同完成任务。通过小组讨论、分工合作、资源共享等方式，培养学生的沟通能力和团队协作精神。

情境教学策略：创设贴近学生实际生活的校园情境，让学生在真实的情境中开展调查活动。通过问卷调查、校园访谈、数据分析等环节，学生能够身临其境地感受校园生活的多样性和复杂性。

项目学习：将整个调查活动视为一个大型项目，学生需要按照项目管理的流程和方法来推进工作。包括项目策划、实施、监控和评估等环节。通过项目学习，学生可以系统地掌握调查研究的全过程和方法论。

信息技术辅助教学法：利用现代信息技术手段（如在线问卷平台、数据分析软件等）来辅助问卷调查和数据分析工作。通过信息技术手段的应用，学生可以更加高效地完成数据收集、整理和分析任务，同时提升信息素养和数字技能。

2. 教学活动设计及实施过程

围绕"用数据讲故事——校园生活大调查"的主题展开任务，具体任务如图 11-2 所示。

聚焦问题，设计问卷	开展调查，整理数据	交流分享，展示成果
◆确定选题 ◆根据选题设计调查问卷	◆收集数据 ◆分析与整理数据	◆小组汇报分享 ◆交流总结

图 11-2 "用数据讲故事——校园生活大调查"教学任务

主干任务 1：聚焦问题，设计问卷

子任务 1：确定选题

活动 1：教师引导并鼓励学生观察校园现象，如学生的学习状态、课外活动参与情况、食堂餐饮质量、宿舍生活环境等，并针对观察到的现象进行深入思考，分析其中可能存在的问题或不足之处。

活动 2：教师提供选题方向和参考，如校园生活类（食堂餐饮满意度调查、课外活动参与度与满意度调查）、学习成长类（学生学习习惯与效率调查）、心理健康类（学生心理健康状况调查、压力来源与应对方式调查）、校园文化与价值观类（校园文化认同感调查、校园内的价值观与行为规范调查）。每组学生选择一个校园生活主题进行调查，并在教师指导下细化选题。

子任务 2：根据选题设计调查问卷

活动：教师引导学生讨论并选择适用的数据收集方法，如问卷、访谈、网上查找等。每组学生利用问卷星设计制作一份调查问卷，确保问题简洁明了，易于理解。

主干任务 2：开展调查，整理数据

子任务 1：收集数据

活动：学生利用课余时间收集数据，确保收集到足够数量的有效数据。教师进行指导，确保调查过程规范有序。

子任务 2：分析与整理数据

活动 1：教师介绍不同的统计图表分别代表的含义及其适用条件。

活动 2：学生在问卷星后台分析数据，选择合适的图表（如柱状图、饼图等）来展示调查结果；使用 Excel 整理访谈或网上查找的数据，并生成合适的图表。

主干任务 3：交流分享，展示成果

子任务 1：小组汇报分享

活动：每组学生制作一份 PPT，展示调查过程和结果。

子任务 2：交流总结

活动：教师举行班级分享会，让学生汇报调查结果，分享自己的发现和感受，提出对校园生活的改善建议。

11.2.5 证据集：学习评价的设计

1. 学习的评价

在"用数据讲故事——校园生活大调查"案例中，学习的评价是综合性过程，全面评估学生跨学科表现与成长。评价关注学生的知识掌握、实践能力、团队协作、创新思维及情感态度等多方面。评价方式含观察记录、作品展示、口头报告、互评与自评及师评等，这些方式能全面、客观了解学生学习情况，提供有针对性的反馈和指导。

2. 学习性评价

学习性评价在本案例中体现在：即时反馈机制让教师了解学生困惑，调整教学策略，提供针对性指导；引导学生参与评价，培养自我反思能力和批判性思维；通过评价结果，教师发现教学不足，优化教学设计，提升教学质量。学习性评价紧密结合教学活动，旨在通过评价促进学生的学习和发展。

3. 学习式评价

学习式评价在本案例中具体体现在：设计明确的评价标准，引导学生明确学习方向；组织小组讨论和分享，鼓励学生相互评价和学习；引导学生撰写反思日志或总结报告，培养自我反思和总结能力，为未来学习和发展奠定基础。学习式评价以学生为中心，旨在鼓励学生主动参与，促进学生的自我认知和自我提升。

11.2.6 信息化教学资源

1. 跨学科教学资源的类型、功能及对教与学过程的优化作用

◆多学科教材与参考书：提供各学科基础知识，如信息科技的数据分析工具、语文学科的文学作品等，为学生构建跨学科的知识框架。

◆网络与数字化资源：利用互联网、数据库、在线课程等资源，拓宽学生获取信息的渠道，支持他们进行跨学科的探究学习。

◆实地调研资源：包括校园内的各种设施、活动、人物等，这些资源可为学生提供真实的调查场景和数据。

◆专家与社区资源：邀请各学科专家、校内外人士参与项目指导或开展讲座，以及利用社区资源开展调研活动，增强学习的实践性和社会性。

2. 跨学科学习活动资源

通过学生自评、互评、师评的形式，从以下 5 个方面及存在的问题进行评价。

评价内容	组别					
	第一组	第二组	第三组	第四组	第五组	第六组
汇报内容结构完整、内容准确（20分）						
对数据进行深入思考与分析（20分）						
表达自信大方、清晰流畅（20分）						
PPT呈现美观、简洁（20分）						
团队配合默契，分工合作（20分）						
存在的问题						

11.3 案例反思

1. 对教学过程和效果的反思

在"用数据讲故事——校园生活大调查"案例教学中，我们融合了探究学习教学模式、合作学习策略、情境教学策略、项目学习及信息技术辅助教学法等多元方法。在教学过程中，学生积极参与，深入校园实地调查，小组合作完成问卷设计与数据分析。学生习得基本技能，深化了对校园文化的认知，沟通能力、团队协作能力及解决问题能力均得到提升，教学效果显著。然而，我们在反思中也发现了一些问题，并思考对应的改进方案，这些问题和改进方案将成为后续教学的重要参考，以期进一步提升教学质量和学生能力。

2. 存在的问题和改进的方案

（1）存在的问题

◆目标设定不明确：部分学生在开始调查前没有明确的目标和计划，导致调查过程中方向不明。

◆方法指导不足：教师在调查方法和数据分析方面的指导不够具体和深入，学生容易陷入盲目操作。

◆时间管理不当：部分学生在项目推进过程中时间管理不当，导致任务拖延或未完成。

（2）改进的方案

◆明确目标导向：启动项目时师生共同制订明确可行的调查目标和计划。

◆加强方法指导：进行专项培训，通过案例分析和模拟演练提高学生实践能力，鼓励互助互学。

◆优化时间管理：引导学生制订合理的时间表和任务清单，加强监督和指导，帮助学生培养良好的时间管理习惯。

3. 对专业成长发展的思考

最后，从专业成长发展的角度来看，本次教学实施为我们提供了一个宝贵的学习机会。通过与学生互动、指导学生完成项目，以及反思教学过程，我们提升了教学能力和专业素养。同时，我们也深刻认识到专业成长是一个持续不断的过程，需要不断地学习、实践和反思。在今后的工作中，我们将继续保持对教学的热情和探索精神，不断尝试新的教学方法和手段，不断提高教学水平和专业素养。

案例 12

探码说绿——打造校园植物"身份证"

本跨学科案例涵盖了信息科技、数学和科学等多个学科领域，适合第二学段（3~4年级）的学生学习，建议授课时长为3课时。本案例由深圳市龙岗区麓城外国语小学樊乐老师、深圳市龙岗区教育科学研究院中小学信息科技教研员陈学宏老师设计并提供。

▶▶ 12.1 案例背景信息

本案例选题依据《义务教育信息科技课程标准（2022年版）》跨学科主题中的"数据编码探秘"模块设计。案例融合了信息科技、数学和科学等学科知识，学生通过跨学科实践活动（如公园研学、校园植物调研等），"用编码描述秩序"，了解数据编码是信息社会组织与秩序的科学基础，综合运用信息科技进行数据编码，运用数学进行逻辑分析，以及应用科学进行探究实践。

案例主题为"探码说绿——打造校园植物'身份证'"，子主题包括：识绿——解码公园植物"身份证"，探码——编码校园植物身份，说绿——"码"上展示植物身份，案例结构如图12-1所示。通过3课时的连贯教学，学生能深入理解数据编码在信息社会的基础作用，具有较好的育人价值：培养学生的识绿、爱绿和护绿意识；推广植物科普，为学生打开了解植物世界的窗口；通过实践活动，提升学生的科学探究意识和能力。

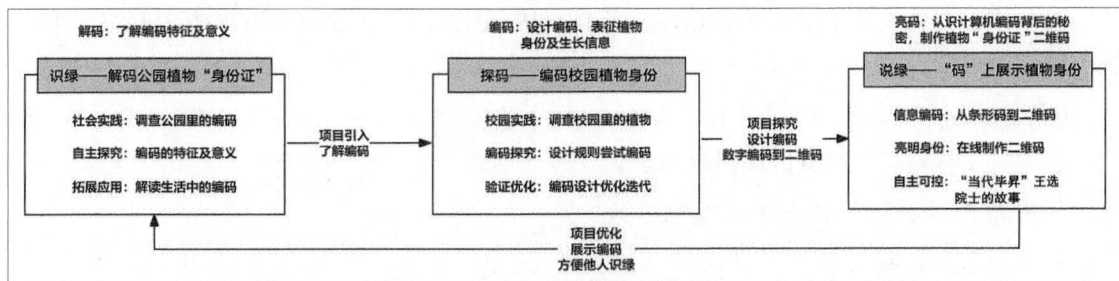

图12-1 "探码说绿——打造校园植物'身份证'"案例结构

本教学案例的特色与创新之处如下。

◆多维度探究实践：教学环境的开放性为学生提供了丰富的跨学科实践场景，从校园到公园，再到网络环境，学生能够在多维度的探索中解读植物编码、探究编码、展示编码。

◆强调自主可控技术：融入汉字编码故事，通过王选院士的事迹，强调自主可控技术对国家安全的重要性，培养学生的信息社会责任感。

◆实践与创新并重：教学过程中注重学生的实践操作和创新思维，鼓励学生在编码设计和优化中发挥创意。

▶▶ 12.2 案例描述

12.2.1 概念群：结构化的跨学科教学内容设计

1. 子主题教学内容分析与大概念梳理

"探码说绿——打造校园植物'身份证'"以信息科技为主干学科，关联数学、科学等学科，通过梳理相关学科课程标准所涉及的教学内容、核心素养及教学目标，拟定跨学科子主题，厘清跨学科子主题涉及学科的一级学科大概念，并在学科交叉的基础上演绎出二级跨学科大概念。

子主题 1：识绿——解码公园植物"身份证"

（1）涉及的学科

信息科技、数学、科学。

（2）主要内容

感受身边无处不在的数据，解码公园植物编码，调查研究植物多样性，推测植物编码规则。

（3）学科大概念

◆信息科技：信息可以通过声音、颜色、形状、数字或字母及其组合等进行表示，并且用于建立唯一标识（数据编码）；数字设备中的拍照或扫码识别等功能可以获取植物种类及生长信息（人工智能）；数字设备（如智能手机、平板电脑等）可以被用于解码、获取和处理数据（信息处理）。

◆数学：植物编码的规则可以通过观察植物编码和植物信息（如植物种类、分布位置等）推测出来（推理）。

◆科学：植物多样性是指一定区域内不同种类植物的丰富程度和它们所构成的生态复杂性（植物多样性）。

（4）跨学科大概念

植物的多样性可以用数据编码来表示。

子主题 2：探码——编码校园植物身份

（1）涉及的学科

信息科技、数学、科学。

（2）主要内容

子主题 2 承接子主题 1 的解码部分，探究为校园植物建立唯一标识，主要内容包括校园植物大调查、探究设计校园植物的编码规则和编码优化。

（3）学科大概念

◆信息科技：可以用不同字符组合，即字符编码形式，为校园植物建立唯一标识（数据编码）；数据校验对于验证数据完整性和正确性具有重要意义（信息处理）。

◆数学：运用逻辑推理，可以确保编码的唯一性和有效性（推理）。

◆科学：编码需要标识记录植物的分类、位置和生长特性，如光合作用、营养吸收、生长发育与调控等（植物学）。

（4）跨学科大概念

为校园植物建立唯一标识——数据编码。

子主题 3：说绿——"码"上展示植物身份

（1）涉及的学科

信息科技、数学、科学。

（2）主要内容

子主题 3 依据信息存储容量，从字符编码、条形码过渡到二维码，主要内容包括：编码形式与存储信息的容量，黑白方块组合存储信息，设计与制作含二维码的植物"身份证"，展示植物的名称、编号、种类、年龄、高度、冠幅、长势、病情状况、生长图片等信息。此外，拓展王选院士设计汉字编码的故事，使学生认识到自主可控技术对于国家安全的重要性。

（3）学科大概念

◆信息科技：可以用黑白方块及其组合编码形式存储文字、图片、音频、视频等更多的数据信息（数据编码）；利用数字化工具设计二维码，表征植物的"身份"（数字化学习）；自主可控是指对于关键系统的设计和开发要自己制造，不受制于人（自主可控）。

◆数学：可测量属性（高度、边距等）是植物身份信息铭牌的制作依据（量感）。

◆科学：植物身份信息铭牌可以展示植物的生物学种类、生长特性等多样性信息（信息表征）。

（4）跨学科大概念

设计与制作植物"身份证"。

2. 跨学科大概念生成图

以信息科技学科核心素养为指导，组织数学、科学等学科相关内容，借助大概念生成图厘清案例涉及的一级学科大概念，在学科交叉的基础上生成二级跨学科大概念，据此生成最终的三级超学科大概念，即"人与自然和谐共生"，如图 12-2 所示。学生要在教师的指导下，围绕跨学科主题开展调查研究、数据编码、信息处理、数字化学习与创新等活动，有意识地对不同学科知识进行整合，形成学科知识概念网络，并为后续的跨学科实践做好准备。

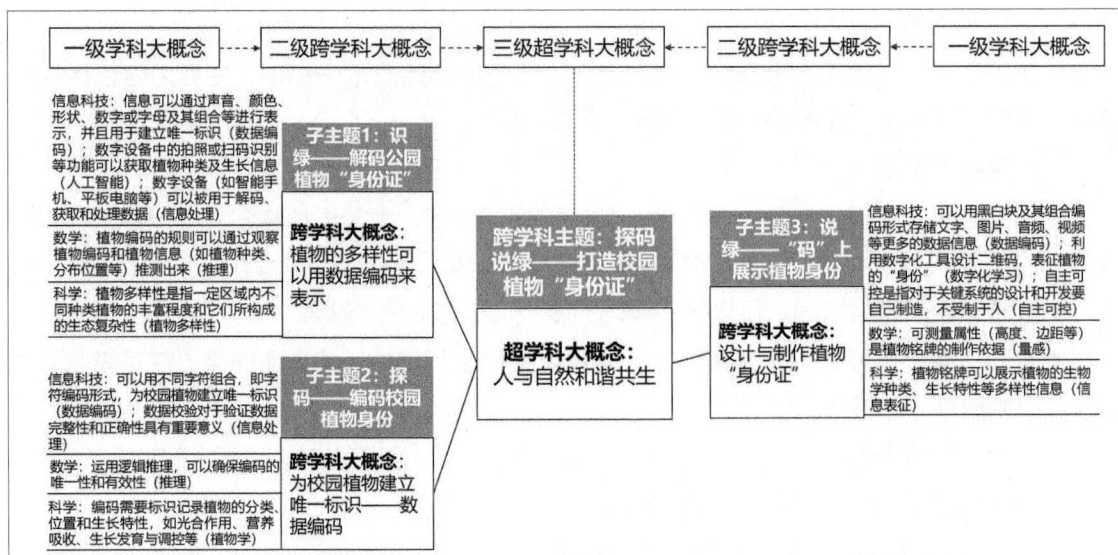

图 12-2 "探码说绿——打造校园植物'身份证'"跨学科大概念生成图

———————————————| 经验分享 |———————————————

在传统课堂中，教师多以"单一学科"为主，而解决真实生活中的问题常需要多学科融合，通过研读《义务教育信息科技课程标准（2022 年版）》，我们用项目学习的方式，以要解决的真实问题为主题，将单学科知识扩展到跨学科大概念，整合信息科技、数学和科学，让学生在实践中应用多学科知识，思考人与自然的关系，将学科概念提升至超学科层面"人与自然和谐共生"。

12.2.2 问题链：进阶性的跨学科核心问题设计

围绕跨学科大概念提出主问题，并围绕学科大概念进一步提出子问题，形成"探码说绿——打造校园植物'身份证'"跨学科主题学习的问题链。

主问题 1：公园中看到的深圳城市树木身份编码藏着什么奥秘？

问题情境 1："山海连城，绿美深圳"，深圳，一座建在公园里的城市，游园其中，会发现几乎每棵树木身上贴着一个小标签——深圳城市树木身份编码，下面写有一串字符，这些字符到底隐藏着什么样的秘密呢？

子问题 1：我们学习生活中都有哪些编码？如何采集？

子问题 2：公园中深圳城市树木身份编码有什么作用？

子问题 3：深圳城市树木身份编码的规则是怎样的？

主问题 2：如何为校园植物建立身份编码？

问题情境 2：校园中有多种植物，如何才能精准识别每棵植物，以便了解并维护它的生长信息呢？

子问题 1：我们校园的不同位置分别生长着哪些种类的植物？它们长势如何？

子问题 2：用何种编码，标记何种信息为校园中的植物建立唯一标识？

子问题 3：如何判断校园植物身份编码的唯一性和有效性？

主问题 3：如何为校园植物建立身份信息铭牌？

问题情境 3：校园里有多种植物，可同学们却经常无从快速准确了解它们的信息，如何为植物建立身份信息铭牌，即"身份证"，从而为同学们打开了解植物世界的窗口呢？

子问题 1：用字符编码、条形码还是黑白方块组成的二维码来编码信息？

子问题 2：二维码是如何存储数据的？

子问题 3：如何设计和制作植物的"身份证"？

子问题 4：王选院士为什么被称为"当代毕昇"？

12.2.3 目标层：核心素养导向的跨学科教学目标设计

本案例依据《义务教育信息科技课程标准（2022年版）》"数据与编码"模块，希望培养学生的数据意识，了解编码在社会生活中的重要价值，通过生活中的应用案例，引导学生了解用编码描述有序世界的特征和意义，培养用编码描述有序世界的意识。

1. 信息科技学科核心素养目标

◆信息意识：通过实践活动，观察身边的典型应用实例，解码数据，知道数据是信息社会中的新型生产要素，理解编码在信息社会中的基础作用；培养在生活和学习中获取数据、分析数据，以及使用数据支撑所表达观点的敏感性和主动性；认识编码在信息社会中的重要价值，初步建立唯一标识的意识。

◆计算思维：通过唯一标识，能将现实校园中的植物抽象成由数字、汉字、字母等构成的形式表示；在设计植物编码的过程中，尝试针对具体问题，通过获取数据、解码分析数据，推测和建立编码规则，经历抽象问题、设计算法、逻辑推理和解决问题。

◆数字化学习与创新：使用数字设备收集与呈现数据，进行多角度思考；利用在线平台和工具进行数字化创作，将创意转化为数字产品，培养创新思维；通过项目学习平台开展自主、合作、探究学习。

◆信息社会责任：体验社会中的不同编码，理解数据编码是保持信息社会组织与秩序的科学基础；通过学习"当代毕昇"王选院士设计汉字编码的故事，认识到在关键系统中采用自主可控技术的重要性。

2. 相关学科核心素养目标

（1）数学

数据意识：在调研植物信息时，收集、整理和分析与植物相关的数据。

（2）科学

◆科学探究实践：通过校园植物调研，掌握观察、测量和记录等科学方法，形成科学探究意识。

◆态度责任：通过"探码说绿——打造校园植物'身份证'"活动，增强对环境保护的认识，培养爱护自然、保护环境的意识。

3. 多学科共通的核心素养目标

◆创新素养：根据问题需要，运用发散思维、辐合思维等开展创新实践活动，提出新颖的想法，并能够将这些想法转化为具体可行的解决方案。

◆沟通素养：能够正确理解沟通对象，以语言、文字及其他多种形式，清楚有效地表达自己的想法。

◆合作素养：积极主动承担分内职责，充分发挥个人能动性，尊重他人的情感和态度，平等协商，善于合作，乐于分享，促进共同发展。

▌ 经验分享 ▌

在项目学习中，多学科共通的核心素养发挥着至关重要的作用。创新素养激发学生在编码设计和植物信息展示中的创意思维，鼓励他们提出新颖的解决方案；沟通素养帮助学生有效表达想法，理解他人观点，促进团队协作；合作素养则在小组探究和实践活动中培养学生的团队精神和协作能力。这些素养不仅推动了项目顺利进行，还提升了学生解决实际问题的能力，为他们的全面发展奠定了坚实基础。

12.2.4 任务簇：综合性的教学活动设计

1. 教学模式、策略与方法的应用

本案例采用三段式项目学习教学模式，从时间上分为"课前：项目前置学习""课中：项目教与学"和"课后：项目拓展"3个阶段，评价活动贯彻学习全过程。课前引导学生了解主题学习背景，根据跨学科主题开展调查研究，对跨学科主题形成整体认识；课中通过个性化合作学习，按照项目学习的主要流程设计教学活动，提供学习支架，通过问题提出、合作探究、方案提出、问题解决、小组展示、方案优化、总结拓展等活动尝试解决问题与优化解决问题的过程；课后通过总结展示，反思项目过程，拓展主题方案，拓宽知识视野，为跨学科主题优化、螺旋式提升做好铺垫，引导学生持续探究问题。

案例以"探码说绿——打造校园植物'身份证'"为主题，采用渐进式任务簇，以"识绿—探码—说绿"为核心环节，形成了"识绿——解码公园植物'身份证'"初级任务、"探码——编码校园植物身份"核心任务和"说绿——'码'上展示植物身份"终极任务等3个主干任务，结合多种探究实践活动，运用数字化工具，设计了多样化的教学活动，逐步引导学生深入了解生活中的编码及其规则，并为校园植物建立唯一标识，设计制作校园植物"身份证"，分享与展示校园的植物多样性。

"识绿"是跨学科主题的基础，引导学生深入大自然，去公园中调研植物编码，解码植物身份编码，探究编码背后隐藏的奥秘。

　　"探码"是跨学科主题的关键，尝试自主设计规则，探索建立校园植物唯一标识，记录植物信息，如编码形式、植物位置、植物分类等。编码可以快速地定位植物，记录每棵植物的生长和位置信息，方便管理人员维护植物。编码的长度决定了表征信息的容量，根据未来发展需要，可对编码进行验证和优化。

　　"说绿"是跨学科主题的创作与展示阶段，属于项目拓展部分。通过对比编码的存储容量，从字符编码、条形码到二维码，引导学生了解到信息存储容量的密度逐渐提高，认识到计算机编码的重要性。融合劳动教育活动，通过在线制作二维码，制作校园植物身份信息铭牌，展示植物的编码、二维码、图片和寄语等信息，为学生打开探索植物世界的窗口。学习拓展王选院士设计汉字编码的故事，使学生认识科技自主可控的重要性。

2. 教学活动设计及实施过程

　　教学活动设计及实施过程遵循项目学习模式，分为识绿、探码、说绿3个阶段。"识绿"阶段，学生通过调查研究、借助数字化工具学习和了解公园植物身份编码及其隐藏的奥秘；"探码"阶段，教师引导学生调研校园植物种类、位置及生长信息，采集植物数据，并尝试设计编码规则；"说绿"阶段，学习使用数字化工具，如使用二维码生成器和WPS Office，来设计植物的数字"身份证"。整个过程注重学生的主动参与和实践操作，促进学生信息意识、计算思维、数字化学习与创新能力和信息社会责任感的提升。

主干任务1：识绿——解码公园植物"身份证"

　　子任务：认识编码特征

　　活动1：生活中的编码。分析至少3个学习生活中的编码实例，完成子主题1的课前学习单1。

　　活动2：公园研学活动。通过公园研学活动，记录公园里的深圳城市树木身份编码，包括同一位置不同植物的编码，完成子主题1的课前学习单2。

　　活动3：协作解读编码。通过对比人的身份证号与深圳城市树木身份编码（包括古树名木编码），思考编码是基于什么样的需求而设计的？编码背后隐藏着哪些信息？完成子主题1的课中学习单。

主干任务2：探码——编码校园植物身份

　　子任务：为校园植物建立身份编码

　　活动1：调研校园植物。校园里有哪些植物？它们都分布在哪里？它们有哪些特性？它们的生长状况如何？基于以上问题，开展校园植物大调查，分组完成子主题2的课前学习单，记录不同区域校园植物的种类和生长信息，并进行拍照留档。

　　活动2：协作探究，为校园植物编码。结合公园植物身份编码特点，思考校园植物编码规则，尝试对校园植物进行编码，完成子主题2的课中学习单第1部分。

　　活动3：编码验证与优化。根据植物种类、分布情况调整优化编码规则，类比人的身份证号增加校验位，验证编码的有效性，防止伪造；增加冗余位，为后续扩展种植区域、种类或数量预留编码位置，完成子主题2的课中学习单第2~3部分。

主干任务 3：说绿——"码"上展示植物身份

子任务：为校园植物建立身份信息铭牌

活动 1：探秘二维码。二维码是计算机编码的一种形式，教师引导学生思考计算机编码的原理，认识到树木铭牌上的汉字、图片等信息是通过黑白方块组合编码存储到计算机中的，完成子主题 3 的课中学习单第 1 部分。

活动 2：设计与制作植物"身份证"。学生根据校园植物调研和编码信息，设计植物"身份证"，完成子主题 3 的课中学习单第 2 部分。通过二维码生成器生成植物二维码活码，利用 WPS Office 编辑校园植物身份信息铭牌。

活动 3：拓展阅读——"当代毕昇"王选院士的故事。教师引导学生阅读"当代毕昇"王选院士设计汉字编码的故事，了解科技自主可控的重要性，培养学生的信息社会责任感。

┃ 经验分享 ┃

3 个主干任务的设计体现了信息科技跨学科的深度融合。首先，"识绿"通过实地考察公园植物，引导学生运用数字化工具记录数据，培养他们的信息意识和初步的科学探究能力。其次，"探码"要求学生设计校园植物的编码系统，不仅锻炼了他们的计算思维，还加深了他们对数据编码原理的理解。最后，"说绿"通过制作植物身份信息铭牌和二维码，让学生将创意转化为数字产品，提升了他们的数字化学习与创新素养。整个活动任务的设计从识别植物身份到设计编码，再到亮码展示，逐步引导学生深入探究。

12.2.5 证据集：学习评价设计

在学习评价设计部分，我们采用了多元化的评价方法，通过自评、互评和师评相结合的方式，促进学生自我反思和持续进步。评价内容涵盖对数据编码的理解、实践活动的参与度、问题解决策略的有效性，以及跨学科知识的综合应用，具体如下。

序号	评价目标	学习活动	评价类型	评价证据
1	能认识到用编码描述有序世界的主要特征的唯一性；能了解编码在生活中的应用及其背后隐藏的意义	主干任务 1 的活动。能列举出至少 3 个生活中的编码，说明编码的含义，并完成对解读编码部分的自评和互评，教师对学生完成情况进行点评	学习的评价	平台问卷测试
2	通过分组调研，能准确记录负责区域植物的相关信息；能采用适宜的规则对校园植物进行编码	主干任务 2 的活动。小组之间对设计的编码进行自评和互评，提出自己的改进建议，教师对学生的编码学习单完成情况进行点评	学习性评价、学习的评价	学习单
3	会生成植物二维码，能编辑植物身份信息铭牌	主干任务 3 的活动 2。分小组协作在线生成植物二维码，其中包含植物所在区域、生长信息、类别等信息，使用 WPS Office 制作植物身份信息铭牌，使其排版布局美观	学习性评价、学习的评价	植物身份信息铭牌作品

续表

序号	评价目标	学习活动	评价类型	评价证据
4	通过评价自己或他人的作品，深刻认识到植物"身份证"对植物维护保养和分享植物信息具有重要作用	主题学习评价活动，小组之间开展植物身份信息铭牌展示与分享，进行自评和互评，最后教师对作品进行点评，提出修改意见，学生根据评价意见修改完善作品	学习的评价、学习式评价	自评、互评

▌ 经验分享 ▌

我们不仅衡量学生对数据编码知识的掌握，还评价学生在跨学科项目中的探究实践、数据意识和创新能力。通过数字化学习平台的反馈，学生能够及时了解自己的进步和待改进之处，主动参与学习过程，实现自我超越。这样的评价方式不仅提升了学生的学科素养，还培养了他们的自我管理能力和终身学习的态度。

12.2.6 信息化教学资源

1. 跨学科教学资源的类型、功能及对教与学过程的优化作用

◆以自然生活为课堂。让学生深入大自然、深入校园植物场，亲近自然，为学生打开了解生物多样性的一扇窗口。

◆数字化学习平台。教师依托在线学习平台设计课程，以微课、图文指引作为学习支架，通过学习工具（如选择题、作业上传等交互模块）获取作业数据，依托平台对学生作品进行评价，提出改进意见。学生根据答题情况和修改意见，不断修正自己的作品，促进作品的完善和迭代。

2. 跨学科学习活动资源

（1）子主题1课时作业设计

课前学习单1：研学任务——发现生活中的编码				
姓名：＿＿＿＿＿＿＿　班级：＿＿＿＿＿＿＿				
序号	编码的事物	编码	编码的原因/编码可能的意义	照片
示例	广东省小学课本《信息技术（B版）第一册（上）》	ISBN 978-7-5406-9236-0	国际标准书号，为每本书或出版物分配一个独一无二的数字编码，有助于简化图书的订购、销售、库存管理，以及图书馆的采购和编目工作	

1				
2				
3				

课前学习单2：研学任务——深圳城市树木身份编码				
序号	位置	树木种类	编码	铭牌等照片
示例	深圳市福田区华富街道笔架山公园	串钱柳（别称垂枝红千层）	SZT FTG1 0000 0004 0767	
1				
2				
3				

课中学习单：发现编码的含义				

1. 身份证号含义

X1	X2	X3	X4	X5	X6	X7	X8	X9	X10	X11	X12	X13	X14	X15	X16	X17	X18

2. 深圳地区古树编码含义

44030400701500004：深圳市福田区农批市场对面的古榕树，树龄111年

44030400901100017：深圳市福田区笔架山公园的一棵三级古荔枝树，树龄约176年

44030400901100019：深圳市福田区笔架山公园的另一棵三级古荔枝树，树龄约176年

X1	X2	X3	X4	X5	X6	X7	X8	X9	X10	X11	X12	X13	X14	X15	X16	X17

3. 深圳城市树木身份编码含义

SZT FTG1 0000 0004 0769：深圳市福田区笔架山公园的一棵蒲葵

SZT FTG1 0000 0004 0770：深圳市福田区笔架山公园的另一棵蒲葵

X1	X2	X3	X4	X5	X6	X7	X8	X9	X10	X11	X12	X13	X14	X15	X16	X17	X18	X19

（2）子主题2课时作业设计

<table>
<tr><td colspan="5" align="center">课前学习单：校园里的植物
姓名：_____ 班级：_____</td></tr>
<tr><td>序号</td><td>植物名称</td><td>所处位置</td><td>所属分类</td><td>照片</td></tr>
<tr><td>示例</td><td>黄花风铃木</td><td>XX小学操场西北角</td><td>唇形目、紫葳科、风铃木属</td><td></td></tr>
<tr><td>1</td><td></td><td></td><td></td><td></td></tr>
<tr><td>2</td><td></td><td></td><td></td><td></td></tr>
<tr><td>3</td><td></td><td></td><td></td><td></td></tr>
</table>

课中学习单：设计校园植物编码					
1.校园中有_____个区域用于种植植物，总共有_____种植物，种植最多的植物有_____棵。					
区域编码		植物种类编码		植物数量编码	编码的植物	编码
位置	编码	种类	编码	◆用（字母、数字）表示，在相应选择上打"√"； ◆用____位数表示； ◆用什么规则表示？ _____ _____ _____		
2. 编码优化：如果考虑到将来需要扩充1000种植物，某种植物要种植最多1000棵，编码要如何调整？ 植物种类编码从原来的_____调整为现在的_____； 植物数量编码从原来的_____调整为现在的_____。					
3.编码校验：为提升编码的有效性，防止编码被篡改，如何增加校验位？ （1）校验位占_____位。 （2）设计计算校验位的方式。					

（3）子主题3课时作业设计

课中学习单：黑白方块巧编码
姓名：_____ 班级：_____
1.体验点阵字设计，自主设计字体风格

设计1个英文字母(16×16) (如：T T T T T T)	设计一个汉字(16×16) (如：林 林 林 林 林 林)

2.设计植物"身份证"——铭牌	
（1）铭牌的尺寸	

	① 字符编码 ② 二维码 ③ 植物图片 ④ _____ ⑤ _____ ⑥ _____	示例：
（2）铭牌展示的内容		
（3）扫二维码后展示的内容		

▶▶ 12.3 案例反思

1. 对教学过程和效果的反思

我们深刻体会到驱动问题的重要性，好的驱动问题既能和学生的学习生活相关、有趣味性，又能有一定的统领性，使本项目能根据驱动问题，分解为前后相关、层层递进的子问题，通过一个个子问题的解决，融合信息科技、数学和科学知识。

教学过程中，要注重评价方式的多样性，通过问卷测试、学习单记录和积分奖励等，将多元化的评价方式贯穿整个项目过程，这不仅激发了学生的学习热情，也为我们提供了丰富的反馈信息，帮助我们及时调整教学策略。

2. 存在的问题和改进的方案

我们意识到在实施过程中存在一些局限性。例如，部分学生在小组活动中的参与度不高，这提示我们在未来的教学设计中需要更多地考虑如何激发每个学生的学习动力，确保学生都能充分参与。

3. 对专业成长发展的思考

首先，坚持终身学习。以AI为代表的信息科技日新月异，作为教师，我们需要不断更新自己的知识体系，掌握最新的教育技术和践行教育理念。

其次，坚持教学反思。通过反思，我们能够发现自己的不足，探索改进的方法，不断提升自己的教学能力。

最后，坚持创新实践。不断尝试新的教学方法和技术，不仅能够提高教学效果，也能促进自身的专业成长。

通过本案例，我们更加认识到项目设计应以学生为中心，从学生生活实际出发，以真实的核心问题驱动项目，注重学生的主动参与和实践体验，以评价促进教学效果提升。我们将不断提升自己的专业素养，在一线的教学中开展行动研究，在实践中不断总结和提炼，不断优化设计，找出更加适应信息科技学科的项目学习方式，助力学生核心素养的提升。

案例 13

中草药介绍文件展示
——制作二维码

本跨学科案例涵盖了信息科技、科学、数学等多个学科领域，适合第二学段（3~4年级）的学生学习，建议授课时长为2课时。本案例由中山大学深圳附属学校聂佳琦老师、深圳市光明区红花山小学佘亮老师设计并提供。

▶▶ 13.1 案例背景信息

本案例设计了一场融合数字技术的跨学科学习之旅，围绕"数据与编码"核心知识，以"中草药知多少"为真实情境，将信息科技、科学与数学等知识体系融入学习路径。学生不仅能掌握编码技术，还能通过发现问题、分析问题、创新解决及实践验证，体验从理论到实践的完整问题解决过程，培养逻辑思维与创新能力，深化对数据在现代社会中的作用的理解。

通过"中草药介绍文件展示——制作二维码"案例，学生将跨越文化边界，领略中草药的独特魅力与影响，学会解读二维码背后的数据信息，认识其作为传统知识与现代科技桥梁的作用。同时，学生将了解中草药的名称、形态、习性及药用价值，感受数据承载的文化与自然智慧，培养跨文化交流视野与洞察力。

▶▶ 13.2 案例描述

13.2.1 概念群：结构化的跨学科教学内容设计

1. 子主题教学内容分析与大概念梳理

以信息科技为主干，辅以科学、数学等学科，分析课程标准、教材要求和相关论文、网络资料等文本，明确"中草药介绍文件展示——制作二维码"这一主题所涉及的教学内容、核心素养及教学目标，梳理出相应的跨学科子主题。基于此进一步厘清跨学科子主题中涉及的学科，以及各学科对应的一级学科大概念，并在学科交叉的基础上演绎出二级跨学科大概念。

子主题 1：初识中草药二维码

（1）涉及的学科

信息科技、科学。

（2）主要内容

中草药的介绍（包括药用价值），二维码的介绍，在介绍中草药时使用与未使用二维码的优势、劣势及二者的差异。

（3）学科大概念

◆信息科技：通过使用微信、草料二维码平台等扫描二维码，了解中草药的介绍（包括药用价值），已经成为一种便捷且高效的方式。

◆科学：薄荷、龙葵等中草药作为中国传统医学的重要组成部分，具有治疗疾病、调理身体、保健养生等广泛作用。

（4）跨学科大概念

二维码数字化技术是一种通过图形化方式将信息编码存储和传输的技术，方便学生认识和了解多种中草药，包括其名称、形态特征、生长环境和药用价值。

子主题 2：了解二维码的生成原理与数据价值

（1）涉及的学科

信息科技、数学。

（2）主要内容

二维码的生成原理，二进制的概念与特点，二进制与十进制的规则和转化，认识二维码中蕴含的数据价值。

（3）学科大概念

◆信息科技：二进制是计算机和数字设备处理信息的基础，二维码通过将信息转化为二进制形式进行编码，可以承载丰富的数据和信息。二维码由若干个小方块组成，每个小方块被称为一个模块，其中黑色模块代表0，白色模块代表1。

◆数学：十进制是我们日常生活中最常用的计数方法，二进制是计算机信息处理的基础，二者可以相互转化；二维码作为符号，所承载的丰富数据和信息包括网址、文本、图片、视频等。

（4）跨学科大概念

二维码作为一种数据编码方式，能够承载大量信息，这些信息在二维码中被高效地编码和存储。

子主题 3：中草药二维码的设计与制作

（1）涉及的学科

信息科技、科学、数学。

（2）主要内容

二维码呈现的数据类型，中草药二维码的设计与制作方法，二维码在各个方面的应用。

（3）学科大概念

◆信息科技：运用二维码生成工具等信息技术工具可以便捷、快速地制作各类二维码，如网页类二维码、文本类二维码、图片类二维码、视频类二维码。

◆科学：薄荷、龙葵等中草药具有独特的生物学特性和丰富的药用价值，需要结合多维度的数据（如网址、文本、图片、视频）系统探究其特性。

◆数学：二维码已经渗透到我们生活的方方面面，其蕴藏着丰富的数据价值，为我们的生活带来了极大的便利和效率的提升。

（4）跨学科大概念

二维码的应用极大方便了我们的生活，不同类别的二维码能够详尽地展示中草药的相关信息。

2. 跨学科大概念生成图

本跨学科案例从现实问题"中草药知多少"出发，紧密依托信息科技、科学、数学等课程标准要求。首先，我们明确了各单一学科对应的一级学科大概念；其次，在学科交叉融合的基础上，深入探寻各学科之间的共通点与融合点，总结并分析了二级跨学科大概念，进而提出了3个核心子主题；最后，结合社会发展的特点与潮流，以解决实际问题为目标，创新性地生成了超学科大概念，即科技赋能中医药文化推广，如图13-1所示。

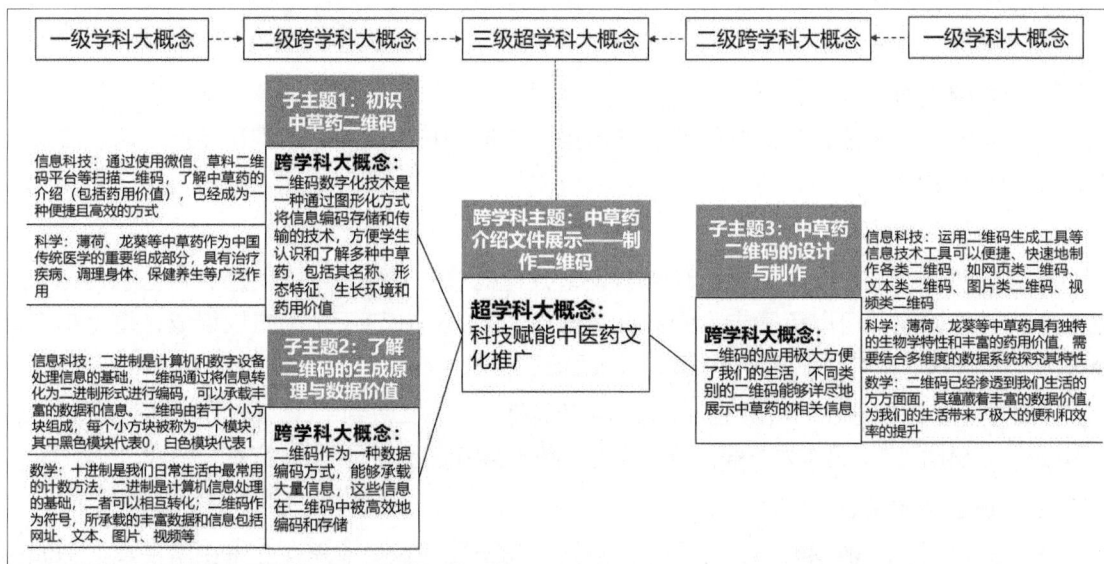

图13-1 "中草药介绍文件展示——制作二维码"跨学科大概念生成图

13.2.2 问题链：进阶性的跨学科核心问题设计

围绕跨学科大概念，我们提出了主问题，并在此基础上，针对学科大概念进一步细化，提出了子问题，从而形成了"中草药介绍文件展示——制作二维码"这一跨学科主题的问题链。

主问题1：中草药二维码究竟蕴含着怎样的价值呢？它能为我们带来哪些意想不到的便利与惊喜？

问题情境1：如果你是一个中草药推广大使，面对各位同学，如何巧妙而吸引人地介绍中草药，以激发他们的兴趣与好奇心呢？

子问题1：是否熟悉薄荷与龙葵这两种中草药？是否对它们各自拥有独特的魅力与功效有所了解？

子问题2：如何运用信息技术手段，快速、准确、全面地了解常见中草药薄荷与不常见中草药龙葵的功效？

子问题3：用二维码介绍中草药的优势有哪些？

主问题2：二维码的生成原理与特点是什么？

问题情境2：上一个环节所展示的二维码真是神奇无比，只需轻轻一扫，便能获取丰富的信息。那么，它背后的原理是什么呢？让我们一起深入探讨吧！

子问题1：二维码的生成原理是什么？

子问题2：二进制的概念和特点又是什么？

子问题3：二进制与十进制有什么关系？能相互转化吗？

主问题3：如何设计与制作中草药二维码？

问题情境3：作为一个中草药推广大使，你将如何与其他小组成员一起，匠心独运地设计一款二维码，以便生动有趣地介绍中草药薄荷与龙葵呢？

子问题1：介绍中草药的二维码需要呈现哪些信息？

子问题2：如何使用草料二维码平台设计二维码？使用过程中需要注意什么？

子问题3：如何评估和优化自己小组的作品，以及其他小组的设计方案？

子问题4：二维码在各个方面的应用有哪些？

13.2.3 目标层：素养导向的跨学科教学目标设计

1. 信息科技学科核心素养目标

◆信息意识：认识编码在信息社会中的价值与意义。

◆计算思维：通过设计二维码，运用技术解决生活问题，理解编码长度与信息的关系。

◆数字化学习与创新：通过制作二维码，理解中草药信息与二维码的对应关系，提升数字化学习与创新能力，并迁移解决其他二维码相关问题。

◆信息社会责任：学会用编码建立数据关系，感受数字设备的便利性，同时通过分析二维码的优劣势，认识到信息安全与隐私保护的重要性。

2. 相关学科核心素养目标

（1）科学

◆探究实践：通过"中草药介绍文件展示——制作二维码"主题，认识多种中草药的名称、形态、生长环境及药用价值。

◆科学观念：以科学的态度和方法来认识和研究中草药，理解中草药功效的科学基础。

◆科学思维：提升逻辑思维能力，能够通过信息技术手段，查阅、分析和解释中草药功效等内容。

◆态度责任：激发对中草药和中医药文化的兴趣，培养对传统医学的尊重和理解。

（2）数学

◆符号意识：通过学习二维码，了解二维码作为符号所承载的丰富数据和信息。

◆数据意识：通过掌握二进制概念及其与十进制的转化，了解二维码作为数据编码方式，能高效存储网址、文本、图片、视频等信息。

◆应用意识：认识二维码中的数据价值，学会解码并分析、利用其中的信息。

3. 多学科共通的核心素养目标

◆科学精神：能够以科学的态度和方法去探究中草药的特点；在学习和理解二维码知识的基础上，能够全面、细致地介绍中草药的价值。

◆学会学习：在渐进式的任务簇中，能够采取自主学习和协作学习的形式，有效地管理自己的学习，充分发掘自身潜力，有效应对复杂多变的任务。

◆实践创新：在设计和制作中草药二维码时，勇于创新，能够提出独特的创意和想法，并在实践过程中实现作品的迭代。

13.2.4 任务簇：综合性的教学活动设计

1. 教学模式、策略与方法的应用

本案例以"中草药知多少"真实问题为起点，以学生为中心，采用任务驱动探究、讨论等教学法，通过设计渐进式的任务簇来展开教学活动。整个教学过程重视师生交互，共分为5个核心环节。

◆明确主题，发现问题：聚焦中草药识别的实际问题，探讨在中草药名片上添加二维码的益处及制作方法。

◆知识建构，分析问题：引导学生回顾二维码的生成原理，分析二维码所能承载的数据类型。

◆实践行动，解决问题：学生进行实际操作，运用草料二维码平台制作二维码。

◆公开成果，展示交流：学生展示并介绍自己制作的二维码作品。

◆结合生活，拓展延伸：探讨二维码在多个领域的应用，鼓励学生根据学校特色创作不同类别的二维码。

具体的教学流程如图13-2所示。

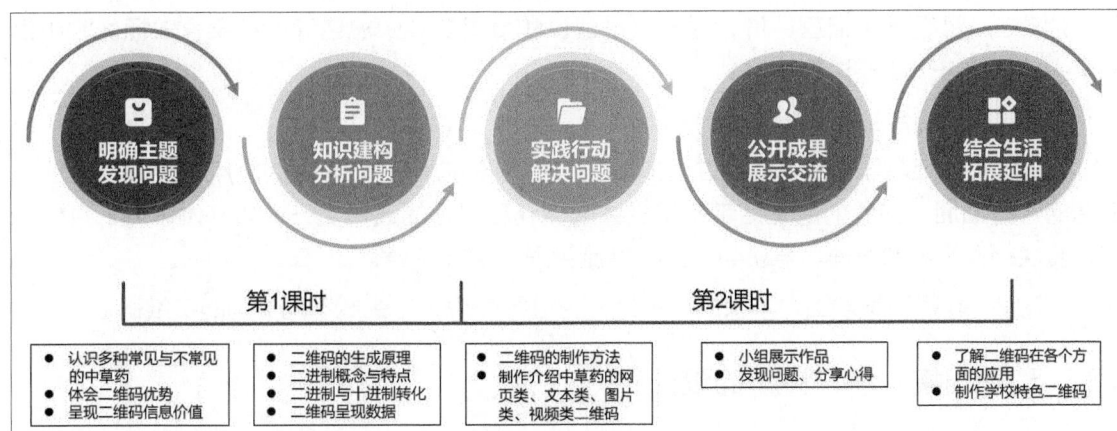

图13-2　教学流程

2. 教学活动设计及实施过程

主干任务1：认识二维码

子任务1：了解常见的中草药薄荷与不常见的中草药龙葵

活动1：教师展示常见的中草药薄荷，让学生说说其功效，再展示不太常见的中草药龙葵，询问学生是否了解其药用价值。

活动2：教师展示含有二维码的中草药名片，让学生使用微信、草料二维码平台等工具扫描二维码，获取和了解中草药的介绍；组织学生思考在中草药名片上添加二维码有哪些好处，通过对比观察，发现使用和不使用二维码的优势和劣势。

子任务2：认识二维码生成原理

活动1：教师通过视频介绍、学生讨论等方式，引导学生学习二维码的生成原理。

活动2：教师讲解二进制的概念与特点、二进制与常用的十进制之间的转化规则，并且组织学生练习二进制与十进制的转化。

活动3：教师引导学生讨论、回答核心问题，介绍中草药的文件中，我们需要让二维码呈现哪些数据（预设答案：网址、文本、图片、视频）？

主干任务2：二维码的应用

子任务1：二维码生成工具的使用

活动：教师引导学生观看微课视频，学习如何制作二维码，总结二维码的制作步骤，讨论制作二维码易错的地方。

子任务2：制作不同类别的中草药二维码

活动：教师引导学生分组协作，依据上一个课时核心问题的答案，尝试制作网页类二维码、文本类二维码、图片类二维码、视频类二维码。

子任务3：课堂评价总结，完成自评和互评

活动1：学生根据自己在主干任务2中的表现，进行自评。

活动2：每组学生相互评价，提出改进建议和意见。教师总结评价结果，表扬优秀小组和个人，提出进一步改进的建议。

子任务4：结合生活，拓展延伸

活动1：教师与学生一起讨论二维码在各个方面的应用。二维码的应用已经渗透到我们生活的方方面面，为我们的生活带来了极大的便利和显著的效率提升，如支付领域、身份识别、餐饮行业、活动管理、导航与地图、物流管理、公共交通等。

活动2：教师组织学生对学校的某一处特色进行介绍，并生成不同类别的二维码。

13.2.5 证据集：学习评价的设计

1. 学习的评价

（1）评价目的

评估学生对薄荷、龙葵等多种中草药的了解程度，以及对二维码中蕴含的数据价值、二进制与十进制之间的转换等知识的理解。

（2）评价方式

知识测评、互动答题等形式。

（3）评价标准

知识掌握：认识相关中草药、探寻二维码生成原理、二进制与十进制的转换规则与二维码所蕴含的数据类型。

2. 学习性评价

（1）评价目的

记录和评估学生在认识中草药、探寻二维码生成原理、小组制作二维码中的参与度和协作能力。

（2）评价方式

◆观察记录：教师记录学生在小组讨论的互动、制作二维码过程中的协作情况。

◆小组互评：通过小组互评，评估每个成员在小组活动中的贡献。

◆师评：教师对学生基础知识与实践操作的学习过程、成果提供反馈。

（3）评价标准

◆参与度：学生在主干任务、子任务及活动等环节的活跃程度。

◆合作精神：学生在小组活动中的合作态度和团队协作能力。

◆解决问题能力：学生面对问题时所采取的解决策略和效果，如对3个主问题的解决能力。

3. 学习式评价

（1）评价目的

培养学生的自我评价能力，鼓励他们在学习活动的开展过程中进行反思。

（2）评价方式

◆自评：学生进行自我评价，评估自己在信息科技、科学、数学等不同学科的理论学习和中草药二维码制作实践过程中的表现。

◆互评：学生相互评价，指出彼此在小组活动中的优点和需要改进的地方。

◆反思：学生对自己在制作不同类别二维码的实践中的问题进行反思。

（3）评价标准

◆自我认知：学生对自己学习状态的理解和认识。

◆评价技能：学生在进行自评和互评时的公正性和准确性。

◆互评质量：学生在互评时的客观性和建设性。

13.2.6 信息化教学资源

1. 跨学科教学资源的类型、功能及对教与学过程的优化作用

在教学过程中，查找和引用了二维码生成原理介绍和用草料二维码平台制作二维码的相关视频。采用直观的视频介绍形式，引导学生自主学习二维码的生成及制作技巧，进而提升其自主学习能力。同时，此方式便于学生归纳总结操作步骤，辅助他们顺利完成操作任务。

2. 跨学科学习活动资源

（1）学生课堂表现评价

本环节主要对学生的课堂表现进行评价，分为自评、互评、师评3部分，具体如下，其中每项最低分为1分，最高分为10分，满分为100分。

评价维度	评价内容	自评	互评	师评
参与度	积极参与资料搜集、整理			
	主动与小组同学配合			
	能够独立承担部分任务			
活动能力	活动目标明确、恰当			
	搜集信息方法恰当且使用工具合适			
	搜集信息充分、恰当			
素养养成	能流利地表达观点，并能为主要观点提供例证			
	发现问题、解决问题的能力有所提升			
	对学习的内容认识深刻、独到			
	能拓展知识、有创新点			

（2）二维码作品评价

本案例的作品评价目标是了解学生是否掌握二维码的制作方法，因此，着重引导学生从二维码的制作、内容与优化 3 个方面进行评价，具体评价量规如下。

我评价的是第（　）组作品		
评价项目	评价量规	评价结果
二维码制作	能否成功扫出二维码结果	□能　　□不能
二维码内容	内容详细、图文并茂	☆ ☆ ☆
二维码优化	色彩搭配和谐	☆ ☆ ☆

13.3 案例反思

1. 对教学过程和效果的反思

本案例教学要求学生掌握二维码生成原理并将其应用于实践，通过协作学习，经历从发现问题到拓展延伸的全过程，培养动手能力和学以致用的意识。教学效果显著，学生在知识技能、团队协作、问题解决和表达等方面均有提升。为进一步优化，教师可为能力较弱的学生提供更多支持，并推广小组互助模式，激发学生的学习兴趣与动力。

2. 存在的问题和改进的方案

本案例在具体实施过程中，也暴露出了一些不足。主要表现为：各个环节之间的衔接不够紧密，部分环节的引入过于突兀；小组协作学习时，师生的交互不够，反思和评价时间不足；多学科之间的连接点还需要找得更加精准、合理。

针对案例中的不足之处，我们今后将采取以下解决策略。

◆增强环节之间的衔接。在设计活动流程时，确保每个环节都有明确的过渡，使学生能够顺畅地从一个环节过渡到另一个环节。此外，使用引导性问题或简短的总结来连接各个环节，帮助学生理解它们之间的逻辑关系。

◆加强小组协作学习与师生互动。设定明确的协作学习目标和角色分工，确保每个学生都能在小组中发挥作用，同时安排定期的师生交流会议，让学生有机会提问、分享进展和获得反馈。

◆精准定位多学科连接点。在课程规划阶段，与多学科教师团队共同讨论，确定跨学科的主题或问题。

3. 对专业成长发展的思考

整个教学过程让我们深有感触。跨学科的信息科技课堂应基于《义务教育信息科技课程标准（2022年版）》，从真实问题出发，创设真实情境，围绕核心素养展开；跨学科教学不应简单堆砌学科内容，而应深入挖掘学科间的联系；教学设计需有理论支撑，精心安排各环节，注重学生自主探究与评价反思；课程实践中，应营造轻松氛围，及时发现问题并关注学生的反馈。

案例 14

九章算术

本跨学科案例涵盖了信息科技、数学、道德与法治、语文等多个学科领域，适合第三学段（5~6年级）的学生学习，建议授课时长为3课时。本案例由深圳市光明区教育科学研究院王西凯老师、光明区李松蒨学校谢小天老师设计并提供。

▶▶ 14.1 案例背景信息

本案例是基于中华优秀传统文化议题的跨学科主题学习案例，从生活现实问题出发，以"九章算术"为跨学科学习主题，以信息科技为主干学科，依托《义务教育信息科技课程标准（2022年版）》中"身边的算法"模块的"算法的描述"部分，以中国经典典籍《九章算术》中算法实例为主线，有机整合数学、道德与法治等学科的知识技能和思维方法，从学生熟悉的数学"算法"迁移至不熟悉的信息科技"算法"。学生将系统地学习什么是算法及3种基本控制结构，对算法形成科学的认识；抽象出学习与生活中简单问题的基本特征，将问题按照相关功能分解为具体的操作步骤，采用自然语言、流程图等方式描述问题求解的算法；掌握使用软件或在线工具绘制流程图的方法，形成在分析问题时选择合适的方式描述算法的意识。本案例的创新点在于以"文"为载体，以"数"为手段，实现"技"的理解与提升，将现代信息技术的学习与经典传承、科学求索深度融合。

▶▶ 14.2 案例描述

14.2.1 概念群：结构化的跨学科教学内容设计

1. 子主题教学内容分析与大概念梳理

子主题1：认识算法

（1）涉及的学科

信息科技、数学、道德与法治。

（2）主要内容

圆面积的计算方法；算法的概念及 3 种基本控制结构；《九章算术》的基本来历和贡献。

（3）学科大概念

◆信息科技：算法是解决问题的具体方法，它描述了如何从输入数据出发，采用一系列明确的、有效的、可执行的操作步骤，最终得到期望的输出结果。

◆数学：圆面积的计算方法。

◆道德与法治：中华优秀传统文化是中华民族传统文化、思想观念等的集中体现。

（4）跨学科大概念

算法是按照一定规则解决问题时采用的明确的、有限的、可执行的操作步骤。

子主题 2：描述算法

（1）涉及的学科

信息科技、语文。

（2）主要内容

吸收古今中外优秀文化成果；用自然语言或流程图描述算法；用数字化工具绘制流程图。

（3）学科大概念

◆信息科技：用自然语言或流程图描述解决问题的具体操作步骤，并使用数字化工具规范地绘制流程图。

◆语文：感悟优秀传统文化的思想内涵。

（4）跨学科大概念

自然语言和计算机语言对算法的描述。

2. 跨学科大概念生成图

本案例的具体大概念生成图如图 14-1 所示。

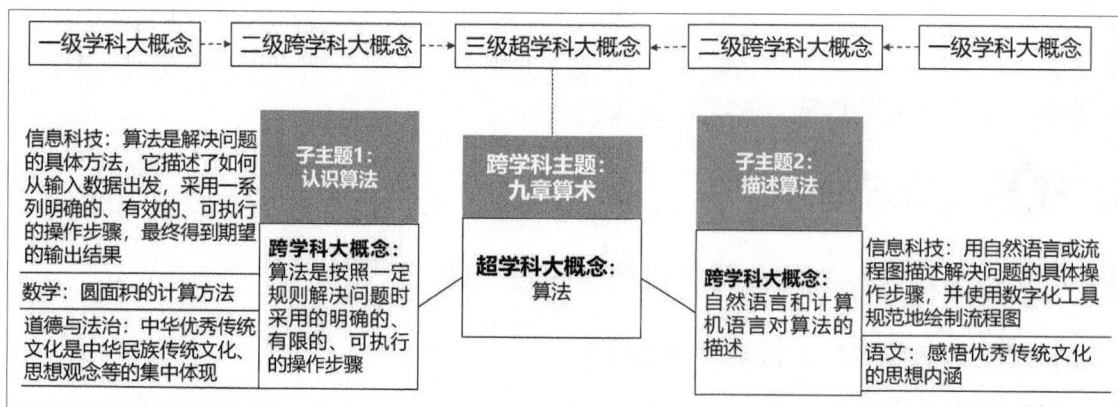

图 14-1 "九章算术"跨学科大概念生成图

14.2.2 问题链：进阶性的跨学科核心问题设计

主问题 1：什么是算法？

问题情境 1：在学校日常生活中，你们发现学校操场有一块近似圆形的土地需要修整，你要和同学们计算出需要铺设的草皮面积。经历实际物体抽象成几何图形的过程后，归纳出圆面积的计算步骤，与经典典籍《九章算术》中解决圆面积计算问题的方法"半周半径相乘得积步"不谋而合，你在解决问题的具体过程中明确了什么是算法。

子问题 1：什么是圆？如何计算圆的面积？

子问题 2：《九章算术》是什么书？它记录了什么内容？

子问题 3："半周半径相乘得积步"这句话的含义是什么？与计算圆面积的公式有什么关系？

子问题 4：如何用自然语言归纳圆面积的算法？

主问题 2：算法的 3 种基本控制结构是什么？

问题情境 2：《九章算术》中还有许多其他问题，如盈不足和均输等问题，你和同伴可以使用自然语言来描述解决这些问题的算法吗？在学习流程图符号的名称及其功能后，能不能尝试使用流程图的形式来描述这些算法？结合上述案例，总结顺序、分支和循环结构的特点，最终认识这 3 种基本控制结构。

子问题 1：如何用自然语言描述《九章算术》中的其他算法？具有什么优点和缺点？

子问题 2：为什么要使用流程图描述算法？如何使用流程图描述算法？

子问题 3：3 种基本控制结构的特点是什么？在生活中有哪些应用实例？思考做菜过程中可能包含的 3 种基本控制结构，并用流程图绘制出来。

子问题 4：如何使用软件绘制流程图？如何评价和优化流程图？

14.2.3 目标层：素养导向的跨学科教学目标设计

1. 信息科技学科核心素养目标

◆信息意识：通过游戏体验利用算法解决问题的具体过程，进一步理解什么是算法，认识到算法在生活中的普适性和重要性，提升对算法信息的敏感性，增强信息意识。

◆计算思维：通过小组讨论，明确《九章算术》典籍中其他问题的解决方案，学会用自然语言描述算法；通过认识流程图及其符号，了解 3 种基本控制结构，学会使用流程图描述算法，形成解决问题的方案，提升计算思维。

◆数字化学习与创新：对于求解同一问题的算法能用多种形式描述，能借助数字化工具规范地绘制流程图，并借助其进行算法描述的表达和分享，提升数字化学习与创新能力。

◆信息社会责任：能客观地认识到算法对学习与生活的影响，能负责任地应用算法，能主动地观察并分析生活、学习中的算法，初步培养保护算法的意识，增强信息社会责任感。

2. 相关学科核心素养目标

（1）数学

◆几何直观：能利用图形分析实际情境中的数学问题，建立图和数的联系，构建数学问题的直观模型。

◆抽象能力：能够将实际物体抽象成几何图形，从实际情境中抽象出核心变量、变量的规律及变量之间的关系，能够用数学符号概括出一般结论。

◆推理意识：可以从一些事实出发，依据规则推出其他结论，能够通过简单的归纳或类比，猜想或发现一些初步的结论。

（2）道德与法治

政治认同：了解中华优秀传统文化的主要代表性成果及其意义，为中华民族创造的文明成就感到自豪。

（3）语文

文化传承和理解：认同中华文化，对中华文化的生命力有坚定信心，热爱中华文化，继承和弘扬中华优秀传统文化、社会主义先进文化等，关注和参与当代文化生活，初步了解和借鉴人类文明优秀成果。

3. 多学科共通的核心素养目标

◆文化自信：具备热爱中华民族、中华文化等情感，能够尊重和认同中华优秀传统文化。

◆沟通合作能力：能在学习过程中和同伴合理分工，具有正确、规范运用语言文字的意识和能力，能在具体语言情境中有效交流沟通。

14.2.4 任务簇：综合性的教学活动设计

1. 教学模式、策略与方法的应用

本案例主要采用探究学习法，主要包括 4 个方面。首先是创设情境，激发学生自主探究欲望，教师从合适的生活实例或《九章算术》中恰当的问题出发，激发学生学习兴趣；其次是开放课堂，发掘学生自主探究潜能，学生联系已有的知识或生活经验，在教师提供的学习框架下动手实验或者查阅资料，寻求问题的答案；再次是适时点拨，引导学生探究的方向，教师可以借助游戏、任务等形式，引导学生进一步探究；最后是合作探究，展示探究成果，学生在自主交流中完善探究成果，自信展示所学知识和成果。

在教学方式上，本案例将使用 UMU 平台辅助教学，教师需提供合理的评价方式，如讨论、作业、评价量表等，平台会记录学生的学习情况，及时反馈学习效果。在教学过程中，教师根据学生反馈情况灵活调整教学策略，以应对学生的不同反应和学习需求；积极营造和谐的课堂氛围，激发学生的学习兴趣和动力，培养其自信心、合作精神和探究精神等积极品质。

2. 教学活动设计及实施过程

主干任务 1：认识算法

子任务：明确计算圆面积的方法，了解算法的概念

活动 1：对"学校操场有一块地需要修整，如何测算要铺设草皮的面积？"这一问题进行观察和测量，学生发现需要修整的土地图形近似圆形，通过与同伴交流，利用数学知识，

采用绘制规则图形、割补图形等方法测算圆面积，并填写测算记录单。

活动 2：引入经典典籍《九章算术》中计算圆面积的方法"半周半径相乘得积步"，采用自然语言描述其过程，讨论什么是算法。

活动 3：通过游戏任务，让学生体验利用算法解决问题的具体过程，明确什么是算法。

活动 4：以小组为单位进行讨论，分析《九章算术》中盈不足和均输问题的解决过程，并用自然语言描述其算法。

主干任务 2：认识 3 种基本控制结构

子任务：使用流程图描述算法

活动 1：认识流程图及其符号，使用流程图描述圆面积的计算过程，理解顺序结构。

活动 2：结合盈不足和均输问题的算法流程图，认识分支和循环结构，理解其结构特点。

活动 3：以小组为单位进行讨论，列举 3 种基本控制结构在生活实例中的应用，并绘制其流程图。

活动 4：微课学习软件绘制流程图的方法，综合运用 3 种基本控制结构进行算法的描述，尝试用数字化工具绘制流程图，并进行展示汇报。

14.2.5　证据集：学习评价的设计

1. 学习的评价

（1）评价目的

评估学生对算法概念、3 种基本控制结构的理解，以及他们在各项活动中的表现。

（2）评价方式

知识测试和作品评价。

（3）评价标准

◆知识掌握：能利用数学知识，采用绘制规则图形、割补图形等方法测算圆面积。

◆推理能力：能清晰、准确地描述设计方案，且符合游戏规则要求。

◆表达能力：能清晰、准确地运用语言描述解决问题的步骤。

◆计算思维：能清晰、准确地运用图形描述解决问题的步骤。

2. 学习性评价

（1）评价目的

记录和评估学生在测算草皮面积、设计游戏方案时的参与度和合作能力。

（2）评价方式

◆小组互评：小组分工合作，记录测算结果和游戏的设计方案，互相评估各小组测算结果的精确度。

◆观察记录：教师记录学生在小组讨论中的互动。

（3）评价标准

◆参与度：学生在小组内讨论的活跃度。

◆合作能力：学生在小组活动中的合作态度和协作能力。

◆思考能力：学生在解决问题的过程中采取的方法、策略及解决效果。

3. 学习式评价

（1）评价目的

培养学生的自我评价能力，鼓励学生体验身边的算法，对算法的结构有一定的感知和反思。

（2）评价方式

◆自评：学生进行自我评价，评估自己在活动中的表现。

◆互评：学生对组内成员的表现进行评价，指出其他小组在活动中的优点、缺点和改进方向。

14.2.6 信息化教学资源

1. 跨学科教学资源的类型、功能及对教与学过程的优化作用

（1）动画模拟

◆设计目的：通过动画模拟割补图形的过程推导出计算圆面积的方法，动画能够直观展示图形的变化和重组过程，帮助学生形成清晰的视觉印象。动画中的暂停、标注和说明功能允许教师根据学生的掌握情况灵活调整教学节奏和内容深度。

◆用法：让学生观看动画，参与观察和推导过程，加深对所学知识的记忆。

◆支撑性作用：动画可以将复杂的几何概念转化为动态、可操作的过程，降低了学习难度，提高了学生的学习兴趣。

（2）UMU平台

◆设计目的：通过UMU平台创建在线课程和学习任务，添加微课、文档、图片等课程内容，让知识的传递更加灵活多样。还可以添加提问、讨论、作业等教学互动功能，教师可以随时组织课堂互动，提高学生的参与度和学习热情。通过大屏幕同步展示互动结果，让每个学生都有机会表达自己的观点，并了解同伴的想法，促进深度思考。平台还设置了生动特别的奖励制度，学生完成任务即可获得奖励，激发学习动力。

◆用法：通过分享课程码、网络链接、二维码等方式，学生可参与在线课程的学习，教师可通过学员管理功能了解学生的学习进度。

◆支撑性作用：学生在计算机端或移动端的UMU平台上进行在线学习，观看微课、文档等，交流讨论，提交任务单、评价量表等。UMU平台能够准确记录学生的每一次关键行为，自动计算多维度的评分结果，为学习效果提供量化评价。

2. 跨学科学习活动资源

《九章算术》任务单		
小组名：	学生姓名：	组长/组员

任务1：认识算法

活动1：真实情境引入算法。

学校操场有一块地需要修整，如何测算要铺设草皮的面积？

同学们发现要修补的图形近似_____形，这种图形有什么特征？与同伴交流，并记录：

_____

如果要测算这块图形的面积，你有什么办法？与同伴交流，并记录：

_____

活动2：讨论什么是算法。

在UMU平台上使用微课视频了解《九章算术》，其中"半周半径相乘得积步"的含义是：

_____

按照一定规则解决问题时采用的明确的、有限的、可执行的操作步骤就是算法。

活动3：明确什么是算法。

根据下面的游戏规则，小组内讨论并完成方案的设计，并填写在方框中。

活动4（拓展）：体验典籍中的算法。

以小组为单位讨论，分析《九章算术》中盈不足和均输问题的解决过程，并选派代表用自然语言描述其算法。

符号	名称	功能
▭（圆角矩形）		
▱（平行四边形）		
▭（矩形）		
◇（菱形）		
→		

任务2：认识3种基本控制结构

活动1：（1）认识流程图及其符号，请填写下表。

（2）请根据自然语言，补充右图的流程图，并认识顺序结构。

活动2：认识3种基本控制结构。

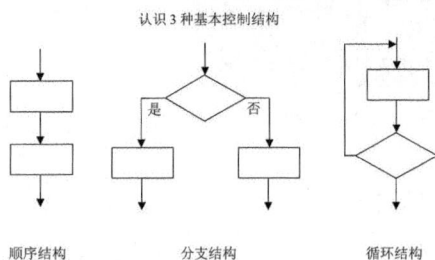

顺序结构　　分支结构　　循环结构

流程图描述算法

自然语言
（1）已知半径r的数值
（2）根据公式S=πr²，计算圆面积
（3）得到圆面积S的计算结果

A：输入半径r
B：圆面积公式S=πr²计算
C：得到S的数值

绘制流程图　　顺序结构

活动3：体验生活中的算法。

以小组为单位进行讨论，列举3种基本控制结构在生活中的应用实例。

（拓展）思考：在日常生活和学习中，算法无处不在。人们在做菜时要经过洗菜、切菜等环节，番茄炒鸡蛋是大家耳熟能详的一道家常菜，以小组为单位交流这道菜的制作过程，形成自己的菜谱，用自然语言、流程图描述3种基本控制结构在其中的应用。

我们小组的想法：

活动4：学会用软件绘制流程图。

（1）做菜过程中包含的3种基本控制结构，同学们已经将其过程用流程图手工绘制出来了。下面在UMU平台上使用微课视频学习用软件绘制流程图的方法。绘制流程图的软件种类多样，本视频选取的是WPS Office中的流程图绘制工具（如右图所示）。

（2）体验生活中的算法，综合运用3种基本控制结构进行算法的描述，尝试用数字化工具绘制流程图，并进行展示汇报，小组间完成互评量表。

互评量表		
序号	评价内容	评价等级
1	小组内成员能够积极参与讨论和思考	□优秀 □良好 □一般
2	小组内成员顺利合作，归纳出解决问题的步骤	□优秀 □良好 □一般
3	小组内成员能自信展示和交流	□优秀 □良好 □一般
4	对小组成员在本次活动中的表现进行总体评价	□优秀 □良好 □一般

在学习完整个项目后，请同学们完成自评量表。

自评量表		
序号	评价内容	评价等级
1	我能理解什么是算法	□优秀 □良好 □一般
2	我能清晰、准确地使用自然语言描述算法的执行步骤	□优秀 □良好 □一般
3	我认识流程图及其符号的含义	□优秀 □良好 □一般
4	我能手工绘制流程图描述算法	□优秀 □良好 □一般
5	我认识3种基本控制结构	□优秀 □良好 □一般
6	我会使用软件绘制流程图	□优秀 □良好 □一般
7	我能灵活使用自然语言、流程图等描述算法以解决生活问题	□优秀 □良好 □一般
8	我能积极主动地回答问题、参与讨论和思考	□优秀 □良好 □一般
9	我能有效地与同学交流、展示	□优秀 □良好 □一般

▶▶ 14.3 案例反思

1. 对教学过程和效果的反思

回顾本案例，在教学内容方面没有过多关注学生是否记住算法晦涩难懂的概念，而是通过各种体验、分析活动，让学生逐步认识到什么是算法，知道算法就是问题的求解步骤，能采用不同形式去描述算法，认识3种基本控制结构。

在教学过程中，鼓励学生将不同学科的知识和方法应用于解决实际问题，学科融合不是知识的简单叠加，而是要实现知识的深度有机整合。从教学效果上来看，学生会更加主动地参与学习，能站在不同的学科视角中看到问题的全貌，形成更为完整和系统的知识体系。

2. 存在的问题和改进的方案

在教学过程中，教师往往侧重于知识内容的传授与讲解，而忽视了对学生实践技能及创新能力的全面培养，特别是在数字化时代背景下，对于学生运用数字化工具高效、准确地表达复杂思维过程的能力培养显得尤为关键。

本案例中，教师没有过多关注学生如何有效使用数字化工具来绘制流程图，这可能会导致绘制的流程图缺乏规范性、清晰度和逻辑性，并难以被他人准确理解和执行，所以还需进一步关注学生对于流程图绘制的规范化意识的培养。

3. 对专业成长发展的思考

通过设计和实施跨学科主题学习的案例，我们发现这不仅需要教师精通本专业的知识和技能，还要能识别不同学科之间的关联点，具备跨学科整合的能力。跨学科的教学活动要求教师采用更为创新和灵活的教学方法和手段，教师们需要积极探索项目学习、探究学习等新型教学方式，并结合数字化工具和平台，为学生提供更生动、更直观和互动性更强的学习体验。

15

案例 15

追光太阳能板制作

本跨学科案例涵盖了信息科技、科学、地理、物理、艺术、语文等多个学科领域，适合第三学段（5~6年级）的学生学习，建议授课时长为4课时。本案例由深圳市大鹏新区葵涌中心小学张上雄老师、深圳市大鹏新区大鹏第二小学李小敏老师设计并提供。

▶▶ 15.1 案例背景信息

结合碳中和目标与节约能源背景，本案例通过跨学科实践，培养学生对可再生能源的认知与应用能力，聚焦太阳能板安装效率优化问题，整合信息科技、科学、地理等学科。本案例的特色和创新在于以下两点。

◆跨学科实践设计：通过任务簇和问题链的设计，引导学生从理论到实践构建概念网络。

◆真实情境学习：以学校实际需求为背景，增强知识的应用性和学生的参与感。

▶▶ 15.2 案例描述

15.2.1 概念群：结构化的跨学科教学内容设计

1. 子主题教学内容分析与大概念梳理

子主题1：认识太阳能板

（1）涉及的学科

科学、地理、物理。

（2）主要内容

了解能量转换、可再生能源对环境保护的重要性；掌握太阳能板相关特性、工作原理。

（3）学科大概念

◆科学：光能通过光电效应转化为电能，属可再生能源。

◆地理：太阳运动具有周期性，是地球上各种能量主要来源，太阳运动周期影响能量分布。

◆物理：电压、电流等指标可以用于评估太阳能板发电效率；发电效率与光照强度、角度等直接相关。

（4）跨学科大概念

太阳能板发电绿色环保，其发电效率受光照强度、角度等因素影响。

子主题 2：找到太阳能板最佳放置角度

（1）涉及的学科

信息科技、地理。

（2）主要内容

找到太阳能板最佳放置角度，理解背后的地理概念。

（3）学科大概念

◆信息科技：信息科技方法可以协助确定太阳能板最佳放置角度，并探究最佳放置角度的影响因素。

◆地理：经纬度能够标示地球上的任何一个位置，经纬度不同，太阳能板最佳放置角度不同。

（4）跨学科大概念

太阳能板最佳放置角度受诸多地理因素影响，可以通过信息科技手段辅助确定。

子主题 3：追光太阳能板设计和制作

（1）涉及的学科

信息科技、科学、艺术。

（2）主要内容

分析工作原理，设计草图并搭建追光太阳能板实物。

（3）学科大概念

◆信息科技：追光太阳能板符合"输入—计算—输出"基本模型，能分解为追光和发电两个模块；传感器带来的反馈是形成闭环控制的基础。

◆科学：可以用草图表示追光太阳能板的结构设计。

◆艺术：追光太阳能板的外形设计实用、有美感。

（4）跨学科大概念

工程和设计是科技作品的基石。

子主题 4：追光太阳能板优化和展示

（1）涉及的学科

信息科技、科学、语文。

（2）主要内容

对追光太阳能板进行优化，并汇报成果和设计思路。

（3）学科大概念

◆信息科技：算法的优化能够提高追光稳定性。

◆科学：追光太阳能板各部件的合理安装能够帮助实现目标功能。

◆语文：语言是表达思想情感和成果交流的基础。

（4）跨学科大概念

迭代优化和表达有利于追光太阳能板作品的质量提升。

2. 跨学科大概念生成图

本案例核心主题是"追光太阳能板制作"，由 4 个子主题组成，超学科大概念为"信息科技赋能可持续发展"，如图 15-1 所示。

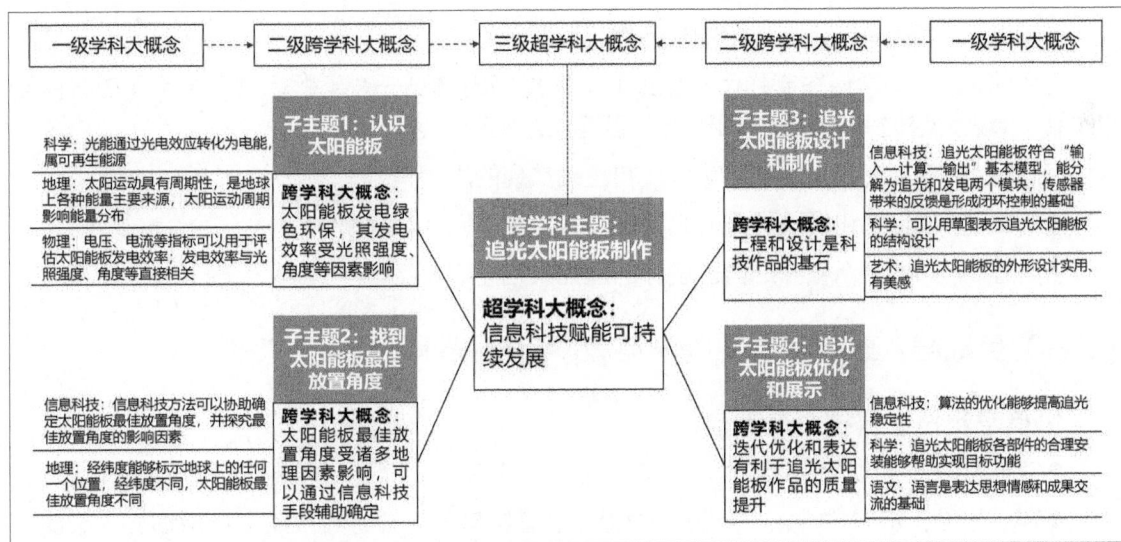

图 15-1　"追光太阳能板制作"跨学科大概念生成图

15.2.2　问题链：进阶性的跨学科核心问题设计

主问题 1：太阳能板如何实现发电，其发电过程具有哪些特点？

问题情境 1：学校采购一批太阳能板准备安装在楼顶，如何安装才能获得较高的发电效率呢？

子问题 1：太阳能板是怎么发电的？

子问题 2：怎么衡量发电效率的高低？

子问题 3：影响太阳能板发电效率的因素有哪些？

子问题 4：从哪些因素着手提高发电效率的可行性较高？

主问题 2：太阳能板最佳放置角度是多少？为什么？

问题情境2：在学校楼顶安装太阳能板时，最佳放置角度是多少？为什么？

子问题1：怎么找到太阳能板最佳放置角度？

子问题2：使用羲和能源气象大数据平台，查一查学校和家乡的太阳能板最佳放置角度是多少？

子问题3：不同地区太阳能板最佳放置角度相同/不同的原因是什么？

主问题 3：如何进行追光太阳能板的设计和制作？

问题情境3：如果太阳能板能够像向日葵一样自动追光，就可以获得更高的发电效率，应该设计一个怎样的装置安装在太阳能板下面实现这个效果？

子问题1：追光太阳能板的工作原理是什么？

子问题2：如何设计并绘制结构合理、美观的追光太阳能板草图？

子问题3：如何初步搭建追光太阳能板？

主问题 4：如何进行追光太阳能板的优化和展示？

问题情境4：同学们在制作第一版追光太阳能板时遇到一些问题，老师展示了部分同学的作品，请大家帮忙来分析一下问题出在哪里，怎么改进呢？

子问题1：导致追光太阳能板功能没有正确实现的原因有哪些？

子问题2：如何优化算法提升追光稳定性，降低"摇头"频率？

子问题3：如何展示和介绍自己设计的追光太阳能板？

15.2.3 目标层：素养导向的跨学科教学目标设计

1. 信息科技学科核心素养目标

◆信息意识：通过项目情境学习，增强对光伏发电生成可再生能源和环保技术的认识。

◆计算思维：掌握"输入—计算—输出"的基本模型，并将其应用于分析追光太阳能板的工作原理中；通过编程实践，理解闭环控制系统中反馈机制的作用；了解一个大的系统可被分解为几个小的系统。

◆数字化学习与创新：利用联网计算机和数字化工具进行项目研究和实践，培养数字化学习能力。

◆信息社会责任：认识可再生能源对环境保护和可持续发展的重要性，培养环保意识和责任感。

2. 相关学科核心素养目标

（1）科学

◆科学观念：通过案例实践，增加对光能、电能及二者相互转化的认识。

◆科学思维：能够根据目标正确设计追光太阳能板的工程结构和草图。

◆探究实践：能使用多种信息渠道获取太阳能板的相关信息，开展实践。

◆态度责任：能够和同学展开合作，并形成关注能源和环境问题的意识。

（2）地理

◆人地协调观：树立用信息科技赋能可持续发展的理念，提倡人与自然和谐共生。

◆综合思维：知道不同时间、不同经纬度地区的太阳高度角不同，进而影响太阳能板最佳放置角度；太阳运动具有周期性。

◆区域认知：了解经度与纬度组成的坐标，能够标示地球上的任何一个位置。

◆地理实践力：使用羲和能源气象大数据平台辅助查询不同地区的经纬度和太阳能板最佳放置角度。

（3）物理

物理观念：电压、电流等指标可以用于评估太阳能板发电效率；光照强度、角度、波长、遮挡会影响太阳能板发电效率。

（4）艺术

◆审美感知：追光太阳能板的外形设计要实用、有美感。

◆创意实践：能结合太阳能板实际，进行艺术创新，提高艺术实践能力。

（5）语文

◆文化自信：体会优秀科技作品中体现的当代人类推动科技赋能可持续发展的价值追求。

◆语言运用：能正确、规范地使用汉语进行汇报，和同学交流沟通。

3. 多学科共通的核心素养目标

◆文化理解和传承：通过分析、实践追光太阳能板的设计和制作，感受信息时代下人类促进人与自然和谐共生的积极举措，形成用信息科技赋能可持续发展的责任感和使命感。

◆批判性思维：在分析太阳能板知识时，能够使用多种信息方式获取信息，并进行可靠性评估。

◆创新思维：在设计和制作追光太阳能板时，能够设计独特外形和结构，并在项目实践过程中实现作品迭代和完善。

◆沟通合作能力：能够在项目实践过程中和小组成员合理分工，有效沟通。

15.2.4 任务簇：综合性的教学活动设计

1. 教学模式、策略与方法的应用

本案例使用微项目学习（Micro Project-Based Learning）教学模式，4个子主题学习活动均被设计为独立又相互承接的微型项目，如图 15-2 所示。

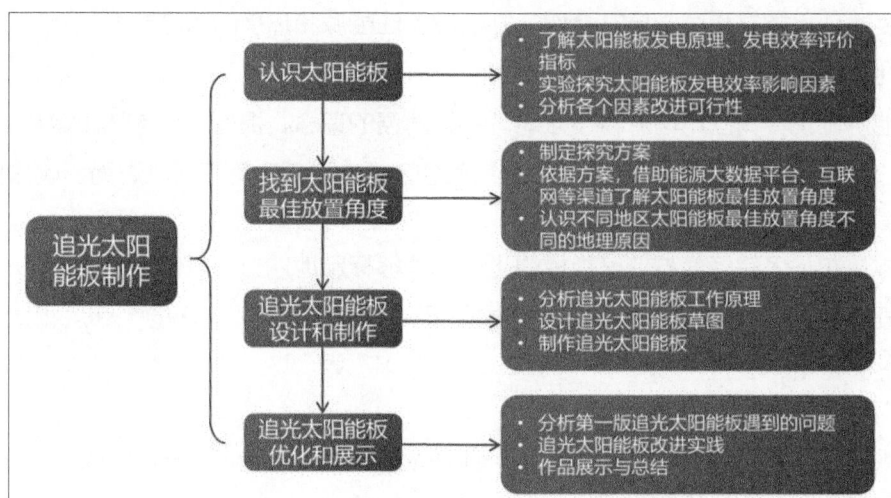

图15-2 "追光太阳能板制作"子主题设计

教学策略以教师为主导，充分发挥学生的主体作用，采用情景创设、任务驱动、分组讨论和抛锚式策略。

2. 教学活动设计及实施过程

主干任务1：认识太阳能板

子任务1：收集和分享资料，了解太阳能板发电原理、发电效率评价指标

活动1：课前资料收集。学生课前预习，了解太阳能板发电原理和发电效率评价指标。

活动2：资料分享与知识点总结。学生将搜集的信息制作成报告，进行小组分享；填写子主题1学习单第二题，进行知识测试。

子任务2：实验探究太阳能板发电效率影响因素，并分析改进可行性

活动1：借助太阳能板实验套件进行实验，总结发电效率影响因素。教师发放太阳能板实验套件，学生使用手电筒对连接好的太阳能板进行测试，并观测电压显示元件上的数值变化，记录可能的影响因素。学生对实验出来的因素进行总结，并填写到UMU平台。

活动2：对太阳能板发电效率影响因素进行改进可行性分析。教师借助UMU平台展示同学们填写的因素词云图，请各小组开展讨论，填写子主题1学习单第三题。根据学生投票，总结出角度是改进可行性最高的因素，太阳能板应该安装在合适角度。

主干任务2：找到太阳能板最佳放置角度

子任务1：制定方案，尝试查找学校和家乡的太阳能板最佳放置角度

活动1：制定查找太阳能板最佳放置角度的方案。学生分小组讨论应该如何找到太阳能板最佳放置角度，形成方案，填写至子主题2学习单第二题，并进行分享。各小组分享完毕后，教师组织学生互相评价方案，教师进行总结，并提醒同学们采用信息手段去获取信息。

活动2：查找学校和家乡的太阳能板最佳放置角度。学生根据方案，进行信息检索和分析，得出结论，填写至子主题2学习单第三题。小组派代表分享自己小组找到的数据。

子任务 2：分析不同地区太阳能板最佳放置角度相同 / 不同的原因

活动 1：学生讨论并呈现观点。学生围绕本问题开展小组讨论。各组学生派代表将自己认为可能的原因填写到 UMU 平台，并填写至子主题 2 学习单第四题。

活动 2：学习微课视频，了解不同地区太阳能板最佳放置角度不同背后的地理原因。

主干任务 3：追光太阳能板设计和制作

子任务 1：分析追光太阳能板工作原理

活动 1：查看追光模块工作视频，学生思考"如何实现追光""需要什么硬件"两个问题。

活动 2：学生分享思考，教师对相关知识点进行总结。学生填写子主题 3 学习单第二题进行知识测试，教师展示部分学生的答题结果，并进行纠错答疑。

子任务 2：设计追光太阳能板草图

活动 1：学生分组设计追光太阳能板草图，绘制至子主题 3 学习单第三题。

活动 2：教师对典型作品进行展示，请学生分析评价，了解优秀的结构和外形设计。

子任务 3：制作追光太阳能板

活动：教师发放诺宝套件（诺宝套件是粤教 B 版小学信息科技教材（第三册下）的配套教育器材，含有可编程主板、结构积木件、传感器等零件）和太阳能板实验套件。学生根据设计草图，尝试搭建第一版追光太阳能板和编程，并记录遇到的问题，课后将成品交给老师检查。

主干任务 4：追光太阳能板优化和展示

子任务 1：分析第一版追光太阳能板的共性问题

活动：教师展示部分学生搭建的实物照片，请学生分析其中的不足之处和原因，学生将分析出来的改进方向填写至子主题 4 学习单第二题。教师对改进方向进行总结。

子任务 2：追光太阳能板改进实践

活动：教师下发上节课各组搭建的成品。学生动手改进结构和程序，教师巡视指导。

子任务 3：作品展示与总结

活动 1：学生分享追光太阳能板成品，汇报设计思路。

活动 2：学生互相评价，给予建议。

活动 3：教师点评，引导学生在日常生活中善用信息科技，解决现实问题。

15.2.5　证据集：学习评价的设计

（1）子主题 1：认识太阳能板

评价目标	学习活动	评价类型	评价证据
了解太阳能板发电原理和发电效率评价指标	课前搜集资料学习，课上汇报，教师总结	学习性评价	知识测试（子主题 1 学习单第二题）
通过实验探究发现影响太阳能板发电效率的因素	组装太阳能板实验套件，使用手电筒测试，观测电压显示元件上的数值变化	学习性评价	填写探究发现的发电效率影响因素至 UMU 平台

续表

评价目标	学习活动	评价类型	评价证据
找到可行性最高的改进因素	学生开展讨论，说出两个改进因素和原因	学习性评价	思考题（子主题1学习单第三题的第3小题）
对学生在子主题1中的学习水平进行评价	主题学习评价活动	学习式评价、学习的评价	自评/互评/师评

（2）子主题2：找到太阳能板最佳放置角度

评价目标	学习活动	评价类型	评价证据
能够制定合理的探究方案	小组内展开讨论，确定信息获取来源，制定探究方案并分享	学习性评价	探究方案（子主题2学习单第二题）
找到学校和家乡太阳能板最佳放置角度	学生依据方案，借助信息手段了解最佳放置角度	学习性评价	实践探究（子主题2学习单第三题）
认识不同地区角度不同的地理原因	观看微课视频，了解原因	学习性评价	UMU平台提交、知识测试（子主题2学习单第四题）
对学生在子主题2中的学习水平进行评价	主题学习评价活动	学习式评价、学习的评价	自评/互评/师评

（3）子主题3：追光太阳能板设计和制作

评价目标	学习活动	评价类型	评价证据
认识追光太阳能板工作原理	查看视频，学生思考"如何实现追光""需要什么硬件"两个问题	学习性评价	知识测试（子主题3学习单第二题）
设计出合理的追光太阳能板草图	依据对原理的认识，设计追光太阳能板草图	学习性评价	草图设计（子主题3学习单第三题）
制作追光太阳能板	使用诺宝套件和太阳能板实验套件进行搭建、编程	学习性评价	实物搭建
对学生在子主题3中的学习水平进行评价	主题学习评价活动	学习式评价、学习的评价	自评/互评/师评

（4）子主题4：追光太阳能板优化和展示

评价目标	学习活动	评价类型	评价证据
分析第一版追光太阳能板中存在的问题，明确改进方向	教师展示学生搭建的实物照片，分析其中不足之处，梳理改进方向	学习性评价	改进方案（子主题4学习单第二题）
改进追光太阳能板	学生了解改进方向后，对作品进行改进	学习性评价	实物改进
追光太阳能板展示	学生对作品进行汇报展示	学习性评价	汇报表现
对学生在子主题4中的学习水平进行评价	主题学习评价活动	学习式评价、学习的评价	自评/互评/师评

15.2.6 信息化教学资源

1. 跨学科教学资源的类型、功能及对教与学过程的优化作用

（1）羲和能源气象大数据平台

◆设计目的：给学生提供一个直观的学习环境，便于学生探究案例涉及的地理概念。

◆用法：让学生使用羲和能源气象大数据平台分别查看学校和家乡的太阳能板最佳放置角度。

◆支撑性作用：该平台与本主题有很高的契合性，能够降低学生的探究难度。

（2）UMU平台

◆设计目的：通过UMU平台，在课堂上及时收集学生对问题的答案，以词云图的形式展示到大屏幕上。

◆用法：学生将探究出来的太阳能板发电效率影响因素填写到UMU平台中，教师端自动展示词云图，如图15-3所示。

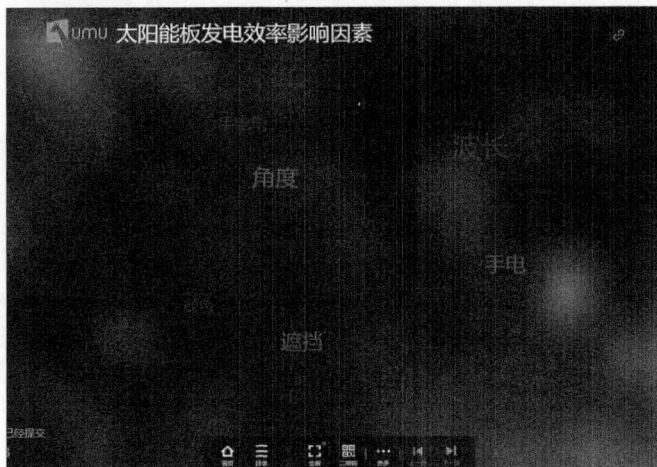

图15-3　UMU平台部分功能界面

◆支撑性作用：该平台能够为教学环节的推进提供有力依据。

2. 跨学科学习活动资源

（1）子主题1学习单

一、小组信息

名称：_____

成员：_____

二、知识测试

1. 太阳能转化为电能的过程被称为_____效应。

2. 太阳能板发电效率评价指标有：_____、_____。

3. 太阳能板由哪些部件组成：_____、_____、_____。

三、实验探究

1.根据右侧的连接图，完成太阳能板和电压显示元件的连接。

2.使用手电筒测试实验，思考发电电压的影响因素：＿＿＿＿＿＿＿＿、

＿＿＿＿＿＿＿＿、＿＿＿＿＿＿＿＿、＿＿＿＿＿＿＿＿，

并将上述结果填写到 UMU 平台。

3.哪些因素可以进行优化从而提升发电效率，请举出两个并分析原因。

＿＿＿＿＿＿＿＿＿＿＿＿＿＿＿＿＿＿＿＿＿＿＿＿＿＿＿＿＿＿＿＿

＿＿＿＿＿＿＿＿＿＿＿＿＿＿＿＿＿＿＿＿＿＿＿＿＿＿＿＿＿＿＿＿

＿＿＿＿＿＿＿＿＿＿＿＿＿＿＿＿＿＿＿＿＿＿＿＿＿＿＿＿＿＿＿＿

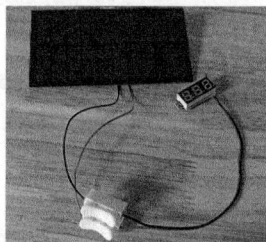

（2）子主题2学习单

一、小组信息

名称：＿＿＿＿＿＿＿＿＿＿＿

成员：＿＿＿＿＿＿＿＿＿＿＿＿＿＿＿＿＿＿＿＿＿＿＿＿＿＿＿＿＿＿＿

二、制定探究方案

1.目标：找到学校和家乡太阳能板最佳放置角度。

2.小组分工：

3.资料来源：

4.资料分析：

5.需要哪些帮助：

三、实践探究

1.学校的太阳能板最佳放置角度是：＿＿＿＿＿＿＿＿＿＿。

2.家乡的太阳能板最佳放置角度是：＿＿＿＿＿＿＿＿＿＿。

四、知识测试

分析导致不同地区太阳能板最佳放置角度相同/不同的地理原因，填入下框中，并选取关键词填入 UMU 平台。

（3）子主题3学习单

一、小组信息

名称：_____

成员：_____

二、知识测试

1.追光太阳能板需要哪些硬件：_____。

2.分析追光太阳能板的工作步骤。

输入：_____

计算：_____

输出：_____

3.追光太阳能板中，当光敏传感器检测到左侧光线更强时，主控板应该驱动电机往哪边转动?_____。

4.追光太阳能板由_____、_____模块组成。

三、追光太阳能板草图设计

请设计出追光太阳能板的草图，标注主要组件和连接方式。

（4）子主题4学习单

一、小组信息

名称：_____

成员：_____

二、制定改进方案

硬件结构：

算法：

三、追光太阳能板汇报模板

1.设计理念：

2.外形设计：

3.结构组装：

4.程序：

5.不足之处和下一步改进方向：

▶▶ 15.3 案例反思

从教学内容的选择来看，以太阳能板的设计与制作为主题，不仅符合当前节约能源和保护环境的主流思想，也符合学生对信息科技赋能生活的好奇心和求知欲。在教学过程中，我们运用在线互动平台（UMU平台）、地理大数据平台（羲和能源气象大数据平台）、多媒体资源和AI等信息化工具，使课堂中抽象的概念变得生动具体，学生们能够较好地理解和掌握知识，也能更好地进行自主探究。

经过打磨，本案例原有的问题（如学科融合较浅层）已经有了较大改善，现存的主要问题是教学评价设计不够全面、细致，教学中各环节的教学评价手段和依据需要进一步构思和完善。另外，跨学科主题学习案例需要丰富的教学资源和充足的时间来保证教学效果。

案例 16

湿地公园 AI 动物识别器

本跨学科案例涵盖了信息科技、科学、道德与法治等多个学科领域，适合第三学段（5~6年级）的学生学习，建议授课时长为2课时。本案例由深圳市龙华区教育科学研究院邓翠玲老师、深圳市龙华区龙华第三小学林戈阳老师设计并提供。

▶▶ 16.1 案例背景信息

目前传统人工智能教育主要面临着以下问题。

◆教学内容单一：传统教育模式下，人工智能教育往往侧重于简单的编程概念与应用，缺乏与实际生活的联系、对人工智能发展脉络的整体认知，以及对人工智能发展趋势的深度思考。

◆教学方法单一：传统人工智能教育往往以课堂教师授课与书本知识学习为主，缺乏与学生实际需求和认知相适应的多元化教学方法。

◆缺乏跨学科意识：传统人工智能教育将课程局限于信息科技领域，忽视了实际问题解决的过程中需要跨学科知识作为基础和桥梁。

◆指向知识与技能而非人工智能素养：传统人工智能教育关注人工智能概念的学习、算法模块的使用，而对通过课程学习后学生人工智能思维与实践创新能力的提升关注较少。

本案例聚焦深圳市龙华区观澜河湿地公园游客识别动物困难问题，通过学习和使用人工智能知识及科学、道德与法治等学科知识，设计制作湿地公园 AI 动物识别器，帮助游客辨认动物。

本案例的特色与创新之处在于：融合人工智能技术和环境教育，以构思—设计—实施—运行（Conceive-Design-Implement-Operate，CDIO）工程教育模式构建跨学科课程，以从产品研发到产品运行的全生命周期为载体，培养学生在真实环境下对产品进行构思、设计、实施、运行的综合能力，使教师、学生以一定角色主动参与人工智能课程教学，融入人工智能实践的环境，获得人工智能实践的理论、技术与经验，更好地解决人工智能教育中理论与实践脱节的问题。

▶▶ 16.2 案例描述

16.2.1 概念群：结构化的跨学科教学内容设计

本案例通过分解驱动问题，确定子主题内容，并据此生成大概念。在为学生构建学科大概念的过程中生成跨学科大概念，最后形成超学科大概念。

1. 子主题教学内容分析与大概念梳理

子主题 1：图像识别的原理与流程

（1）涉及的学科

信息科技、科学。

（2）主要内容

图像识别的原理、处理流程，图像识别技术给人们生活带来的便利及存在的隐患。

◆图像识别的原理：图像识别是人工智能的一个重要应用领域，机器学习是实现图像识别的关键技术手段。图像识别的核心原理是通过计算机对图像进行处理、分析和理解，从而识别图像中的目标或对象，通常通过将图像映射到预定义的类别或标签来实现。

◆图像识别的处理流程：图像识别的处理流程包括图像获取和预处理、特征提取、特征匹配、决策与输出。

◆图像识别技术给人们生活带来的便利及存在的隐患：便利之处有提高工作效率、增强用户体验、推动科技创新等；存在的隐患有隐私泄露、误识别和安全风险等。

（3）学科大概念

◆信息科技：图像识别是一种人工智能技术，包括图像获取和预处理、特征提取、特征匹配、决策与输出等过程。

◆科学：不同的动物具有不同的特征。

（4）跨学科大概念

图像识别技术是制作动物识别器的关键。

子主题 2：AI 图像识别模型的训练与测试

（1）涉及的学科

信息科技。

（2）主要内容

AI 图像识别模型的训练与测试。

◆AI 图像识别模型的训练：首先收集数据并对数据进行标注（即给每张图片打上正确的动物标签），其次进行图像预处理（包含调整大小和随机旋转、翻转、裁剪等），最后设定训练参数（如学习率、批量大小等）并进行训练。

◆AI 图像识别模型的测试：使用训练好的模型测试新的图片，并计算准确率。

（3）学科大概念

信息科技：AI 图像识别模型构建分为模型训练与测试两大环节。

（4）跨学科大概念

正确的训练有利于提高 AI 图像识别模型的准确性。

子主题 3：湿地公园 AI 动物识别器的设计与制作

（1）涉及的学科

信息科技、科学、道德与法治。

（2）主要内容

调研与数据收集、数据预处理、数据集建立、模型训练与测试。具体包括：用工程设计图的方式描述湿地公园 AI 动物识别器的结构与功能，用工程实施的方法开展 AI 动物识别器的制作，开展湿地公园动物调查与数据收集，预处理数据，建立数据集，训练与测试湿地公园 AI 动物识别器，利用 AI 技术制作动物识别器的有利之处及其存在的危害，体会建立自然保护区的意义。

（3）学科大概念

◆信息科技：湿地公园 AI 动物识别器可以分为数据预处理部分、特征提取部分、特征匹配部分及输出部分。

◆科学：湿地公园 AI 动物识别器可以用工程设计图的方式呈现；建立自然保护区有利于生态环境保护。

◆道德与法治：助人为乐、保护环境等社会公德是良好公民的基本要求。

（4）跨学科大概念

工程设计是实现 AI 作品的有效途径。

子主题 4：湿地公园 AI 动物识别器的展示与评价

（1）涉及的学科

信息科技。

（2）主要内容

进行作品展示，对作品进行评价与交流，学生根据评价进行反思并改进作品。

（3）学科大概念

信息科技：优化迭代可以提升湿地公园 AI 动物识别器的准确率。

（4）跨学科大概念

有效的交流与优化迭代有利于提升作品质量。

2. 跨学科大概念生成图

设计一个湿地公园 AI 动物识别器，需要从信息科技、科学、道德与法治等多个学科角度进行综合考量。根据案例需求，从各学科中抽取相关的概念和理论。例如，从信息科技学科中了解图像识别技术，从科学学科中获取不同动物的特征，从道德与法治学科中了解社会公德。寻找大概念的方式是多样的，如基于各个学科的课程标准和教材、查阅相关领域的学术文献、咨询专家团队等。

学科大概念、跨学科大概念、超学科大概念为层层递进的关系。抽取各学科大概念进行整合和交叉分析，进一步探索跨学科的关系和影响，最终生成超学科大概念，即使用 AI 技术可以提高人们的生活质量，如图 16-1 所示。

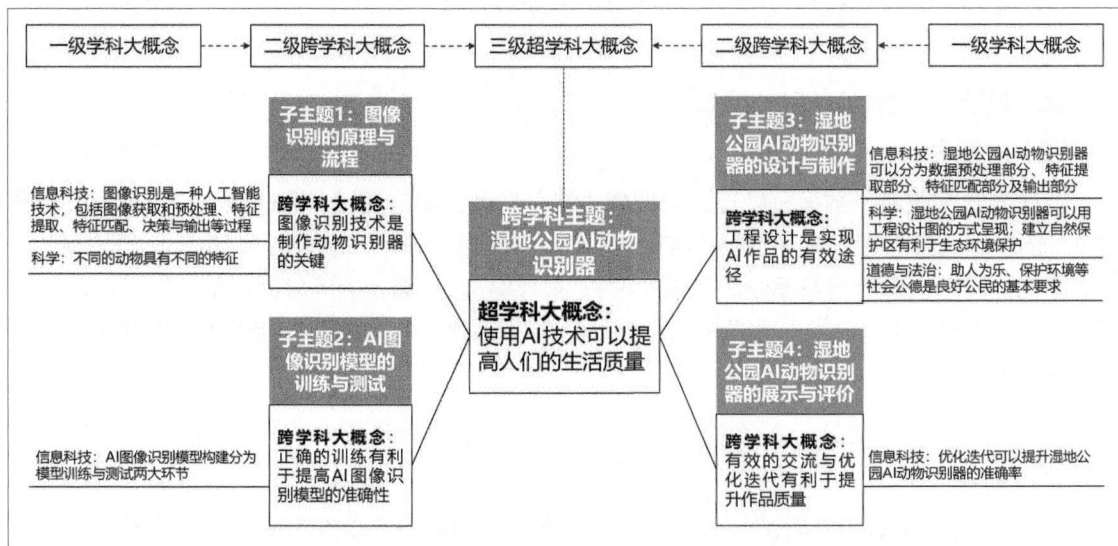

图 16-1 "湿地公园 AI 动物识别器"跨学科大概念生成图

16.2.2 问题链：进阶性的跨学科核心问题设计

本案例的驱动问题为"如何为游客设计能够辨别湿地公园动物的 AI 动物识别器？"为了解决驱动问题，可以将其分解为 4 个主问题：动物识别的原理是什么、如何训练与使用 AI 图像识别模型、如何利用 AI 图像识别模型制作湿地公园 AI 动物识别器、湿地公园 AI 动物识别器是否满足需求，接下来分别阐述。

主问题 1：动物识别的原理是什么？

问题情境 1：人是怎么识别动物的？机器又是怎么识别的？要制作湿地公园 AI 动物识别器，首先我们需要理解动物识别的原理。

子问题 1：动物识别的原理是什么？

子问题 2：动物识别的处理流程是什么？

子问题 3：图像识别技术给人们生活带来的便利及存在的隐患是什么？

主问题 2：如何训练与使用 AI 图像识别模型？

问题情境 2：经过主问题 1 的探究，我们知道了动物识别需要用到图像识别技术，在了解其原理与流程后，我们需要学习 AI 图像识别模型的训练与使用方法。

子问题 1：如何训练 AI 图像识别模型？

子问题 2：如何使用训练好的 AI 图像识别模型？

主问题 3：如何利用 AI 图像识别模型制作湿地公园 AI 动物识别器？

问题情境 3：通过前面两个主问题的学习，我们已经了解了图像识别的原理，并且掌握了 AI 图像识别模型的训练与使用方法。接下来，利用这些知识，结合湿地公园相关数据，进行湿地公园 AI 动物识别器的设计与制作。

子问题 1：如何收集数据？

子问题 2：如何预处理数据？

子问题 3：如何建立数据集？

子问题 4：如何进行湿地公园 AI 动物识别器的训练与测试？

子问题 5：利用图像识别技术制作湿地公园 AI 动物识别器的利弊是什么？

子问题 6：建立自然保护区的意义是什么？

主问题 4：湿地公园 AI 动物识别器是否满足需求？

问题情境 4：接下来我们需要展示湿地公园 AI 动物识别器，检验其作用和效果。

子问题 1：怎么展示作品？

子问题 2：如何评价作品？

子问题 3：作品还可以更好吗？

┃ 经验分享 ┃

生成问题链的关键在于建立一个有机的、逻辑清晰的问题序列，以帮助理解和解决复杂问题。以下是生成问题链的关键步骤和注意事项。

◆明确大概念和目标层次：要理解所探讨的大概念和主题，并明确目标层次，以确定问题链的起点和方向。

◆分析和细化：从大概念出发，逐步将主问题分解为更具体的子问题。

◆逻辑顺序：确保问题之间有清晰的逻辑顺序和关联性。

◆避免冗余和跳跃：避免提出重复的问题或跳跃式的思维过程。

◆层层递进：问题链的每个层次都应当向解决问题的最终目标迈进一步，这意味着每个问题都应当对理解和解决目标层次的问题有所贡献。

◆反思和调整：在生成问题链的过程中，时常回顾已有的问题和答案，确保它们与目标层次的关联性。

经过以上步骤生成的问题链不仅在逻辑上严密和连贯，还能有效地指导解决复杂问题的过程，提高问题理解和解决的效率和深度。

16.2.3　目标层：素养导向的跨学科教学目标设计

本案例的目标是学生核心素养的培养，具体如下。

1. 信息科技学科核心素养目标

◆能以问题为驱动，选用腾讯扣叮等平台，通过实验探究等方式开展探究性实践活动，养成热爱科学、勇于创新、乐于实践的精神。

◆能在人工智能环境下通过团队合作主动探究新知，设计和制作具有个性化的人工智能方案或作品，成长为知识发现者与创造者。

◆理解图像识别的原理、流程、模型构建及湿地公园AI动物识别器的组成部分。

◆能够运用所学知识，设计湿地公园AI动物识别器，解决实际问题，并考虑其社会和伦理影响，践行社会主义责任。

2. 相关学科核心素养目标

（1）科学

知道动物可以根据某些特征进行区分；通过学习食物链的知识，理解动物多样性对于人类乃至整个生态系统的意义，明白建立自然保护区保护动物多样性的必要性。

（2）道德与法治

了解和感受社会生活，主动参与解决湿地公园的公共问题，做一个热爱生活、乐于奉献的人，积极服务社会，增强社会责任感。

3. 多学科共通的核心素养目标

◆能对不同观点、结论和方案进行质疑、批判、检验和修正，进而提出创造性见解，具有初步的创新思维能力。

◆能反思学习过程，具有初步的自主学习能力。

◆善于与他人合作和分享，包容不同的观点。

◆热爱自然、珍爱生命，具有保护环境、推动生态文明建设的责任感。

16.2.4 任务簇：综合性的教学活动设计

1. 教学模式、策略与方法的应用

本案例采用CDIO工程教育模式和协作式教学方法开展教学活动。教师将学生分为10组，每组有3名学生，角色分别为产品经理、软件工程师、项目经理。产品经理负责明确湿地公园AI动物识别器的产品要求；软件工程师负责腾讯扣叮的软件实现；项目经理负责把控进度与保障后勤。产品经理代表本组进行展示，包括产品介绍和产品演示，其他组进行互评。

2. 教学活动设计及实施过程

教学活动分为构思（C）、设计（D）、实施（I）和运行（O）4个步骤。首先引导学生分析问题情景与相应任务，并且进行项目规划与任务分解，作为课程的先导；其次，学生学习相应的AI知识，进行实践探究；最后，学生进行湿地公园AI动物识别器的设计与制作，并且进行展示，具体内容如下。

CDIO步骤	项目环节	具体内容
构思（C）	任务分析	◆举例说明人工智能对学习、生活、社会的影响； ◆初步了解数据标签，知道在不同场景下创建不同的数据标签，以形成有标签的数据集； ◆说出不同质量的数据集对机器学习效果的不同影响，并通过调整数据集的质量来提升机器学习准确度； ◆体验机器学习中数据集的作用，将迭代后的数据模型应用于合适的场景； ◆了解图形用户界面和网络用户界面中的人机交互技术； ◆知道设计人工智能应用系统时要遵守相应的伦理规范
	学习目标	◆树立正确的人工智能价值观，能够正确认识人工智能对社会发展的价值，能够正确判断和评估用自主可控的人工智能技术解决实际问题的价值，通过生活体验和课程实践能够产生对人工智能的学习兴趣，在面临真实问题时，能主动寻找人工智能技术、工具来解决问题； ◆了解机器学习、人机交互在解决问题过程中的作用，根据解决问题的需要，能找到合适的人工智能技术、工具； ◆能以问题为驱动，选用腾讯扣叮等平台，通过实验探究等方式开展探究性实践活动，养成热爱科学、勇于创新、乐于实践的精神； ◆能在人工智能环境下通过团队合作主动探究新知，设计和创作具有个性化的人工智能方案或作品，成长为知识发现者与创造者； ◆知道人工智能社会应遵守的价值观念、道德责任和行为准则并积极维护人工智能社会秩序，养成人工智能社会下的良好学习和生活习惯
	知识预习与准备	自行查询、了解人工智能的发展阶段和若干重大事件，了解世界人工智能发展的水平，认识到自主可控的重要性
设计（D）	项目背景	在假期，会有许多人到观澜河湿地公园游玩，美丽的湿地公园有许许多多的动物，它们有的十分相似、不好区分，有的种类稀有难以辨认，怎样才能正确识别它们呢？ 请你想一想有什么快速、高效的方法与技术来解决问题，能否使用机器人来帮忙，会用到哪些AI技术
	项目规划	主题项目讨论及规划，绘制项目概念图
	任务分解	知识技能学习、设计与制作改进、展示交流
实施（I）	子任务1：AI知识学习与案例观摩	◆了解识别相似动物的过程（如鸭和鹅，不同品种的猫）； ◆学习利用数据集训练AI动物图像识别模型的案例； ◆学习AI动物图像识别模型的使用； ◆学习"拍照识图"模块相关积木的使用
	子任务2：自主探究与实践	◆尝试使用"拍照识图"模块相关积木； ◆尝试利用数据集训练AI动物图像识别模型； ◆尝试使用AI动物图像识别模型
运行（O）	子任务3：整合与集成	综合运用前面所学知识和技能设计和编写程序
	子任务4：展示与交流	◆分享小组学习过程； ◆运用训练好的AI动物图像识别模型制作湿地公园AI动物识别器； ◆评价与反思

通过 CDIO 工程教育模式，学生可以体验从问题提炼到产品设计、制作的完整工程流程，极大提高了学习的积极性与主动性，人工智能素养得到提升。

16.2.5 证据集：学习评价的设计

本案例以终为始、以评促学，引导学生进行学习与创作。从知识与技能、思维与方法、探究与实践等维度提升学生核心素养。为保障学习效果，学习评价至关重要。

1. 学习的评价

评价项目	评价等级			自评	互评	师评
	A	B	C			
学生是否掌握图像识别的原理和流程	掌握熟练	掌握良好	掌握不熟练			
学生是否掌握利用数据集训练AI动物图像识别模型的方法	掌握熟练	掌握良好	掌握不熟练			
学生是否掌握AI动物图像识别模型的使用方法	掌握熟练	掌握良好	掌握不熟练			
学生是否掌握"拍照识图"模块相关积木的使用方法	掌握熟练	掌握良好	掌握不熟练			

2. 学习性评价

评价项目	评价等级			自评	互评	师评
	A	B	C			
提出问题	能提出问题，并用准确、熟练的语言表达	能提出问题，并用准确的语言表达，但表达不熟练	能提出问题，但不能用准确的语言表达			
做出假设	能对提出的问题进行假设，用准确的语言表达，并对假设做出预期	能对提出的问题进行假设，用准确的语言表达，没有对假设做出预期	能对提出的问题进行假设，不能用准确的语言表达			
制订计划	参与制订计划，积极讨论并提出自己的看法和建议，组织小组进行实验	参与制订实验计划，并积极讨论	参与制订实验计划			
实施计划	参与实施计划全过程，主动进行操作，能认真记录实验数据和现象，并组织工作	参与实施计划全过程，能记录实验中的数据和现象，能与组员合作	参与实施计划过程，但不与组员合作			
得出结论	能进行归纳总结，且思路清晰，表达流畅	参与归纳总结，积极发言	参与归纳总结，但基本不发言			
表达交流	能够分析实验数据和现象，提出意见和建议，并及时进行修改完善	能够分析实验数据和现象，提出意见和建议，但不能进行修改完善	能够分析实验数据和现象，但不能提出意见和建议			

3. 学习式评价

◆是否采用了多种学习方式（如自主学习、合作学习、探究学习）来提高学习效果。

◆是否能利用不同媒介（如文字、图片、视频）辅助学习理解。

◆是否能利用包含生成式大模型在内的新型工具辅助学习。

4. 成果评价

评价项目	评价等级			自评	互评	师评
	A	B	C			
美观度	作品元素丰富、尺寸与结构严密合理，表现出美感和审美上的吸引力	作品元素丰富，注意到文字、图案等细节	作品组成简单，制作粗糙潦草，没有美感			
功能性	作品功能准确，响应速度快	作品功能准确，但响应速度慢	作品部分功能未实现，响应速度慢			
操作便捷性	操作步骤简单易学，十分便捷	操作步骤稍显复杂，便捷性有限	需要较长时间才能学会操作，操作步骤复杂，不够便捷			

5. 过程性评价

过程性评价分为个人表现评价与团队合作评价，用于评价学生在各阶段的表现及团队合作情况。

（1）个人表现评价

评价项目	评分		
	3（几乎总是）	2（偶尔）	1（几乎从不）
我会利用资源来寻找我需要的信息（很少需要教师的帮助）			
我专心工作，并就任务/概念进行讨论			
我的行为帮助了整个团体（态度积极，及时倾听和回应，保持专注）			
我做出有意义的贡献（给予和得到帮助，并承担自己的责任）			
我尽了最大的努力和能力			

（2）团体合作评价

小组活动	评价项目	实施情况		
		所有组员能做到	多数组员能做到	少数组员能做到
分工合作	就团队目标达成一致			
	清楚自己的职责			
	能够快速开始工作			
	可以友好沟通			
	彼此尊重			
交流研讨	有发言的机会			
	尊重其他组员提出的建议，即使最终没有采纳			
	可以做出合理的决策			
	记录讨论的关键信息			

16.2.6 信息化教学资源

1. 跨学科教学资源的类型、功能及对教与学过程的优化作用

本案例使用了 PPT（教师讲解）、腾讯扣叮编程平台、迅捷 PDF 在线转换器的在线动物识别，以及搜索网站（查询动物介绍）等资源。

2. 跨学科学习活动资源

《湿地公园 AI 动物识别器》第 1 课时导学单

姓名：_____ 班级：_____

一、学习任务

打开腾讯扣叮编程平台"AI 训练馆"中的"分类大作战"，体验编程并思考特征是什么？权重如何理解？

二、评一评

请你根据自己本节课的课堂表现进行自评，并邀请一位小组成员对你进行评价。

序号	学习收获	自评	互评	师评
1	能说出机器识别动物的过程	☆ ☆ ☆ ☆ ☆	☆ ☆ ☆ ☆ ☆	☆ ☆ ☆ ☆ ☆
2	能说出机器识别动物的原理	☆ ☆ ☆ ☆ ☆	☆ ☆ ☆ ☆ ☆	☆ ☆ ☆ ☆ ☆
3	能完成分类大作战"创造算法"	☆ ☆ ☆ ☆ ☆	☆ ☆ ☆ ☆ ☆	☆ ☆ ☆ ☆ ☆
4	能与同伴协作完成导学单	☆ ☆ ☆ ☆ ☆	☆ ☆ ☆ ☆ ☆	☆ ☆ ☆ ☆ ☆

《湿地公园 AI 动物识别器》第 2 课时导学单

活动 1：借助在线动物识别工具，确定下面动物的名称。

名称：	名称：	名称：	名称：

活动 2：分析范例，探究鸭鹅训练模型。

步骤	积木
首次运行程序必须初始化"图像分类器"模型	初始化"图像分类器" 模型
分别添加用于训练的鸭和鹅视频（该平台只能上传视频，在课堂中教师会解释视频其实就是许多图片的集合），创建分类数据集	创建 数据集 ，并添加分类视频 ⊕
按下键盘上的相应按键，开始训练模型	当 按下 · 按键 a · 使用分类数据 数据集 · 训练 模型 ·
拍照上传图片进行识别，判断识别是否准确	使用 模型 · 识别图像 拍照 的分类

活动 3：动手实践，实现动物辨别程序

请学生参考模仿鸭鹅训练模型的程序，选择两种或两种以上的鸟，完成对多种鸟的识别程序。完成程序后可以从以下方面进行改进。

完成后，在功能前的方框内填入√		
□添加更多动物数据	□添加文字介绍	□美化装饰程序
□我还添加了：		

▶▶ 16.3 案例反思

1. 对教学过程和效果的反思

本案例按照教学设计实施。首先，通过主题引入，学生聚焦"如何为游客设计能够辨别湿地公园动物的 AI 动物识别器？"问题，并进行初步构想；其次，学生在了解人工智能相关技术的基础上，对 AI 动物识别器进行设计，并且绘制设计图；最后，制作湿地公园 AI 动物识别器，并进行展示与评价。

学生分成不同角色，主动参与湿地公园 AI 动物识别器的制作任务，融入人工智能实践的环境，获得人工智能实践的理论、技术与经验，课堂氛围浓厚。在构思阶段，学生积极讨论湿地公园 AI 动物识别器的组成结构与逻辑处理顺序；在收集动物资料时，学生走进湿地公园积极探索；在制作产品时，学生主动向教师提问，及时修正湿地公园 AI 动物识别器的效果；在展示阶段，学生积极踊跃、自信大方地介绍、演示自己小组的作品。

作为跨学科主题学习活动，本案例需要学生了解多学科的相关知识。教师在教学过程中积极引导学生提问、思考，充分尊重学生主体性。例如，引导学生思考在制作湿地公园 AI 动物识别器时需要考虑什么、生物多样性对于生态系统的重要性、生物多样性与人类之间的关系，培养学生的道德修养，增强学生的社会公德意识。学生学习主动性较以往明显提高，思维能力、实践能力、态度责任等核心素养能力得到有效提升。

为了更好地反馈，课后我们设计了调查问卷。经过统计后，我们发现 93.67% 的学生觉得跨学科主题学习的方式有效，88.61% 的学生希望在今后的课程中多采取跨学科主题学习的方式。

2. 存在的问题和改进的方案

在实施教学过程中，我们发现了一些问题。

◆跨学科主题人工智能课程的实施对教师的人工智能素养、跨学科教学能力要求很高，现阶段具备相应能力的教师较少，尤其是欠发达地区。

◆部分教师观念过于传统，仍然习惯于传统的教学模式，即以教为主，教师牵引性强，而非通过主题活动、项目引导学生主动学习，课堂主体还是教师。

因此，为保证课程教学效果，结合实践经验，我们认为可从以下方面进行强化。

◆加大教师培训支持。为教师提供相关的培训和支持，如对 CDIO 工程教育模式的理解与应用、跨学科教学能力的提升等，帮助他们更好地设计和开展跨学科人工智能课程，提高教学质量和水平。

◆注重核心素养提升。强调素养导向的设计和教学，以项目驱动，让学生在项目中实际操作、解决问题，培养他们的核心素养。过程性评价与成果评价相结合，量化核心素养，如创新性思维、实践能力等，以评促学，以终为始。

3. 对专业成长发展的思考

当然，基于 CDIO 工程教育模式的小学跨学科人工智能课程构建还有很多值得继续研究和探索的地方，如 CDIO 工程教育模式在小初高不同教育阶段的连贯性研究、人工智能校本特色课程的研究、CDIO 工程教育模式下的学业质量评价研究等。

案例 17

游戏博弈中的策略

本跨学科案例涵盖了信息科技和数学学科领域，适合第三学段（5~6年级）的学生学习，建议授课时长为3课时。本案例由深圳市福田区园岭教育集团园岭实验小学刘金池老师、深圳市福田区教育科学研究院林志春老师设计并提供。

▶▶ 17.1 案例背景信息

本案例属于信息科技"身边的算法"模块中的"跨学科主题"。信息科技学科相关知识以《义务教育信息科技课程标准（2022年版）》"身边的算法"模块的内容要求为主；数学学科以《义务教育数学课程标准（2022年版）》"数与代数"模块第三学段（5~6年级）内容要求的"数与运算（1）"为主。

本案例以学生身边的游戏为出发点，探究游戏的规则和博弈的策略，以达到学习3个基本控制结构的目的，从而体验身边的算法。本案例主要涉及的核心概念有倍数、游戏化教学、递归法和算法流程图等。在学习过程中，学生会利用数学学科中的归纳、概括等学习方法，也会利用数学的思维方式解决问题。

本教学案例的创新之处是教学中以身边的游戏为主要教学载体，学生在充分体验游戏后总结游戏背后的规则与博弈策略，利用信息科技中的表格工具进行数据统计，而后利用数学的思维进行探究与发现，通过探究游戏博弈中的策略，学生知道了什么是算法，3种基本控制结构是什么。学生通过体验身边的算法，知道算法就在我们身边。学生的学习过程可以概括为体验游戏—分析策略—发现规律—总结概括—分享应用，整个学习过程是从"现象"到"本质"再到应用的过程。

17.2 案例描述

17.2.1 概念群：结构化的跨学科教学内容设计

1. 子主题教学内容分析与大概念梳理

子主题 1：5 和 7 的倍数

（1）涉及的学科

信息科技、数学。

（2）主要内容

计算 50 以内 5 和 7 的倍数；利用表格（Excel 或 WPS 表格）工具输入计算结果；对输入数据进行简单分析；了解 50 以内 5 和 7 的公倍数。

（3）学科大概念

◆信息科技：表格工具内数据的输入是对数据进行编辑的前提；修改和删除数据内容是一项基本能力；改变数据的颜色可以使数据更加直观。

◆数学：对于给定的一组数，有一些关系总是正确的，这些规则构成了算术和代数运算的基石。

（4）跨学科大概念

表格能够直观地表征数据计算的结果。

子主题 2：3 种基本控制结构的推导

（1）涉及的学科

信息科技、数学。

（2）主要内容

体验游戏并巩固有理数的倍数运算；分析游戏的规律；概括顺序、分支和循环 3 种基本控制结构的流程图。

（3）学科大概念

◆信息科技：算法是按照一定规则解决问题时采用的明确的、有限的、可执行的操作步骤，可以用文字和图示进行描述。

◆数学：有理数运算的基本法则包括乘法法则，这种法则简化了计算过程。

（4）跨学科大概念

算法的概括与数学推理密不可分。

子主题 3：3 种基本控制结构的应用

（1）涉及的学科

信息科技、数学。

（2）主要内容

对喜欢的游戏进行策略分析；描述3种基本控制结构在游戏中和生活实践中的应用。

（3）学科大概念

◆信息科技：解决问题的一般步骤包括抽象、分析、建模和制定解决方案。

◆数学：研究推理的规则是数学推理的基础。

（4）跨学科大概念

事物以一种可预测的方式呈现时，可以对这种呈现方式进行描述和概括。

2. 跨学科大概念生成图

如图17-1所示，信息科技与数学属于理科，它们的思维方式和推理过程也相似，所以生成的大概念中有些是相近的，比如推理、实践应用等，这些大概念也是现在的理科所注重的。这些大概念是学生学习的指引，虽然对于学生来说，开始学习时这些大概念有些抽象，但经历学习的过程后，学生会知道学习的方法、推理的方式、把知识应用到实践中等，再回过头来看，这些大概念也就不难理解了。

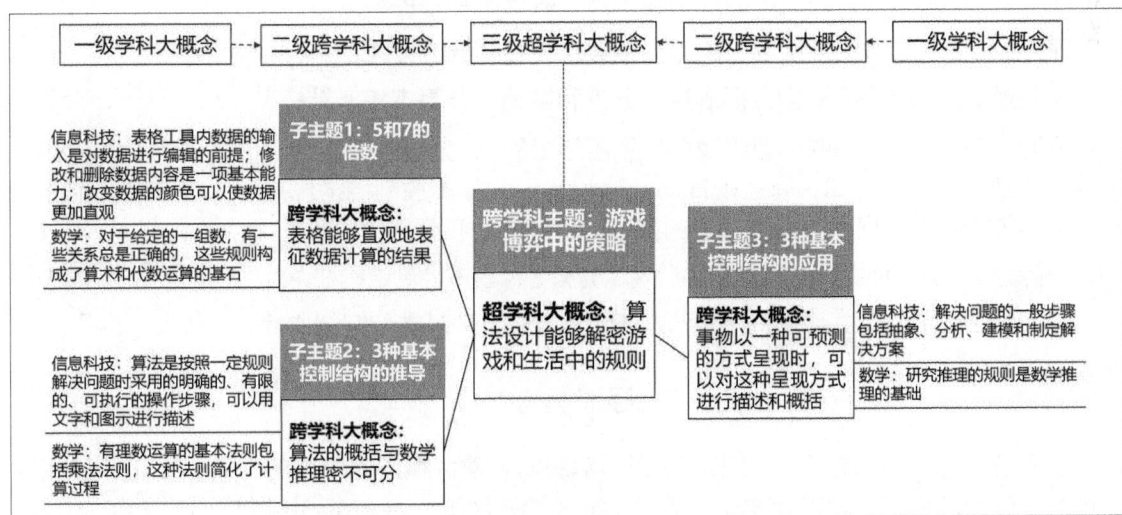

图 17-1 "游戏博弈中的策略"跨学科大概念生成图

经验分享

根据两科课程标准和网络查询总结出本案例涉及的信息科技和数学大概念，结合学科大概念和本案例的游戏设计，推导出跨学科大概念，即"表格能够直观地表征数据计算的结果""算法的概括与数学推理密不可分"和"事物以一种可预测的方式呈现时，可以对这种呈现方式进行描述和概括"。综合以上大概念内容概括推导出超学科大概念是"算法设计能够解密游戏和生活中的规则"。大概念有些抽象，但教学活动的内容是具体的，信息科技与数学的思维方式和推理过程也有些相似，在本案例的学习过程中，两个学科的学习方法和推理方式并无隔断，实践应用也趋于相同。

17.2.2 问题链：进阶性的跨学科核心问题设计

主问题 1：如何使用表格工具可视化地表征数据？

问题情境1：拍数游戏是非常好玩的游戏，我们在玩游戏的过程中需要报出数字或者用拍手来代替报数，不过非常容易出错，这也是这个游戏的魅力所在。要想在游戏的博弈中立于不败之地，我们需要熟悉哪些策略呢？这些策略和我们要学习的计算数据有什么关系呢？

子问题1：用表格工具表征哪些数据？

子问题2：怎样用表格工具表征数据？

子问题3：如何对表格中的数据进行分析？

主问题 2：怎么用流程图来表示游戏中的规则与策略？

问题情境2：以拍7游戏为例，通过体验游戏，我们知道拍7游戏会涉及带7的数字和7的倍数，但游戏的博弈中会出现不同的规律，我们应该怎么描述这些规律呢？有没有一种合理的图形来表达这些规律呢？

子问题1：游戏中有哪些规则与策略？

子问题2：怎么描述游戏中的规则与策略？概括出基本控制结构。

子问题3：将游戏的规则与策略分别推导成什么样的流程图？

主问题 3：怎样在实践中概括顺序、分支和循环 3 种基本控制结构？

问题情境3：现实中的小型游戏是学生所热衷的，比如剪刀·石头·布、各种棋类游戏等，每种游戏都有其博弈规律，有些规律与策略和我们的基本控制结构也是可以对应的，那它们是怎么对应的呢？如何将我们学习到的算法应用到游戏和生活中呢？

子问题1：选一种或几种你喜欢的游戏，分析3种基本控制结构在游戏的博弈中如何体现？

子问题2：我们在生活中的什么地方还会遇到这3种基本控制结构呢？

┃ 经验分享 ┃

主问题与跨学科大概念相对应，问题的解决对理解大概念有很好的帮助，而每个子问题又是对主问题的分解，且层层递进，解答完每个子问题后，主问题也就解决了。每个问题的解答都是通过任务开展的，任务是以问题为根本进行设计的，问题的情境也是为任务服务，这些都是为了让学生对大概念有更深入的理解。以主问题1中的子问题2（怎样用表格工具表征数据）为例，我们可以在设计好的情境下利用任务（下文主干任务1中的子任务2）来解决，学生解决完问题后也就对相应的大概念（修改和删除数据内容是一项基本能力）理解得更加深刻，并获得技能。

17.2.3 目标层：素养导向的跨学科教学目标设计

1. 信息科技学科核心素养目标

◆信息意识：能够利用表格工具对数据进行录入、编辑和筛选，形成把现实生活中的数据数字化的意识。

◆计算思维：能将小型的游戏模型分解为一系列的实施步骤，使用顺序、分支和循环3种基本控制结构简单描述实施过程。

◆数字化学习与创新：通过拍7游戏算法的学习，利用3种基本控制结构对不同的游戏和现实场景进行创新性的分解和表述。

◆信息社会责任：学会倾听别人的观点，尊重对方的表达，并且清晰地表达自己的观点。

2. 数学学科核心素养目标

◆运算能力和数感：根据乘法法则计算出5和7的倍数（50以内），并能够找出它们的公倍数（50以内），理解倍数和公倍数的意义。

◆推理和抽象能力：从拍7游戏的规则和博弈的策略中推导出3种基本控制结构，形成数学的方法与策略。

◆应用意识：了解数学是一种通用的科学语言，运用学过的知识和方法解决简单的实际问题，发展实践能力。

3. 多学科共通的核心素养目标

◆合作能力：在真实情景中遇到问题时，与同伴进行交流、沟通与合作，克服困难。

◆应用意识：利用学过的3种基本控制结构对实际问题进行总结和概括，提高实践能力。

◆对自我的认知：对自己的课堂表现或收获有清晰的认识，能够体验成功的快乐。

17.2.4　任务簇：综合性的教学活动设计

1. 教学模式、策略与方法的应用

本案例以身边的游戏为教学载体，采用游戏化教学模式，通过体验游戏，学生能够概括出3种基本控制结构的流程图并对其进行描述。游戏的选择是本案例的关键，选择的游戏既要让学生喜欢，又要让学生学到新知，学生从游戏中体验规则，概括算法，而后再将算法应用到其他游戏和生活中，达到学以致用的目的。教学采用任务驱动的教学方法，先让学生明了游戏，知道游戏的规则，然后对游戏进行探究体验，再让学生填写任务单，最后总结出3种基本控制结构的流程图。在整个教学过程中，学生会用到数学的思维和探究方法，从而体验身边的算法，提高逻辑思维和数学意识。

2. 教学活动设计及实施过程

主干任务1：利用表格工具整理和分析数据

子任务1：写一写50以内5和7的倍数

活动：教师简单介绍拍数游戏，引出计算数字倍数的必要性；学生在第1课时任务单中填写5和7的倍数（50以内），分小组汇报并确定正确答案。

子任务2：把计算结果填写到表格工具中，并合理地设计表格样式

活动：教师引导学生利用表格工具将第1课时任务单中的数据结果输入计算机中；学生

设计表格，将5和7的倍数分别按行从小到大填入表格工具中。

子任务3：分析5和7的倍数特点或相同之处

活动：教师引导学生分析数据结果；学生根据小组分析结果汇报总结出5的倍数特点（个位数是0或5），以及5和7的公倍数（50以内）。

主干任务2：体验游戏，并将游戏规则和博弈策略用3种基本控制结构进行描述

子任务1：六人一小组练习拍7游戏

活动：学生复习7的倍数并体验游戏，六人一圈按顺序循环报数，当遇到带7的数字或7的倍数时用拍手代替说数字。

子任务2：分析游戏过程的规律，填到第2课时任务单中

活动1：教师引导学生发现"按顺序报数"的规律；学生通过小组合作概括出顺序结构。

活动2：教师引导学生发现"六人一圈循环报数"的规律；学生通过小组合作概括出循环结构。

活动3：教师引导学生发现"报数与拍手两种不同选择"的规律；学生通过小组合作概括出分支结构。

子任务3：描述3种基本控制结构，分别画出它们的流程图

活动1：教师提问，如果用流程图的方式画一下这3种规律，应该怎么画呢？学生通过小组合作和交流，进行小组汇报，描述3种基本控制结构，并展示流程图。

活动2：教师引导总结，学生再次归纳、总结、汇报。

主干任务3：分析并列举3种基本控制结构在其他游戏和生活中的应用

子任务1：列举喜欢的游戏，分析其中用到的3种基本控制结构

活动：学生说一说自己喜欢的游戏，以小组为单位对游戏进行分析，汇报游戏中哪些地方用到了3种基本控制结构，展示第3课时任务单。

子任务2：列举生活中用到3种基本控制结构的地方

活动1：小组合作、交流和分析，汇报生活中用到3种基本控制结构的地方，展示第3课时任务单。

活动2：教师引导学生总结游戏和生活中概括出的3种基本控制结构。

17.2.5 证据集：学习评价的设计

（1）子主题1：5和7的倍数

评价目标	学生活动	评价类型	评价证据
熟练掌握50以内5和7的倍数	填写5和7的倍数（50以内），小组汇报并确定正确答案	学习的评价	第1课时任务单
利用表格工具对数据进行整理与分析	设计表格，将5和7的倍数分别按行从小到大填入表格工具中	学习的评价	表格
分析5和7的倍数，得出它们的公倍数	根据小组分析结果汇报总结出5的倍数特点，以及5和7的公倍数（50以内）	学习的评价	第1课时任务单

（2）子主题2：3种基本控制结构的推导

评价目标	学生活动	评价类型	评价证据
体验游戏的博弈，享受游戏的快乐	体验拍7游戏：六人一圈按顺序循环报数，当遇到带7的数字或7的倍数时用拍手代替说数字	学习性评价	游戏表现
归纳出3种基本控制结构的流程图	发现"按顺序报数""六人一圈循环报数"和"报数与拍手两种不同选择"的规律，分别概括出顺序、循环和分支结构	学习的评价	第2课时任务单
描述流程图的推理过程	小组汇报3种基本控制结构的推理过程	学习的评价	第2课时任务单
体验算法，对拍7游戏的获胜策略进行数学分析，锻炼计算思维和数学逻辑思维	小组合作、交流，进行小组汇报，描述3种基本控制结构，并展示流程图	学习的评价	第2课时任务单

（3）子主题3：3种基本控制结构的应用

评价目标	学生活动	评价类型	评价证据
分解、分析喜欢的游戏，思考游戏对3种基本控制结构的应用	以小组为单位对游戏进行分析，汇报游戏中哪些地方用到了3种基本控制结构	学习的评价	第3课时任务单
运用信息科技中的算法，思考3种基本控制结构在现实生活中的应用	小组合作、交流和分析，汇报生活中用到3种基本控制结构的地方	学习的评价	第3课时任务单
在合作学习中积极主动，进行交流、分享，体验成功，提高求知欲	小组合作、交流、汇报	学习性评价	小组合作过程中的表现
对自己在合作交流和分享过程中的表现进行合理的评价	思考今天学到了什么，对自己今天的表现感觉如何，能够清晰、顺畅地表述自己本节课的表现	学习式评价	自评

17.2.6　信息化教学资源

1. 跨学科教学资源的类型、功能及对教与学过程的优化作用

◆表格工具：对数据进行记录、筛选和标记，辅助学生通过分析概括出游戏的规则和博弈的策略。

◆网络资源：学生运用网络资源及时搜索确认模糊的概念或规则，使学习活动过程更顺畅。

2. 跨学科学习活动资源

（1）第1课时任务单（对应主干任务1）

班级	小组名称	组员姓名
50以内5的倍数有哪些（对应子任务1）	5的倍数：	圈一圈它们的公倍数，并把它（它们）写下来（对应子任务3）：
50以内7的倍数有哪些（对应子任务1）	7的倍数：	

表格工具（对应子任务2）

5的倍数	5	10	15	20	25	30	35	40	45	50
7的倍数	7	14	21	28	35	42	49			

（2）第2课时任务单（对应主干任务2）

班级	小组名称	组员姓名
规律1	从报数1、2、3、4、5、6、7……中你发现了什么规律？写一写（对应子任务2）：	描述并概括流程图1（对应子任务3）：

规律2	游戏过程中，六人一圈依次循环报数，你发现了什么规律？写一写（对应子任务2）：	描述并概括流程图2（对应子任务3）：
规律3	从遇到带7的数字或7的倍数时用拍手代替说数字中，你发现了什么规律？写一写（对应子任务2）：	描述并概括流程图3（对应子任务3）：

（3）第3课时任务单（对应主干任务3）

班级	小组名称	组员姓名
我喜欢的游戏名称（对应子任务1）：	写一写哪个过程用到了顺序结构（对应子任务1）：	
	写一写哪个过程用到了分支结构（对应子任务1）：	
	写一写哪个过程用到了循环结构（对应子任务1）：	
生活中的实例（可多写）：	写一写哪个过程用到了顺序结构（对应子任务2）：	
	写一写哪个过程用到了分支结构（对应子任务2）：	
	写一写哪个过程用到了循环结构（对应子任务2）：	

▶▶ 17.3 案例反思

1. 对教学过程和效果的反思

本案例教学过程比较流畅，教学效果明显，学生的学习兴趣强，学生合作学习的积极性得到激发，能够达到预期的教学目标。在第 2 课时的学习中，学生描述游戏的过程之后，需要将拍 7 游戏的过程和策略抽象概括出相应的流程图，这部分是本案例的难点，学生在任务单上把事情发生的可能性用文字的方式书写出来，这样就对游戏的过程和策略有了结构上的理解，然后简化文字和过程后，就能够自己总结出 3 种基本控制结构的流程图，体验游戏中的算法，同时也提高了逻辑思维和归纳概括能力。

2. 存在的问题和改进的方案

在第 2 课时游戏分解、概括环节，虽然大部分学生能够利用发现学习来建构自己的知识体系，但还有小部分学生无法概括出 3 种基本控制结构的流程图。对此，教师需要进行更充分的指导和帮助，及时进行点拨。

3. 对专业成长发展的思考

在跨学科主题案例的教学中，教学的内容要层层互联，学生的思考方法也要融合，尤其是对自然学科方面的学习，更需要理性思维的互通，只有这样，学生的知识体系和思维方式才能"大"起来、才能"全局"把握，真正做到"大命题""大主题""大概念"的学习。

18

案例 18

解密汉诺塔

本跨学科案例涵盖了信息科技和数学学科领域，适合第三学段（5~6年级）的学生学习，建议授课时长为2课时。本案例由深圳市福田区教育科学研究院林志春老师、深圳市福田区荔园外国语小学（天骄）吴丽婷老师设计并提供。

▶▶ 18.1 案例背景信息

本案例源自经典益智游戏汉诺塔，涉及信息科技和数学学科，将汉诺塔游戏的实际操作与编程相结合，让学生在动手操作中理解递归算法，同时通过编写程序来验证和深化对递归思想的理解，子主题包括认识汉诺塔、理解递归算法和验证算法。在本案例中，教师先向学生讲解游戏规则，拿出汉诺塔玩具模型；接着让学生尝试将模型中的圆盘移动到目标柱子上，记录每步移动的次序，体验汉诺塔游戏并对其进行探究，从而感受到问题的复杂性；然后引导学生通过观察和分析发现汉诺塔问题的递归性质；最后让学生通过编程来实现和验证算法。本案例旨在通过综合运用信息科技和数学知识来提升学生的计算思维，共需2课时来完成。案例将抽象的数学概念与具体的游戏操作相结合，使学生在游戏中学习和探索。这种游戏化的教学方式能够激发学生的学习兴趣，提高他们的学习积极性和参与度；同时，学生可以更直观地理解汉诺塔问题的规则和解决方案。

▶▶ 18.2 案例描述

18.2.1 概念群：结构化的跨学科教学内容设计

1. 子主题教学内容分析与大概念梳理

以信息科技为主干，辅以数学学科，对课程标准及教材要求和相关论文、网络资料等文本进行分析，明确"解密汉诺塔"这一主题所涉及的教学内容、核心素养及教学目标，梳理出相应的跨学科子主题。基于此进一步厘清跨学科子主题中涉及的学科，以及各学科对应的一级学科大概念，并在学科交叉的基础上演绎出二级跨学科大概念。

子主题 1：认识汉诺塔

（1）涉及的学科

数学。

（2）主要内容

了解汉诺塔游戏的起源和规则；体验汉诺塔游戏的过程；记录游戏过程中圆盘移动的次数。

（3）学科大概念

数学：汉诺塔游戏的解法可以通过数学归纳法来证明其正确性。数学归纳法通常指施于自然数的归纳证明方法，包括归纳基始（证明最小的自然数具有某性质）和归纳推步（证明后继运算保持该性质）两步，从而得出所有的自然数具有该性质。在汉诺塔问题中，可以证明对于任意数量的圆盘，递归算法都能在 2^n-1 步内完成任务。

（4）跨学科大概念

通过记录、计算、归纳总结出汉诺塔圆盘移动次数的规律。

子主题 2：理解递归算法

（1）涉及的学科

信息科技。

（2）主要内容

通过填写分治表，对汉诺塔游戏的解法进行分解；通过观看教学动画视频，总结递归算法的特点；通过举例生活中的含有递归思想的现象，强化对递归算法的理解。

（3）学科大概念

信息科技：汉诺塔问题是一个经典的递归问题。递归在计算机科学中被广泛使用，指的是一个过程或函数在其定义中直接或间接地调用自身，其核心思想是将一个复杂的大问题逐步分解为规模更小、结构与原问题相似的子问题，通过不断调用自身来解决这些子问题，直到子问题简单到可以直接求解（即达到递归的终止条件），然后再将子问题的解逐层合并，最终得到原问题的解。

（4）跨学科大概念

递归是把大问题分解成子问题，再调用自身解决子问题的过程。

子主题 3：验证算法

（1）涉及的学科

信息科技。

（2）主要内容

根据递归的三要素（递归定义、递归出口和递归调用），找出与之对应的图形化编程积木；完善汉诺塔游戏的程序，验证算法的正确性。

（3）学科大概念

信息科技：在计算机科学中，算法通常用来描述如何执行计算、数据处理和自动推理的任务。一个有效的算法应该具备输入、输出、确定性、有限性、有效性。

（4）跨学科大概念

算法是按照一定规则解决问题时采用的明确的、有限的、可执行的操作步骤。

2. 跨学科大概念生成图

如图18-1所示，本案例从一级学科大概念到二级跨学科大概念，再到三级超学科大概念，循序递进，3个核心子主题分别是认识汉诺塔、理解递归算法和验证算法，最终生成的超学科大概念为"运用递归算法编程实现汉诺塔游戏效果"。

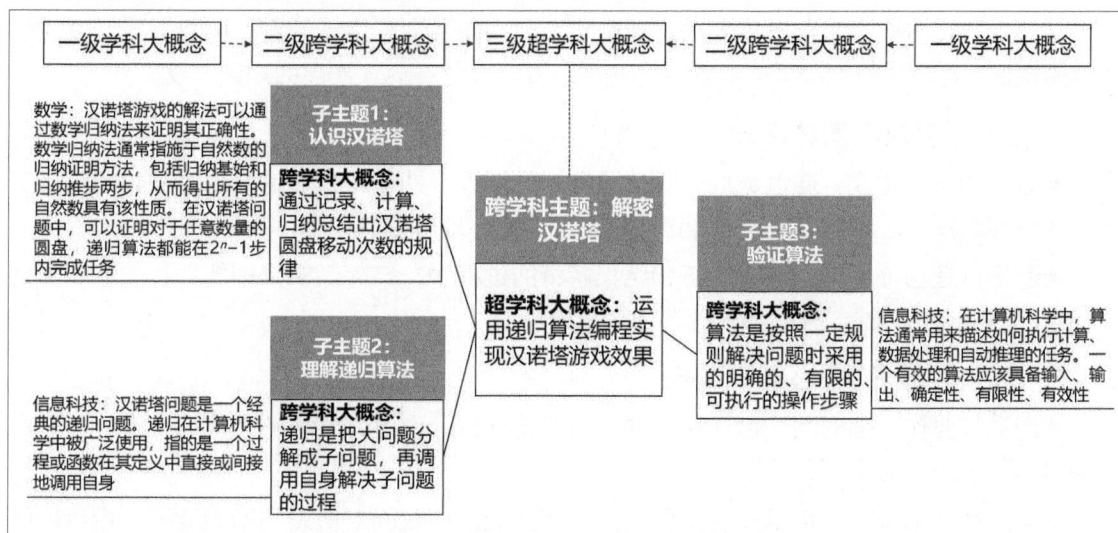

图18-1 "解密汉诺塔"跨学科大概念生成图

18.2.2 问题链：进阶性的跨学科核心问题设计

主问题：汉诺塔游戏的本质与规律是什么？

子问题1：汉诺塔游戏的基本规则是什么？如何用简洁的语言描述这些规则？

目的：让学生明确游戏的基本框架，为后续分析打下基础。

子问题2：当有 n 个圆盘时，按照规则移动这些圆盘到目标柱子，最少需要移动多少次？

目的：引导学生探索汉诺塔游戏的数学规律，理解递归思想在其中的应用，并推导出通项公式。

子问题3：为什么汉诺塔游戏的移动次数遵循 $2^n - 1$ 的规律？这个规律背后隐藏着怎样的数学原理？

目的：深入剖析数学规律背后的原理，加强学生对数列、递归等数学概念的理解。

18.2.3 目标层：素养导向的跨学科教学目标设计

1. 信息科技学科核心素养目标

◆信息意识：了解汉诺塔游戏的起源和背景，增强对经典数学问题的兴趣和好奇心；学会从多个渠道获取汉诺塔问题相关信息，如阅读图书、网络搜索等；理解汉诺塔问题中蕴含的数学原理和规律，提高对信息的敏感度和洞察力。

◆计算思维：通过分解问题，理解递归和分治的思想，掌握基本的算法设计原理；通过观察和分析，学会独立思考并找到问题的最优解。

◆数字化学习与创新：通过编写解决汉诺塔问题的代码，提高编程能力和应用数字化手段进行创作的能力；通过小组成员的协作，提高合作意识和能力，增强同伴间的互助和友谊。

◆信息社会责任：学会迁移汉诺塔知识和算法来解决实际生活问题，树立为社会发展做贡献的意识；能够乐于向同伴分享信息和资源，并学会尊重他人作品的知识产权。

2. 数学学科核心素养目标

◆数学抽象与建模：通过数据分析的过程，理解数学抽象和建模的思想方法，能够将汉诺塔游戏问题转化为数学问题，并通过手脑并用的方式理解抽象概念。

◆逻辑推理与证明：在数据分析和结果解释的过程中，培养逻辑推理能力，能够清晰地阐述自己的观点和结论，并给出合理的证明或解释。

3. 多学科共通的核心素养目标

◆沟通与协作：强调团队合作和有效沟通的重要性，通过跨学科的合作与交流，提升沟通能力和团队协作精神。

◆问题解决与创新：培养解决问题能力和创新能力，在面对复杂问题时能够综合运用所学知识进行思考和探索，提出创新性的解决方案。

◆自主学习与终身学习：激发学习兴趣和动力，培养自主学习能力和终身学习的意识，为未来的学习和工作打下坚实的基础。

18.2.4 任务簇：综合性的教学活动设计

1. 教学模式、策略与方法的应用

◆探究学习：以解决汉诺塔问题为主线，设计一系列有层次、有梯度的问题，引导学生逐步深入探究。鼓励学生提出自己的问题，通过讨论、实践等方式，自主寻找答案。

◆合作学习：组织学生进行小组合作学习，让学生在合作中相互学习、相互帮助、共同进步，鼓励学生进行小组合作探究，培养合作精神和团队协作能力。

◆游戏化的教学方式：使用汉诺塔游戏软件或实体玩具，直观展示汉诺塔问题的解决过程，帮助学生理解问题的本质和规律。

◆直观演示法：递归算法的执行过程较为抽象，需要借助动画视频的直观演示帮助学生

更好地理解。

◆归纳总结法：引导学生对汉诺塔问题的解决过程进行归纳总结，提炼出一般性的规律和策略。

2. 教学活动设计及实施过程

本案例中教学活动分为项目导入、任务探究、直观演示、小组协作、展示评价和拓展延伸6个环节，如图18-2所示。

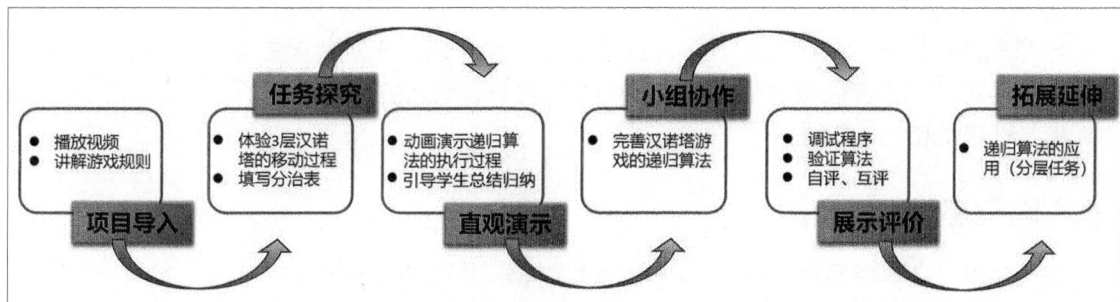

图18-2　"解密汉诺塔"教学活动设计与实施

◆项目导入：教师播放关于汉诺塔起源的相关视频，让学生初步了解游戏规则；以2层汉诺塔为例讲解游戏规则，并说明填写分治表的要求。

◆任务探究：学生自主探究移动3层汉诺塔的方法，并填写分治表。

◆直观演示：教师通过动画视频帮助学生动态理解递归算法的执行过程；引导学生总结并归纳其中蕴含的数学计算方法，体验解决问题的奥妙。

◆小组协作：学生以小组为单位，分析讨论移动汉诺塔的规律，理解并完善程序的递归算法。

◆展示评价：小组之间分享自己的学习成果，调试程序并验证算法的可行性；学生根据评价量表进行自评和互评。

◆拓展延伸：学生根据对递归算法的理解选择完成拓展任务。基础任务是联系生活具体说明生活中蕴含递归思想的例子；拓展任务是根据指定的递归实例写出递归式和结束条件；进阶任务是求解斐波那契数列第N项值。

18.2.5　证据集：学习评价的设计

1. 学习的评价

学习的评价是一种总结性评价方式，主要目的是对学生在某一学习阶段或课程结束后的学习成果进行总结和评估。它侧重于对学生已经掌握的知识、技能和能力的测量，以判断学生是否达到了预定的学习目标。在"解密汉诺塔"案例中通过数学公式推导和作业完成情况来评估学生的数学知识掌握情况，通过编程作品评估学生的算法编程能力。

2. 学习性评价

学习性评价是一种过程性评价方式，旨在通过评估学生的学习过程来促进他们的学习。它强调在学生学习过程中提供及时的反馈和指导，以帮助他们调整学习策略、改进学习方法，从而提高学习效果。在"解密汉诺塔"案例中，依据是否积极主动地回答问题、参与讨论和思考来评价学生学习过程的参与度，依据是否有效地与同学交流、展示来评价学生学习过程的协作度。

3. 学习式评价

学习式评价是一种将评价融入学习过程中的评价方式，它鼓励学生参与评价过程，通过自评、互评等方式来评估自己的学习成果和学习过程。这种方式旨在培养学生的自主学习能力、批判性思维和元认知能力。

18.2.6 信息化教学资源

1. 跨学科教学资源的类型、功能及对教与学过程的优化作用

（1）教学资源的类型

◆教材资源：江西科学技术版《信息技术 五年级 下册》中的《跨学科主题：解密玩具汉诺塔》详细介绍了汉诺塔游戏的起源、规则、基本解法及递归算法的应用，为教学活动提供了坚实的基础。

◆教具资源：汉诺塔玩具模型是不可或缺的教具，它能够直观地展示游戏过程，帮助学生通过实践操作理解和掌握汉诺塔的基本解法。此外，多媒体教学设备（如投影仪、计算机等）和黑板、粉笔等传统教具也起到辅助教学的作用。

◆数字资源：包括电子教案、教学课件、视频教程等数字化教学资源。这些资源可以通过网络平台共享，为教师提供丰富的教学素材，同时方便学生进行自主学习和复习。

◆拓展资源：如关于递归算法、数学游戏、计算机科学等领域的图书、论文、网站等，这些资源可以进一步拓展学生的知识面，培养他们的学习兴趣和探究能力。

（2）教学资源的功能

◆辅助学习知识：教学资源中有汉诺塔游戏起源、规则和解法的详细介绍，帮助学生掌握相关知识和技能。

◆培养能力：学生通过观察和实验，发现汉诺塔问题的解决策略，培养逻辑思维能力和解决问题能力。同时，学生学习和应用递归算法也有助于培养计算思维和编程能力。

◆激发兴趣：汉诺塔游戏作为一种有趣的数学游戏，能够激发学生对算法和数学游戏的兴趣，提高他们的学习积极性。

◆培养品质：在解决汉诺塔问题的过程中，学生需要具备耐心和坚持不懈的品质，这些品质的培养对学生未来的学习和生活都具有重要意义。

（3）对教与学过程的优化作用

◆提高教学效率：通过丰富的教学资源，教师可以采用多种教学手段和方法，如直观演

示、分组讨论、实践操作等，提高教学效率和质量。

◆促进师生互动：在教学过程中，教师可以利用教学资源引导学生进行思考和讨论，促进学生之间的交流和合作，增强师生互动和营造良好的课堂氛围。

◆实现个性化教学：根据学生的不同水平和需求，教师可以利用拓展资源为学生提供个性化的学习路径和资源，满足不同学生的学习需求。

2. 跨学科学习活动资源

通过自评、互评、师评的形式，根据以下评价量表进行评价。

评价主体	评价维度	评价指标	评分星级
教师□ 同伴□ 自己□	知识理解	了解汉诺塔的游戏规则	☆ ☆ ☆
		能设计解决汉诺塔问题的算法	☆ ☆ ☆
		能根据算法绘制流程图	☆ ☆ ☆
		能编写程序解决汉诺塔问题	☆ ☆ ☆
	学习态度	参与度，是否积极主动地回答问题、参与讨论和思考	☆ ☆ ☆
		协作度，是否有效地与同学交流、展示	☆ ☆ ☆
	学科素养	能把大问题拆分成可解决的子问题	☆ ☆ ☆
		能体会用算法解决问题的魅力	☆ ☆ ☆
		能迁移递归思想到生活真实问题的解决中	☆ ☆ ☆

▶▶ 18.3 案例反思

1. 对教学过程和效果的反思

（1）教学过程反思

◆实践操作的必要性：本次教学设计中，主要要求学生在实践操作中尝试、摸索、探究和掌握知识，化抽象的知识为具体的实践操作内容，便于学生理解知识、加深印象，还能培养学生的实践能力和创新思维。

◆任务的分层性：本案例对小学五年级学生而言难度较大，在任务设置环节应该进行分层。其中，基础任务是联系生活具体说明生活中蕴含递归思想的例子；拓展任务是根据指定的递归实例写出递归式和结束条件；进阶任务是求解斐波那契数列第 N 项值。通过这样分层设置任务，更能让学生体会到成功与进步的喜悦感，从而提升其自我效能感。

（2）教学效果反思

本案例对小学五年级学生而言难度较大，学生在教师的引导下通过"做中学"基本能找出解决汉诺塔问题的规律并设计算法，而且通过小组协作基本能完善程序来验证算法。但是，递归算法对小学生而言比较抽象，部分学生思维水平有限，难以真正理解递归算法，更不能灵活地迁移递归算法来解决实际生活问题，所以在教学过程中，拓展延伸这个环节的教学效果不太理想。

2. 存在的问题和改进的方案

（1）存在的问题

◆缺乏跨学科深度融合，本案例虽然涉及了信息科技和数学领域，但学科之间的融合还不够深入，没有充分利用各自学科的优势来增强学习效果。

◆缺少学习支架：在学习过程中，学生可能遇到各种难题，但当前的教学设计尚缺乏必要的学习支架，如范例展示等，导致学生在面对困难时难以找到有效的解决途径。

（2）改进的方案

◆加强跨学科深度融合：在教学设计中，明确各学科在汉诺塔问题中的贡献点和融合点，如通过数学逻辑来解析汉诺塔的递归思想，通过信息科技来模拟汉诺塔游戏和编写算法等。

◆增加学习支架：设计详细的学习指南和步骤说明，帮助学生明确学习目标和路径；提供更加丰富的学习资源和工具，如在线模拟游戏、学习软件等。

3. 对专业成长发展的思考

在本案例实施过程中，教师需将信息科技和数学等不同学科的知识融合，以形成连贯的跨学科教学内容，这就要求教师具备扎实的专业知识和开放的心态，学会从不同学科的角度去审视和解决问题，以提高自己的综合素质。同时，还需要大胆进行教学实验和创新，探索创新的教学方法，如项目学习、探究学习等，以培养学生的创新能力和解决问题的能力。

案例 19

"无线小蜜蜂"扩音系统的设计与智能优化

本跨学科案例涵盖了信息科技和科学学科领域，适合第三学段（5~6年级）的学生学习，建议授课时长为3课时。本案例由深圳小学黄敏老师设计并提供。

▶▶ 19.1 案例背景信息

本跨学科主题学习活动以改造教学场景中常见的"无线小蜜蜂"扩音系统为切入点，面向六年级学生开展3课时项目学习。通过"系统搭建—程序优化—方案改良"3阶段递进教学，引导学生理解扩音系统的工作原理，培养学生的信息科技与科学综合素养。

案例整合物理声学、电磁学原理与数字信号处理、编程控制等信息技术，展现计算机在控制扩音系统中的作用。学生通过搭建硬件认识麦克风、功放模块、扬声器等基础组件，借助编程调试体验自动增益控制技术，运用人工智能算法实现自适应人声辨识与环境降噪，最终完成扩音系统的优化设计。

创新特色体现在以下两方面。

◆视角创新：以教师真实需求"设计一个更好用的'无线小蜜蜂'扩音系统"为核心任务，通过拆解改造常见设备，建立理论与实践的深度关联。

◆技术创新：针对传统扩音系统存在的音量波动、噪声干扰等痛点，引入自适应算法和自动增益控制电路，培养学生运用数字技术解决复杂问题的能力。

案例设计突出实践性与探究性，学生需通过小组协作完成系统搭建、程序调试、功能测试等任务。在解决环境噪声抑制、输出稳定性等实际问题的过程中，同步发展学生的工程思维、批判性思维及跨学科整合能力，为其后续探索音频处理与智能硬件领域奠定基础。

▶▶ 19.2 案例描述

19.2.1 概念群：结构化的跨学科教学内容设计

1. 子主题教学内容分析与大概念梳理

以信息科技为主干，结合科学学科，围绕"'无线小蜜蜂'扩音系统的设计与智能优化"主题，梳理教学内容、核心素养及教学目标，形成跨学科子主题，并提炼跨学科大概念。

子主题 1：声音的传播、采集和放大

（1）涉及的学科

信息科技、科学。

（2）主要内容

声音的产生与传播方式；声音在不同介质中的传播特点；声音的接收、处理及大脑对声音特性（音调、响度、音色）的感知；声音采集的步骤。

（3）学科大概念

◆信息科技：声音信号可通过技术手段采集、增强并转化为高质量信号输出，从而优化传播效果。

◆科学：声音通过振动产生，介质特性影响传播速度和质量。

（4）跨学科大概念

声音的有效传播依赖物理声学原理，信息科技通过信号处理技术优化传播效果。科学与技术协同作用，使声音传播更高效精准，满足多样化应用需求。

子主题 2：计算机控制扩音系统的工作流程

（1）涉及的学科

信息科技、科学。

（2）主要内容

声音传播的干扰因素；扩音系统的工作原理；计算机控制扩音系统的工作流程；编程软件的程序修改；扩音系统改良的流程设计。

（3）学科大概念

◆信息科技：现代扩音系统通过计算机进行控制，通过改进硬件与软件，结合信号处理技术来优化效果，提升效率与稳定性；通过人工智能算法、机器学习与数据分析，自适应优化声音信号，实现扩音系统的自动调节与个性化设置。

◆科学：声音特性（音调、响度、音色）需在传输和处理中保持不失真。

（4）跨学科大概念

人工智能推动音频技术向智能化、个性化与自动化发展，提升扩音系统性能，丰富听觉体验。

2. 跨学科大概念生成图

在两个跨学科大概念的基础上生成最终的三级超学科大概念，即信息科技依据声学原理，优化扩音系统的音效传输与控制，提升现场音频体验与远程传播效率，如图 19-1 所示。

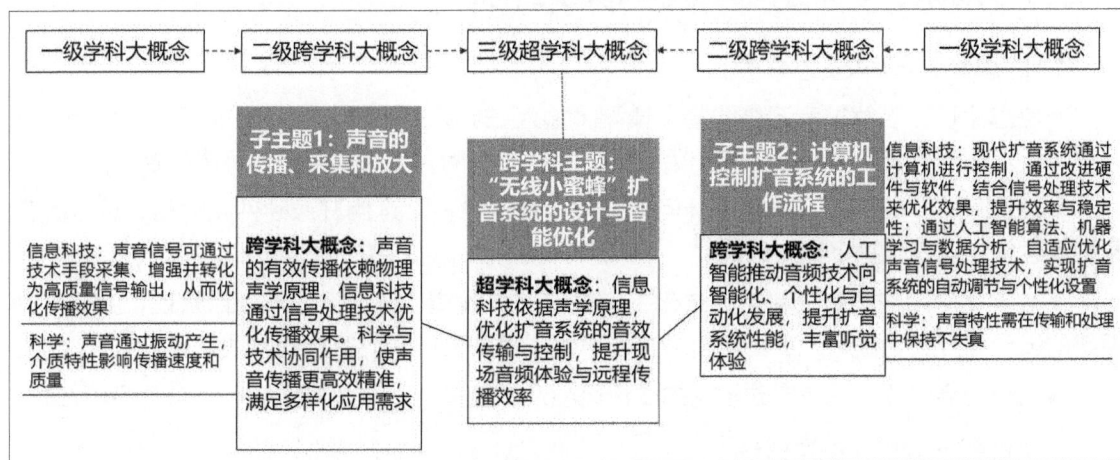

图 19-1　"'无线小蜜蜂'扩音系统的设计与智能优化"跨学科大概念生成图

| 经验分享 |

教师在课堂上引导学生拆解任务、开展小组头脑风暴，将"无线小蜜蜂"扩音系统的设计与智能优化分为两部分：基本原理演绎；结合人工智能技术实现计算机控制扩音系统的工作流程与智能优化。

19.2.2　问题链：进阶性的跨学科核心问题设计

主问题 1：你觉得老师上课用的"无线小蜜蜂"效果如何？它有什么优缺点？如何改进？

问题情境 1：同学们，"无线小蜜蜂"是课堂上老师使用得比较多的小型扩音系统，大家都很熟悉。你们觉得它的使用效果怎么样？存在什么优缺点？有什么改良意见？

子问题 1："无线小蜜蜂"的工作流程是什么？

子问题 2：可以从哪个环节提升扩音效果？

子问题 3：影响声音传播的因素有哪些？

主问题 2：如何设计一个更智能、更好用的"无线小蜜蜂"？

问题情景 2：同学们在了解了扩音系统的硬件和软件以后，思考一下，根据扩音系统的工作原理和声音传播的影响因素，你希望怎么改良"无线小蜜蜂"的设计？试试通过硬件改良或人工智能来实现这个目标。

子问题 1：现代扩音系统"输入—计算—输出"中各硬件的功能是什么？

子问题 2：计算机在扩音系统中如何实现控制？

子问题3：如何通过程序实现人声放大和噪声降低？

子问题4：能否将人工智能（如语音识别、人声辨识）应用于"无线小蜜蜂"？

19.2.3 目标层：素养导向的跨学科教学目标设计

1. 信息科技学科核心素养目标

◆信息意识：了解扩音系统的基本模型（输入—计算—输出）及各组成部分的作用，认识信息技术在信息获取与处理中的作用，学会独立分析问题、筛选信息并解决问题。

◆计算思维：分析扩音系统设计问题，提出解决方案；运用开源硬件和编程软件设计简易扩音系统，实现数据采集与处理。

◆数字化学习与创新：利用数字化工具进行资料收集、协作沟通与项目管理，完成扩音系统的设计与开发；理解人工智能自适应人声辨识算法及自动增益控制原理。

◆信息社会责任：思考自动控制的安全风险及防范措施，培养科技应用观与社会责任感。

2. 科学学科核心素养目标

◆科学观念：理解声音由振动产生，认识声音的本质及不同介质的传播特性。

◆科学思维：批判性评估不同观点，培养逻辑推理能力。

◆探究实践：遵循"提出问题—设计实验—收集证据—得出结论"的科学探究步骤，解决实际问题。

◆科学态度与责任：培养团队合作与沟通能力，认识合理利用声音资源的重要性，承担社会责任。

3. 多学科共通的核心素养目标

◆创新思维：在小组合作中提出独特改良方案，完成程序迭代与优化。

◆沟通合作能力：培养分工与沟通能力。

◆批判性思维：分析声音传播干扰因素，提出针对性设计方案，并通过实验验证可行性。

◆科学精神：能够以科学的态度和方法掌握声学中声波的传播方式，及电磁学中电流和声波转化的原理，并理解在此过程中涉及的信号处理原理、编程与自动化技术。

19.2.4 任务簇：综合性的教学活动设计

1. 教学模式、策略与方法的应用

本案例采用项目学习模式，围绕跨学科大概念，以"设计一个更好用的'无线小蜜蜂'扩音系统"为核心任务，引导学生在解决实际问题中理解现代信息技术与人工智能对声音传播的影响。以学生为中心，采用情境创设法和任务驱动法，通过设计渐进式任务簇，逐步引导学生从"认识扩音系统"到体验"计算机控制下的扩音系统"，最终完成"设计理想扩音系统"的高阶任务。

（1）教学模式

项目学习：通过设计与优化扩音系统的项目任务，深化学生对大概念的理解。

（2）教学策略

◆情境创设：模拟教师课堂使用扩音系统遇到问题的情境，引导学生分析问题并提出改进方案。

◆任务驱动：以"设计一个更好用的'无线小蜜蜂'扩音系统"为核心任务，研究信息技术与人工智能解决声音传播问题的应用。

◆小组协作：分组负责扩音系统优化的不同部分，通过协作实现声音传播的智能优化。

（3）教学方法

◆实验演示：通过操作扩音系统，体验信息技术对声音传播的增强效果。

◆案例分析：分析成功案例的技术原理与创新点，并将其应用于设计实践。

◆小组讨论：共同分析系统不足，提出改进建议，协作完成设计任务。

2. 教学活动设计及实施过程

教学活动分3课时，第1课时认识扩音系统、第2课时认识计算机控制下的扩音系统、第3课时设计理想扩音系统的教学流程分别如图19-2~图19-4所示。具体教学任务与活动设计如下。

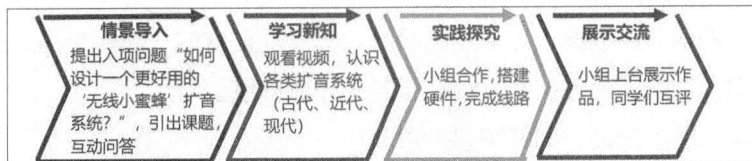

图19-2 第1课时教学流程

图19-3 第2课时教学流程

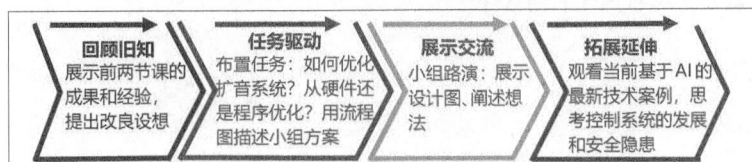

图19-4 第3课时教学流程

主干任务1：认识扩音系统

子任务1：了解声音传播的原理与介质

活动1：观看微课视频，结合科学课知识点，回顾声音在不同介质中的传播特点。

活动 2：创设真实情境，提出驱动性问题——如何设计一个更好用的"无线小蜜蜂"扩音系统？

子任务 2：了解扩音系统的演变与现代扩音系统的组成

活动 1：展示古代藻井、近代扬声器、现代无线扩音系统等，对比其特点。

活动 2：总结各类扩音系统的优缺点，初步感知"输入—计算—输出"的现代扩音系统组成。

活动 3：介绍"无线小蜜蜂"组件，引导学生完成简单硬件搭建，并进行小组展示与评价。

主干任务 2：认识计算机控制下的扩音系统

子任务 1：体验计算机控制扩音系统，了解计算机控制扩音系统的过程

活动 1：观看商场、机场等场所的扩音系统应用视频，引出计算机控制扩音系统的概念。

活动 2：以 TimingLaba 校园铃声控制系统为例，了解音频处理与定时播放功能。

子任务 2：优化扩音系统

活动 1：思考如何放大人声、降低噪声，提炼自适应人声辨识算法与自动增益控制技术的知识点，绘制优化流程图。

活动 2：教师出示编写的半成品代码，学生进行修改，完善程序并测试。

主干任务 3：设计理想扩音系统

子任务 1：制定优化方案

活动 1：回顾前两节课成果，讨论改良设想，确定优化方向（硬件或程序）。

活动 2：小组合作设计理想扩音系统，绘制工作流程图。

活动 3：小组代表展示设计图并阐述想法。

子任务 2：探讨人工智能技术在扩音系统中的应用

活动 1：观看基于人工智能的扩音系统案例（如实时翻译、监测预警），讨论其社会影响。

活动 2：分析计算机控制系统的安全问题，探讨如何实现扩音系统的智能化与安全性。

通过三大主干任务，学生从认识扩音系统到优化设计，逐步掌握声音传播原理、计算机控制技术及人工智能应用，培养跨学科实践能力与创新思维。

19.2.5 证据集：学习评价的设计

1. 学习的评价

（1）评价目的

评估学生对"无线小蜜蜂"扩音系统的声音传播原理、信息技术实现及智能优化的理解，以及作品制作表现。

（2）评价方式

◆知识测试：考查学生对扩音系统相关知识的掌握情况。

◆作品评价：评估学生作品的完成度与创新性。

（3）评价标准

◆知识掌握：对扩音系统原理与技术的理解程度。

◆动手能力：作品完成质量与创新性。

2. 学习性评价

（1）评价目的

记录学生在制作过程中的参与度与合作能力。

（2）评价方式

◆观察记录：教师记录学生在小组讨论中的表现。

◆小组互评：评估成员在小组活动中的贡献。

◆师评：教师对学生的学习过程与成果提供反馈。

（3）评价标准

◆参与度：学生在讨论中的活跃程度。

◆合作精神：团队协作态度与能力。

◆解决问题能力：面对制作问题的解决策略与效果。

3. 学习式评价

（1）评价目的

培养学生的自我评价与反思能力。

（2）评价方式

◆自评：学生评估自己在小组合作与作品制作中的表现。

◆互评：学生相互评价，指出优点与改进建议。

◆反思：学生对制作过程进行总结与反思。

（3）评价标准

◆自我认知：学生对自身学习状态的认识。

◆评价技能：自评与互评的公正性与准确性。

◆互评质量：互评的客观性与建设性。

通过多元评价方式，全面评估学生的知识掌握、动手能力、合作精神与反思能力，促进学生综合素养的提升。

19.2.6 信息化教学资源

1. 跨学科教学资源的类型、功能及对教与学过程的优化作用

（1）TimingLaba 校园铃声控制系统

◆设计目的：通过 TimingLaba 校园铃声控制系统，学生亲身体验计算机控制扩音系统

的运作，了解如何通过程序设定满足学校日常管理需求（如上下课打铃、课间操播放、背景音乐播放等）。学生可直观感受控制系统带来的便利，如通过预设时间表实现铃声自动播放，提升管理效率；同时，可在后台操作界面进行个性化尝试，激发学习兴趣。

◆用法：如图 19-5 所示，让学生利用现有的 TimingLaba 校园铃声控制系统，在实操平台上动手尝试和体验。

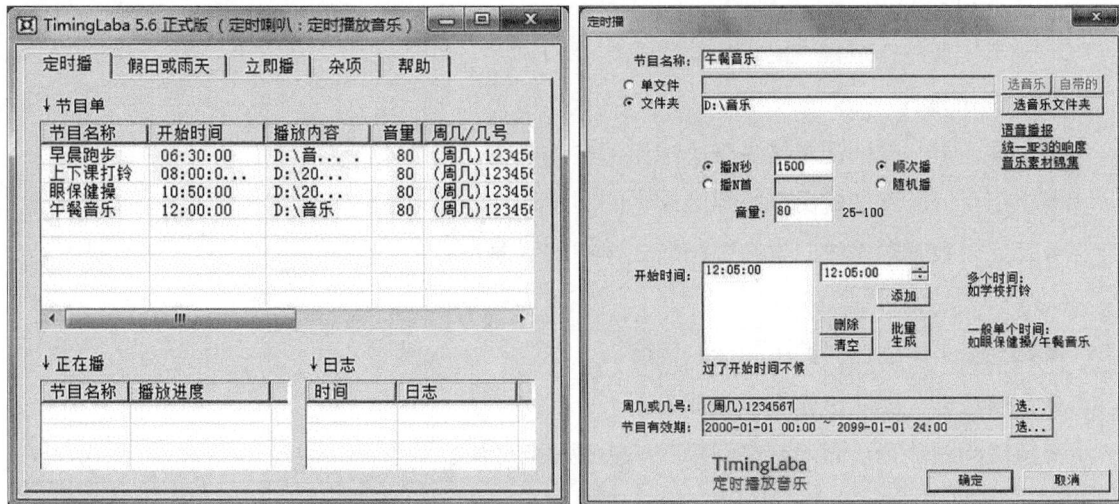

图 19-5　TimingLaba 校园铃声控制系统界面

◆支撑性作用：TimingLaba 校园铃声控制系统是一款常见的、免费的绿色软件，学生可以在安全的环境下，动手体验计算机控制的扩音系统，增强学习的沉浸感。

（2）视频资料

带领学生观看《声音的产生原理》《声音的形成与传播》《老师上课用的小蜜蜂上的麦克风，什么工作原理？》《做个简易扩音器》等科普视频（可在哔哩哔哩网站搜索视频名称进行观看）。

◆设计目的：通过直观、易操作的视频资料，激发学生自主学习声音的产生与传播原理的兴趣，提升自主学习能力。视频便于学生厘清操作步骤，根据进度选择性回看，辅助完成操作任务。

◆用法：教师播放声学原理、电磁学原理及"无线小蜜蜂"扩音系统内部结构讲解的视频等多媒体资料，学生直接观看学习。

◆支撑性作用：丰富学生背景知识，帮助学生建立全面认知，提升信息素养。

（3）"无线小蜜蜂"扩音系统实体教具

◆设计目的：实体教具可帮助学生理解"无线小蜜蜂"扩音系统的实际应用，学生通过动手搭建，认识二极管、传感器等电子元器件，学习电子元器件名称、搭建方法及线路连接注意事项，培养动手能力和解决问题能力。

◆用法：教师准备"无线小蜜蜂"扩音系统、电子元器件补充件及简易电路图和操作手册，通过演示和指导，帮助学生理解工作原理；学生在指导下进行实际操作，如图 19-6 所示。

◆支撑性作用：实体教具和操作手册可帮助学生直观理解扩音系统的结构与组成，将理论知识转化为实践技能，深化对抽象概念的理解。

图 19-6 学生实操过程

2. 跨学科学习活动资源

活动评价表				
（每题 10 分，共 10 题）				
评价维度	评价指标	师评	互评	自评
知识理解	能用流程图描述解决问题的步骤			
	能对程序进行修改完善			
	了解扩音系统的组成并完成扩音系统的简单搭建			
	说出当前控制系统的影响、存在问题、防范方法			
学习态度	能积极主动地回答问题、讨论和思考			
	能有效地与同学交流、展示，在小组活动中有贡献与合作精神			
学科素养	能通过分析、抽象，提炼出结论			
	能通过实践探究解决问题			
	在展示与分享时能清晰、有逻辑地表达观点			
	有创新精神、设计有创意			
A 级（80 分以上）：完全掌握				
B 级（60 ~ 80 分）：基本掌握				
C 级（60 分以下）：有待提升				

▶ 19.3 案例反思

1. 对教学过程和效果的反思

本案例分为3课时，教学活动设计具有连贯性和层次性。每课时均设置小组任务，学生可在合作探究中逐步深化知识理解。第1课时通过硬件搭建掌握扩音系统组成；第2课时通过修改程序和软件体验计算机控制扩音系统的工作流程；第3课时整合所学知识，提出优化方案并绘制流程图，实现学科融合。

教学创新方面，采用项目学习法，以学生熟悉的"无线小蜜蜂"扩音系统为切入点，提出优化设计的驱动性问题，引导学生自主探究。硬件设备上，除了诺宝RC套件，教师还利用创客社团设备和闲置电子元器件，丰富教学资源。此外，教师在第3课时拓展人工智能知识（如语音识别、人声辨识等），为优化方案提供新思路。

2. 存在的问题和改进的方案

（1）存在的问题

◆基础知识不足：部分学生理解扩音系统原理及相关信息技术时存在困难。

◆技能掌握不牢固：部分学生在操作和调试扩音系统时表现不熟练。

◆创新能力欠缺：部分学生缺乏信心，难以提出有效的解决方案。

◆课堂互动不够积极：部分学生在讨论中表现不够主动。

（2）改进的方案

◆增加基础概念介绍，利用图表、动画辅助解释抽象概念；提供课前阅读材料或视频，帮助学生预习。

◆设计分步骤操作练习，从简单到复杂逐步提升学生技能；开展同伴互助学习，技术较好的学生帮助其他同学。

◆引入开放式问题，鼓励学生探索多种解决方案；设置"创新角"展示优秀作品，举办小型竞赛激励学生创新。

◆实施小组报告制度，随机抽取小组分享讨论结果；鼓励学生提问并给予充分回答时间，营造开放的讨论氛围。

◆调整项目难度：根据学生能力差异，设计多层次任务，提供详细指南和示例代码，降低入门门槛；组织项目展示会，增强学生成就感。

3. 对专业成长发展的思考

教师的专业成长是持续的过程，直接影响教学质量。在本案例中，教师需深入理解扩音系统运作机制及科技原理，更新知识体系，保持与新技术同步。跨学科教学要求教师具备整合声学、电子工程、计算机科学等领域的能力，培养批判性思维，能评价技术优势与局限性。

在教授新技术的同时，教师也受到学生创新应用的启发，开发新教学资源或改进方法。跨学科教学促使教师不断学习新知识、探索新方法，实现自我超越。教师的专业成长不仅有助于提升教学能力，也能为学生提供更好的学习体验，实现教与学的双赢。

案例 20

小种子，大世界

本跨学科案例涵盖了信息科技、科学、劳动、语文等多个学科领域，适合第三学段（5~6年级）的学生学习，建议授课时长为2课时。本案例由深圳市龙华区华南实验学校李华老师、费弘毅老师设计并提供。

▶▶ 20.1 案例背景信息

本案例以深圳市龙华区华南实验学校的种子博物馆为平台，基于"小种子，大世界"主题，结合小学五年级的信息科技课程与科学课程，旨在通过跨学科主题学习活动，培养学生的核心素养与实践能力。案例通过"种子招募令"的形式，邀请各校师生共同参与种子征集与识别活动，模拟真实的科学研究场景，激发学生对自然和科技的兴趣。

案例设计融合了信息科技、科学、劳动、语文等多学科内容，以探究、实践为主要教学方式。围绕种子的识别和归类，结合人工智能技术中的图像识别，帮助学生认识种子的多样性与共同性，同时引导他们使用编程工具完成种子的二维码制作，并通过展示种子瓶增强语言表达与团队协作能力。

本案例创新性融合人工智能与小学科学课堂，实现学科融通。依托项目学习，引导学生在任务驱动下完成从信息处理到编码设计的完整流程，培育跨学科实践能力。同时融入生命教育理念，借种子生长观察与分类探究，使学生感悟生命多样性特质，同步培育科学探究精神与生态责任感。

▶▶ 20.2 案例描述

20.2.1 概念群：结构化的跨学科教学内容设计

1. 子主题教学内容分析与大概念梳理

本案例以"小种子，大世界"为主题，整合信息科技、科学、劳动等学科知识，构建问题链导向的任务驱动教学模式。通过种子识别、数据编码及展示总结等探究性学习任务，培养学生的实践操作、语言表达、科学探究与协作能力等核心素养。

子主题 1：用人工智能识别种子

（1）涉及的学科

信息科技、科学、劳动。

（2）主要内容

人工智能图像识别技术的原理及应用；种子的多样性、结构特征及分类标准；影响图像识别准确性的因素分析；工具的使用与实验记录。

（3）学科大概念

◆信息科技：人工智能图像识别技术用于辅助种子的分类与特征分析。

◆科学：种子的形态、结构和科属分类是理解植物多样性的重要基础。

◆劳动：科学实验中，工具的使用和操作是进行精确观察与记录的基本技能。

（4）跨学科大概念

人工智能技术与科学观察结合，有助于对自然现象的高效探究和精确认知。

子主题 2：制作与展示种子瓶

（1）涉及的学科

信息科技、劳动、语文。

（2）主要内容

二维码生成与信息存储的原理；手工制作种子瓶的流程与方法；种子特征信息的整理与展示技巧；演讲与展示技能的应用。

（3）学科大概念

◆信息科技：二维码技术用于生成和存储种子的数字化信息。

◆劳动：手工制作工具用于设计与制作展示种子信息的种子瓶。

◆语文：语言表达技巧用于有效传递种子的研究成果和展示内容。

（4）跨学科大概念

信息科技与手工实践相结合，实现科学知识的数字化存储和创意展示。

2. 跨学科大概念生成图

如图 20-1 所示，在两个跨学科大概念的基础上，生成"小种子，大世界"的超学科大概念，即在科学探究、技术操作、实践制作及表达中，深化科技认知，培养创新实践与沟通能力，最终将跨领域知识融会贯通，构建系统化的知识体系。该大概念通过多学科的整合，引导学生多维认知自然与生命。

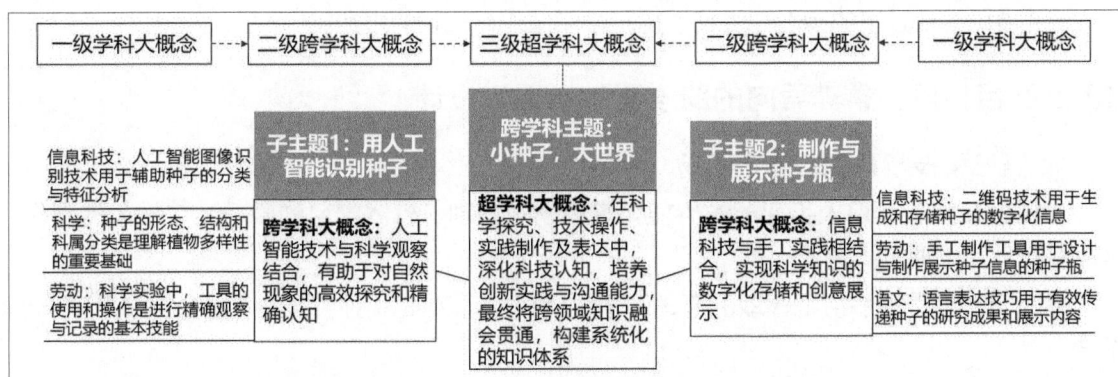

图20-1 "小种子，大世界"跨学科大概念生成图

20.2.2 问题链：进阶性的跨学科核心问题设计

围绕跨学科大概念提出主问题和子问题，形成了"小种子，大世界"跨学科主题学习的问题链。

主问题 1：如何发现与认识种子？

问题情境 1：学校正在筹办种子博物馆展，现发起"种子招募令"征集多类种子。你们小组收到一批未知种子，需运用科学知识及人工智能技术进行识别，通过分析特征、查阅资料、编程建模，最终为每粒种子制作包含名称、科属、形态特征、生态习性等信息的数字化展签。

子问题 1：如何编写种子招募令来吸引大家捐赠种子？

子问题 2：如何从科学的角度对收到的种子进行观察和记录？

子问题 3：如何利用人工智能技术识别从未见过的种子？如何提高种子识别的准确率？

主问题 2：知道了种子的名称后，如何制作种子瓶？

问题情境 2：完成种子识别后，需要制作兼具美观性与科普性的种子瓶用于展示。运用信息技术制作含种子信息的二维码标签，手工完成瓶体设计与封装，最终通过"实物展示＋数字解说＋感悟分享"的形式呈现。

子问题 1：如何理解二维码的工作原理，并制作二维码？

子问题 2：如何整理种子信息并将其存入二维码？

子问题 3：如何将制作的二维码和种子结合，最终制作种子瓶？

主问题 3：在种子瓶的制作过程中我们能收获什么？

问题情境 3：在完成种子瓶的制作后，面向全校进行成果展示。重点解说二维码信息交互功能、制作流程中的团队协作经验，并阐释种子蕴含的生命循环价值。通过"实物展示＋数字解说＋感悟分享"的形式呈现，全面展现跨学科学习成果与深化生态认知的过程。

子问题 1：在演讲展示种子瓶时，如何介绍二维码的作用和信息？

子问题 2：在制作种子瓶的团队协作过程中学到了哪些协作技巧？

子问题3：从种子的萌发到生长，揭示了哪些生命成长的规律？

20.2.3 目标层：素养导向的跨学科教学目标设计

1. 信息科技学科核心素养目标

◆信息意识：认识人工智能的价值，掌握图像识别、机器学习的原理及二维码的制作，体会科技应用价值。

◆计算思维：理解特征提取的原理，通过编程实现种子识别，培养问题分析与逻辑推理能力。

◆数字化学习与创新：运用Kittenblock平台掌握图形化编程与人工智能技术在图像识别中的应用，创新解决实际问题。

◆信息社会责任：通过协作培养团队责任感，建立科技伦理认知。

2. 相关学科核心素养目标

（1）科学

◆科学观念：掌握种子多样性特征及生长条件，运用科学方法实现物体分类与识别。

◆科学思维：通过实验观察与逻辑推理，掌握科学探究方法，培养严谨思维与解决问题能力。

◆探究实践：观察种子结构，结合实践活动，将科学理论应用于实际问题，提升动手操作与科学探究能力。

◆生命观念：通过种子萌发研究，理解生命循环价值和生态系统的重要性，树立尊重生命、珍爱自然的生态伦理观。

（2）劳动

◆劳动能力：通过使用工具和材料制作种子瓶，培养实践能力和创新意识，提升对劳动过程的理解。

◆实践创新：锻炼动手能力、解决问题的能力，并在设计中融入创意，展现实践创新能力。

（3）语文

◆语言表达：通过编写种子招募令、展示种子瓶，提升书面表达和口头演讲能力，学会用准确的语言描述科学现象和项目成果。

◆沟通与合作：在小组活动中通过合作探讨，共同完成任务，提升团队合作意识和有效沟通能力。

3. 多学科共通的核心素养目标

◆道德修养：通过观察和了解小种子的成长过程，能够感受到生命的神奇与价值，形成敬畏生命、尊重自然的意识，理解人与自然的和谐共生。

◆社会责任感：在完成种子识别和制作展示的过程中，增强环保意识，理解个体在社会与自然中的责任，树立保护生态的观念。

20.2.4 任务簇：综合性的教学活动设计

1. 教学模式、策略与方法的应用

本案例采用项目学习框架，锚定真实情境构建跨学科探究体系。依托任务驱动模型，设计种子资源数字化建档（用人工智能识别种子）、种质信息可视化呈现（制作二维码）及生态传播方案设计（编写种子招募令）等梯度化实践模块。教师实施多维教学策略，通过提问和引导帮助学生建立知识框架，示范复杂技术操作，在任务执行中通过巡视和互动提供及时反馈，帮助学生改进方案。学生通过实际操作完成种子识别和二维码制作，体验科技应用的实际过程。教学不仅注重知识传授，还通过任务递进和团队合作提升学生的动手能力、创新思维和跨学科素养。

2. 教学活动设计及实施过程

主干任务 1：用人工智能识别种子

子任务 1：了解种子的多样性和基本特征

活动 1：项目背景介绍。教师播放种子博物馆介绍视频，详细讲解项目的背景，让学生理解项目的意义，促进学生对自然界种子多样性的认识。

活动 2：学生编写种子招募令，征集种子。

活动 3：科学课中回顾种子的结构与分类。教师引导学生回顾科学课中学习的种子相关知识，包括种皮、胚芽、胚根、子叶等部分，讨论种子如何根据其科属（如禾本科、豆科、葫芦科等）进行分类；学生根据提供的种子，按照教师给出的科属表进行分类实践。

子任务 2：利用人工智能识别种子

活动 1：人工智能识别种子的原理介绍。教师搜索并播放人工智能图像识别技术的工作原理视频，解释计算机如何通过摄像头捕捉图像、传输到数据库进行比对和识别；学生通过观看视频和讨论，初步理解图像识别的原理，并对人工智能与人类识别物体的区别有基本认识。

活动 2：使用 Kittenblock 平台进行种子识别。学生使用 Kittenblock 平台，连接 BaiduAI 模块，根据学习任务单编写程序；分组完成种子的识别，并讨论如何优化程序，提升识别的准确率；最终由教师为识别成功的小组颁发"种子识别员"证书。

主干任务 2：制作与展示种子瓶

子任务 1：学习二维码的制作原理

活动：二维码原理介绍与实践。教师通过 PPT 和微课介绍二维码的基本原理，学生通过观察，理解二维码的构成元素，如黑白方块、定位标记等；学生讨论二维码在日常生活中的应用，并通过教师展示的案例，学习如何制作二维码。

子任务 2：制作种子二维码和种子瓶

活动 1：收集种子资料并生成二维码。学生通过互联网查找与自己识别到的种子相关的资料，整理种子的名称、科属、形态特征、生态习性等信息；使用种子博物馆管理系统生成二维码，在二维码中存入种子信息，并将生成的二维码打印出来。

活动2：制作种子瓶并贴上二维码。学生用劳动课中学习的工具和材料制作种子瓶，并将二维码贴在相应的瓶子上；完成后，每组学生展示并讲解自己小组制作的种子瓶。

主干任务3：展示与总结

子任务1：演讲展示种子瓶及二维码功能

活动：种子瓶展示与讲解。每个小组选择一位成员作为展示员，向全班展示自己小组的种子瓶，详细介绍瓶中的种子信息，以及二维码的功能和使用方法；其他学生通过扫描二维码，获取更多种子信息；教师和学生根据演讲和展示内容进行评价和反馈。

子任务2：团队合作与反思总结

活动：团队协作与学习反思。教师引导学生在展示结束后，反思整个任务过程中小组合作的情况，并总结自己在任务中的收获和不足；每组学生讨论如何在制作种子瓶的过程中提升团队协作效率，以及如何在未来的项目中更好地分工与合作。

20.2.5 证据集：学习评价的设计

1. 学习的评价

（1）评价目的

检验学生在学习跨学科主题案例"小种子，大世界"的过程中，是否掌握了相关的知识和技能，重点评估学生在种子识别、二维码制作、种子瓶设计与展示中的表现，以及他们对跨学科任务的完成情况和创新性。

（2）评价方式

◆知识测试：通过问答或测验形式，评估学生对种子识别、二维码制作、人工智能技术等知识的掌握情况。

◆作品评价：对学生完成的种子瓶和二维码进行评价，重点关注作品的准确性、完整性和创新性。

（3）评价标准

①知识掌握：评价学生对信息科技、科学、劳动和语文等学科相关知识的掌握情况。

◆是否能够准确识别不同种子，并了解种子的结构和分类方法。

◆是否掌握人工智能图像识别的基本原理，并能够解释其在种子识别中的应用。

◆是否理解二维码的工作原理，并能运用相关技术制作二维码。

◆是否掌握制作种子瓶的基本劳动技能，并能设计符合要求的种子瓶。

◆是否能够用语言清楚地描述种子的相关信息并进行演讲展示。

②动手操作能力：评价学生在种子识别、二维码制作、种子瓶设计与展示中的表现。

◆种子识别是否准确，是否能够通过人工智能图像识别技术有效识别种子并分类。

◆二维码是否有效，能否正确存储和传递种子信息。

◆种子瓶的设计是否美观实用，展示是否具有创新性。

◆是否能够通过演讲展示清晰描述种子的特点及二维码的功能。

2. 学习性评价

（1）评价目的

记录和评估学生在跨学科任务中的参与度、合作能力和团队协作精神，特别是他们在小组任务中的贡献度和解决问题的能力。

（2）评价方式

◆互评：学生通过互评评估每位成员的贡献和合作情况，重点关注在任务执行中的参与度和贡献度。

◆师评：教师在学生的学习过程中提供反馈，评估学生在小组合作、任务完成度和个人表现等方面的表现。

（3）评价标准

◆参与度：学生在小组讨论、任务分配中的积极性和主动性，是否能积极参与小组任务并提出有效建议。

◆合作精神：学生在小组合作中的态度是否积极，是否能够与组员合理分工并有效协作，展示良好的团队协作能力。

◆解决问题能力：学生在任务中遇到问题时能否采取有效的解决策略，例如，如何优化程序，能否提高种子识别准确率等。

3. 学习式评价

（1）评价目的

培养学生的自评能力，鼓励他们对自己在跨学科任务中的表现进行反思，帮助学生提高对自身学习状态的认知和解决问题能力。

（2）评价方式

学生进行自评和互评，评估自己和同伴在科学知识、信息技术运用、动手能力、合作精神等方面的表现，并对自己解决问题的能力和跨学科学习的适应性进行反思。

（3）评价标准

◆自我认知：学生是否能够清晰地反思和认识自己在任务中的表现，是否能正确认识自己的优势和不足。

◆评价技能：学生在进行自评时的公正性和准确性，是否能够在互评中提出有建设性的建议，体现良好的合作精神。

20.2.6 信息化教学资源

1. 跨学科教学资源的类型、功能及对教与学过程的优化作用

在本案例中用到了种子博物馆介绍视频（可扫描右侧二维码观看），此外，教师可自主开发案例PPT文件及种子记录表模板等教学资源。

种子博物馆
介绍视频

2. 跨学科学习活动资源

（1）学习任务单

学习目标	（1）我能够利用现有工具制作二维码，体验到工具带来的便利性。 （2）我知道图像识别是利用提取特征点的方法完成对图像的识别，能认识更多种类的种子，以及种子的科属等知识。 （3）我和同伴能调用Kittenblock平台BaiduAI模块中的图片识别相关积木来编程，体验人工智能中物体识别的应用场景，感受人工智能的魅力。 （4）我和同伴以扮演角色的形式进行小组合作探究学习，体验团队合作的乐趣，在探索过程中逐渐培养良好的科技应用观和社会责任感。
前置任务	（1）复习人工智能的定义。 （2）预习种子的科属。
评价	师评　☆☆☆☆☆☆☆☆☆ 获得8颗及以上★表示优秀；获得6~7颗★表示还不错；获得0~5颗★表示上课要关注重点！
学习任务1	1. 设计图像识别程序 （1）初始程序，API Key（密钥）和Secret（密码）是用来连接数据库的。 （2）初始化摄像头。

	（3）按下空格键触发识别。
学习任务1	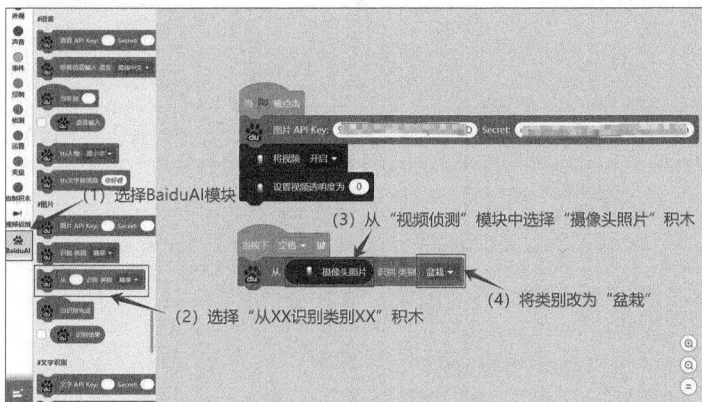 （4）识别完成时说出结果。 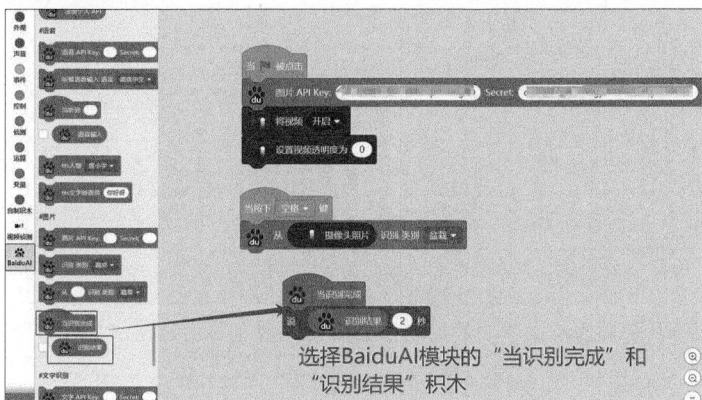 2.拓展任务 如何提升计算机的识别准确率？如何从程序上进行提升？如何从外界因素上进行提升？

	评价维度	学生评价		师评（整组加分）
		自评	互评	
评价	参与积极	☆☆☆☆	☆☆☆	☆☆☆
	合作探究	☆☆☆☆	☆☆☆	
	语言表达	☆☆☆☆	☆☆☆	
	获得8颗及以上★表示优秀；获得6~7颗★表示还不错；获得0~5颗★表示需查漏补缺！			

	利用种子博物馆后台，查找相关资料，生成二维码。
学习任务2	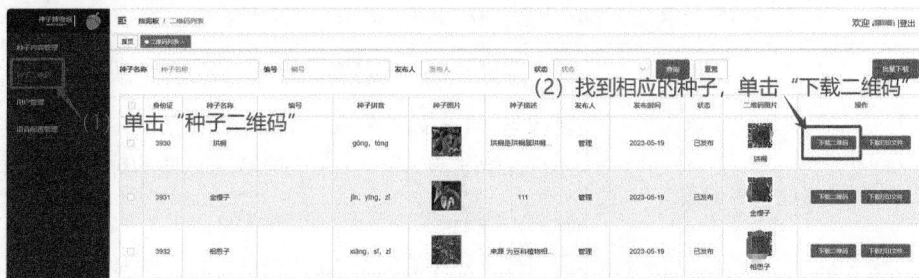

评价	评价维度	学生评价		师评（整组加分）
		自评	互评	
	参与积极	☆☆☆☆	☆☆☆	
	知识技能	☆☆☆☆	☆☆☆	☆☆☆
	问题解决	☆☆☆☆	☆☆☆	
	获得8颗及以上★表示优秀；获得6~7颗★表示还不错；获得0~5颗★表示需查漏补缺！			

学习任务3	根据小组所选的种子，收集、整理种子的资料。 活动要求： （1）浏览可靠的信息源； （2）整理信息时，删除冗余信息； （3）文字排版整齐、美观大方； （4）下载无水印的高清图片。

评价	评价维度	学生评价		师评（整组加分）
		自评	互评	
	参与积极	☆☆☆☆	☆☆☆	
	迁移应用	☆☆☆☆	☆☆☆	☆☆☆
	交流展示	☆☆☆☆	☆☆☆	
	获得8颗及以上★表示优秀；获得6~7颗★表示还不错；获得0~5颗★表示需查漏补缺！			

学习任务4	自主探究，使用种子博物馆管理系统制作种子的二维码。 任务要求： （1）包含准确的种子名称； （2）填写种子的介绍，包括种子科属，不少于20字； （3）上传种子的图片。

评价	评价维度	学生评价		师评（整组加分）
		自评	互评	
	参与积极	☆☆☆☆	☆☆☆	
	迁移应用	☆☆☆☆	☆☆☆	☆☆☆
	交流展示	☆☆☆☆	☆☆☆	
	获得8颗及以上★表示优秀；获得6~7颗★表示还不错；获得0~5颗★表示需查漏补缺！			

作业	必做	使用图形化编程工具制作动画，展示和介绍种子。
	选做	获得40颗★及以下的同学请选做： 整合课堂学习过程中依托网络资源获取的种子资料及制作的二维码。
		获得24颗★及以下的同学请选做： 复习种子分类的知识和Kittenblock平台的使用。

（2）课后评价

评价项目	A等级	B等级	C等级	自评	互评	师评
种子识别完成	摄像头拍照识别	通过图片识别	没有完成识别			
二维码制作	生成二维码并且信息完整	二维码制作完成	没有完成二维码			
图像识别的流程	能理解	部分理解	不理解			
思维的条理性	能有条理地表达自己的意见，步骤清晰地解决问题，做事有计划	能表达自己的意见，有解决问题的能力，但条理性欠缺	不能准确表达自己的意见，缺乏计划性、条理性，不能独立解决问题			
合作情况	善于与人合作，虚心听取别人的意见	能与人合作，接受别人的意见	缺乏与人合作的精神，很难接受别人的意见			

▶▶ 20.3 案例反思

1. 对教学过程和效果的反思

（1）对教学过程的反思

本案例构建"概念群→问题链→目标层→任务簇→证据集"的C-POTE模型，形成结构化项目学习框架。概念群通过解构信息科技、科学、劳动和语文等学科核心概念，生成跨学科大概念体系，奠定认知建模基础。问题链遵循"概念驱动—认知进阶"原则，衍生系列主问题和子问题，构建梯度化探究路径。目标层将问题解决过程与学科素养目标形成动态对应关系。任务簇设计遵循"输入—加工—输出"逻辑，整合用人工智能识别种子、制作二维码、编写种子招募令等任务，形成螺旋式能力发展序列。证据集采用多维度评估矩阵，实现学习效能的循证诊断与素养发展轨迹的可视化追踪。

（2）对教学效果的反思

本案例对学生的认知、能力、价值观三维发展有显著作用。在认知维度，学生通过学习人工智能图像识别技术、种子分类及数据编码，建构技术迁移能力。在能力维度，学生通过任务实现，锻炼了技术应用能力、工程思维及创新设计能力，掌握了跨学科知识。在价值观维度，学生通过实践深化生态伦理观念，内化科技向善理念。项目后测显示学生建立了可持续发展意识，形成了生命科学探究的内生动力，提升了社会责任感。

2. 存在的问题和改进的方案

在项目实施过程中，存在一些挑战和问题。首先，由于学生的信息科技和科学知识基础不同，参与度不均衡。部分学生在技术环节表现较为出色，而另一些学生则由于对技术比较陌生而缺乏参与积极性，在动手实践能力和项目完成度上出现较大差异。为了解决这个问题，未来的项目设计中可以引入分层任务，为不同水平的学生设置不同难度和方向的任务，以确保每位学生都能在适合自己的水平上参与活动并获得成长。同时，可以通过导师制或小组合作的形式，鼓励技术能力较强的学生帮助其他成员，以加强团队内部的合作与互助。通过这种方式，所有学生都能在项目中找到自己的角色并充分发挥潜力。

3. 对专业成长发展的思考

本案例采用了项目学习方式，让学生通过实际操作和解决问题来学习各学科知识。这种教学模式不仅有效激发了学生的学习兴趣，也培养了他们的创新思维、实践能力和团队合作精神。项目学习让学生不仅从课堂知识中获益，还能够学会如何将跨学科知识应用于实际问题的解决中，这是传统教学模式难以实现的。从教师的角度来看，通过参与案例的设计与实施，我们深刻体会到项目学习对于学生综合素养培养的价值，也认识到将信息科技与其他学科有机融合的潜力。在指导学生完成项目的过程中，我们自身的信息科技应用能力也得到了提升，尤其是在人工智能、图像识别和编程等技术领域。未来，我们会进一步在教学中应用这些技术，优化教学方法，并通过不断反思和实践，逐渐将项目学习作为核心教学理念，提升学生的综合素质，适应现代社会的多样化需求。

案例 21

小型植物智能浇灌系统

本跨学科案例涵盖了信息科技、科学、劳动等多个学科领域，适合第三学段（5~6年级）的学生学习，建议授课时长为2课时。本案例由深圳市福田区荔园外国语小学（天骄）吴丽婷老师、胡晓璇老师设计并提供。

▶▶ 21.1 案例背景信息

本案例采用项目学习方式，从暑假班级植物角小盆栽无人浇水的生活实际出发，引出学习任务，使用人工智能技术实现植物的智能浇灌。在教学过程中，鼓励学生主动去分析、去尝试、去探究，引导学生互帮互助，在合作交流中解决问题，并在汇报展示中分享学习方法。本案例旨在启发学生对未来人工智能在生活中的运用展开新思路和设想，培养学生运用学科知识解决生活问题的信息意识。

本案例用micro:bit作为控制器，以土壤湿度传感器、水位传感器、水泵、语音播报模块、电源适配器等为基础硬件，结合现实生活中实际遇到的室内植物浇水问题，加以整合创新，形成一个生动有趣的跨信息科技、科学、劳动学科的项目学习案例。本案例基于协作学习的教学方法，强调以学生为中心的学习策略，小组内有明确的任务和具体的分工，小组成员之间通过协作和对话共同完成学习任务，教师更多地承担引导、监督和管理的角色。

▶▶ 21.2 案例描述

21.2.1 概念群：结构化的跨学科教学内容设计

1. 子主题教学内容分析与大概念梳理

子主题1：小型植物智能浇灌系统的技术原理与实现

（1）涉及的学科

信息科技、科学、劳动。

（2）学科大概念

◆信息科技：介绍土壤湿度传感器、水位传感器、水泵等硬件设备的选择与连接方式，理解它们在小型植物智能浇灌系统中的作用；利用 Mind+ 或 Scratch 图形化编程平台进行编程，实现系统的自动化控制（包括土壤湿度的实时监测、水位识别与自动补水等功能）；学习如何通过传感器收集数据，并利用编程语言进行数据处理，以调整浇灌策略。

◆科学：了解植物的水分需求规律，包括不同生长阶段、不同种类植物的水分需求差异；学习土壤湿度对植物生长的影响，理解土壤湿度的测量方法及其在小型植物智能浇灌系统中的应用。

◆劳动：搭建小型植物智能浇灌系统，通过实际操作，调试系统性能，优化浇灌策略，确保系统能够准确、高效地工作；学习系统的日常维护与保养知识，确保系统长期稳定运行。

（3）跨学科大概念

融合信息科技的精准控制、科学的植物生长知识及劳动实践技能，构建高效、智能且实用的小型植物智能浇灌系统，满足植物生长需求。

子主题 2：小型植物智能浇灌系统的智能化升级

（1）涉及的学科

信息科技、科学、劳动。

（2）学科大概念

◆信息科技：利用物联网技术，将小型植物智能浇灌系统接入物联网平台，实现远程监控、数据共享和智能控制。

◆科学：研究不同环境（如气候、土壤类型）对水位变化的影响，为灌溉策略的制定提供科学依据。

◆劳动：鼓励学生进行创新设计，提出小型植物智能浇灌系统的智能化升级方案，如引入智能预警机制、开发移动应用等。

（3）跨学科大概念

借助信息科技的创新应用、科学的环境分析及劳动的创新实践，对小型植物智能浇灌系统进行智能化升级，提升系统性能与实际应用价值。

2. 跨学科大概念生成图

本案例的跨学科大概念生成图如图 21-1 所示。

21.2.2　问题链：进阶性的跨学科核心问题设计

主问题：如何为植物搭建一个更好的浇灌环境？

问题情境：暑假期间，班里的小盆栽会因无人浇水而枯萎，需要设计一个小型植物智能浇灌系统来解决这一问题。

子问题 1（信息科技、科学、劳动初步融合）：如何设计小型植物智能浇灌系统？

信息科技：研究市场上现有的智能浇灌系统，分析其工作原理、技术架构和优缺点。

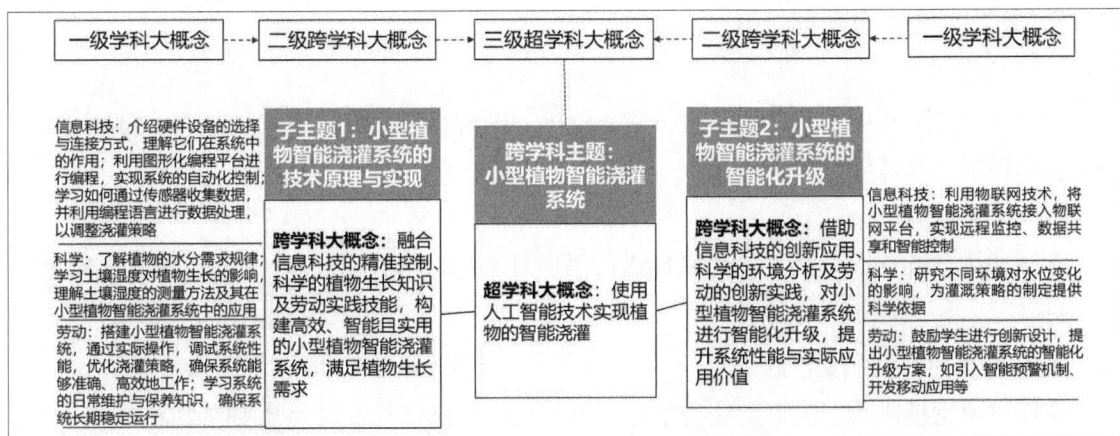

图 21-1　"小型植物智能浇灌系统"跨学科大概念生成图

科学：了解植物的生长周期及环境因素（如光照强度、温度、湿度）对植物水分需求的影响。

劳动：初步规划系统的硬件组成（如控制器、传感器、执行机构等）和软件需求（如数据采集与处理、控制算法等）。

子问题 2（信息科技、科学、劳动深入实践）：如何实现小型植物智能浇灌系统？

信息科技：选择合适的硬件平台，编写数据采集、处理和系统控制的程序。

科学：根据植物的生长特性和环境条件，设定合理的浇灌阈值和策略，如基于土壤湿度的反馈控制浇灌、基于天气预报的预测控制浇灌等。

劳动：进行硬件组装、布线、调试，确保各部件正常工作；编写程序，进行测试和优化。

子问题 3（信息科技、科学、劳动高级应用）：如何优化小型植物智能浇灌系统？

信息科技：引入更多的传感器，实现具有综合功能的小型植物智能浇灌系统，赋予系统多样化功能。

科学：深入研究植物生理学和环境科学，探索更多影响植物水分需求的因素，并据此调整和优化浇灌策略。

劳动：对系统进行长期监测和评估，收集用户反馈和数据，进行系统的迭代升级和性能优化。

21.2.3　目标层：素养导向的跨学科教学目标设计

1. 信息科技学科核心素养目标

◆使用 Mind+、Scratch 等图形化编程平台设计程序并实现自动浇水功能，如通过条件语句、循环语句等控制浇水逻辑。

◆能够根据实际需求对小型植物智能浇灌系统进行改进和创新，如添加语音控制、远程监控等功能，提高创新意识和能力。

2. 相关学科核心素养目标

（1）科学

对植物生长过程中的浇水问题进行深入分析，理解其背后的逻辑关系，从而构建出合理的小型植物智能浇灌系统模型。

（2）劳动

掌握使用micro:bit、传感器等硬件进行项目开发的基本技能，并能够在实践中进行应用和创新。

3. 多学科共通的核心素养目标

◆通过小型植物智能浇灌系统的学习，意识到科学技术在现代社会中的重要作用，特别是在农业生产自动化、智能化领域的应用。

◆通过网络搜索、图书馆查询等方式获取植物生长、传感器应用、程序设计等的相关知识，提高主动获取和利用信息的能力。

21.2.4 任务簇：综合性的教学活动设计

1. 教学模式、策略与方法的应用

◆跨学科融合教学模式：基于《义务教育信息科技课程标准（2022年版）》提出的跨学科主题学习活动，以"小型植物智能浇灌系统"为主题，融合信息科技、科学、劳动等多学科知识，进行跨学科的学习与探究。

◆项目学习：以项目为驱动，从项目需求分析、方案设计、编程实现到项目测试与优化，学生全程参与，让学生在完成项目的过程中学习和掌握知识。

◆合作学习：学生分组进行合作学习，共同完成任务，在合作中培养团队协作能力、沟通能力和解决问题能力。

2. 教学活动设计及实施过程

本案例中教学活动分为聚焦问题、探究任务、研讨改良、展示评价和拓展延伸5个部分，如图21-2所示。在聚焦问题环节，先通过出示暑假过后班里植物枯萎的照片，引出暑假无人浇灌植物的现实问题，从而确定项目主题为"小型植物智能浇灌系统"；在探究任务环节，先

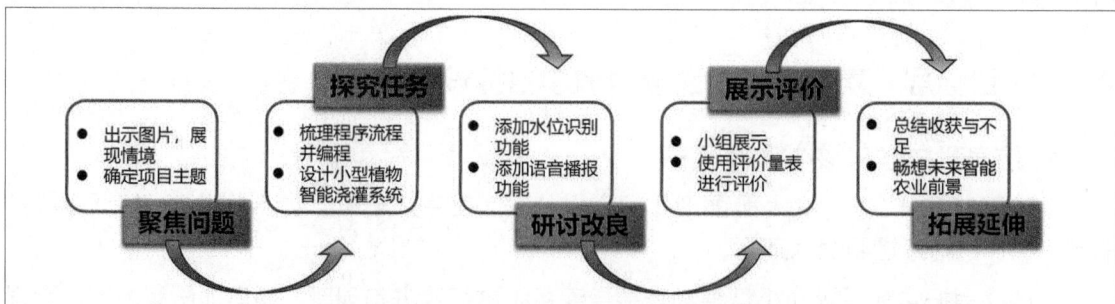

图21-2 "小型植物智能浇灌系统"教学活动设计

让学生分组头脑风暴，梳理实现系统的程序流程，根据流程编程，并设计小型植物智能浇灌系统；在研讨改良环节，引导学生对作品进行改良，不仅可以使用水位传感器识别水位，还可以添加语音播报功能，增加系统的生动性和趣味性；在展示评价环节，每个小组先轮流上台展示各自的作品和介绍分工情况，再借用评价量表对自己和同伴的表现进行过程性评价；在拓展延伸环节，让学生总结自己在本项目中的收获与不足，并畅想未来智能农业的发展前景。

21.2.5 证据集：学习评价的设计

1. 学习的评价

本案例中，要求学生独立或分组完成小型植物智能浇灌系统的搭建、编程、调试等任务，评估其实践操作能力和解决问题能力；另外，学生需撰写项目报告，详细记录系统设计思路、实施过程、遇到的问题及解决方案等，评估其项目管理和报告撰写能力。

2. 学习性评价

本案例中，教师观察学生在课堂上的参与度、学习态度、合作情况等，并记录关键事件和亮点，为后续反馈提供依据，同时鼓励学生进行互评，通过互评作业、项目等方式，促进相互学习和交流，并且引导学生进行自评，反思自己的学习过程和成果，明确自己的优点与不足，制订改进计划。

3. 学习式评价

举办项目展示与分享会，鼓励学生展示自己的学习成果，分享学习经验和心得，接受教师和同学的点评与建议，促进知识的传播与共享。

21.2.6 信息化教学资源

1. 跨学科教学资源的类型、功能及对教与学过程的优化作用

（1）教学资源类型

◆技术实践型资源：以micro:bit为控制器，结合传感器和执行机构等硬件，构建一个可操作的小型植物智能浇灌系统。这种硬件类资源侧重于技术实践，让学生在动手过程中学习并掌握相关技术和知识。

◆跨学科融合型资源：该系统不仅涉及信息科技（如图形化编程、传感器数据处理等），还融合了科学（如植物生长条件、灌溉需求等）等多个学科的知识。这种跨学科主题学习需要更加丰富和多元的教学资源。

◆数字化教学资源：教学材料还包括教学视频、在线教程、编程软件等数字化资源，这些资源可以帮助学生更好地理解系统原理、掌握编程技巧、进行实践操作等。

（2）教学资源的功能

◆知识传授与技能培养：通过学习本案例，学生可以学习图形化编程技术、传感器应用原理、植物生长条件控制等跨学科知识。同时，实践操作环节也极大地提升了学生的动手能力、解决问题能力和创新能力。

◆跨学科思维培养：本案例鼓励学生运用多学科视角审视问题，如从信息科技角度考虑数据收集与处理，从科学角度关注植物生长规律，从劳动角度优化系统设计与实现。这种跨学科的学习方式有助于培养学生的综合思维能力。

（3）对教与学过程的优化作用

◆增强学习兴趣和动力：通过实践操作和跨学科学习，学生可以在动手过程中感受到技术的魅力和实用性，从而增强学习兴趣和动力。同时，跨学科的学习方式也能让学生意识到不同学科之间的紧密联系和相互支持，进一步激发他们的求知欲和探索欲。

◆促进自主学习与探究：本案例为学生提供了广阔的自主探究空间，学生可以根据自己的兴趣和需求，选择研究方向、设计实验方案、收集并分析数据等。这种学习方式激发了学生的学习动力，培养了他们的自主学习能力和探究精神。

2. 跨学科学习活动资源

通过自评、互评、师评的形式，从以下评价量表的3个方面进行评价。

评价维度	评价指标	评分星级
信息与意识	能提出项目问题的解决方案	☆ ☆ ☆
	能从教师提供的学习资料中提取有用的信息，选择合适的数字资源或在线工具开展项目学习活动	☆ ☆ ☆
	崇尚科学精神，具有利用技术解决问题的意识	☆ ☆ ☆
思维与决策	能基于传感器等硬件特性，构思项目优化方案	☆ ☆ ☆
	能结合实际场景，分析人工智能技术的优劣	☆ ☆ ☆
	能综合考虑项目需求，合理设计算法并灵活编程	☆ ☆ ☆
合作与表达	小组分工明确，每位成员都能积极参与讨论与制作，认真倾听他人说话，尊重他人的感受	☆ ☆ ☆
	能合作解决项目学习中遇到的各种问题，选择合理的方法解决分歧	☆ ☆ ☆
	能选择有创意的表现形式介绍作品的设计与功能，每位成员都能主动参与分享、表现力强	☆ ☆ ☆

21.3 案例反思

1. 对教学过程和效果的反思

为了更好地落实教学目标，我们将本案例设计为5个教学环节，分别是聚焦问题（提出真实问题，确定项目主题）、探究任务（针对班级小盆栽设计小型植物智能浇灌系统）、研讨改良（优化系统，监测水位并进行语音播报）、展示评价（作品交流展示）和拓展延伸（了解智能农业，展望未来）。

在教学过程方面，整个教学环节有层次有梯度，更符合学生的认知，学生既能够在课堂教学中综合性地运用之前所学的知识，同时也能够逐层递进地完成案例实践。在拓展延伸环节可以适当进行升华，把小型智能植物浇灌系统迭代升级，搭建校园智能农场系统，以拓宽知识学习的应用层面。

在教学效果方面，本案例从生活情景问题导入，积极引导学生发现并解决问题，实现了真实情境与学科知识的完美融合。另外，基于 micro:bit 硬件，学生借助流程图，灵活运用条件判断、湿度监测、水位识别、语音播报等模块，合理编写算法，实现智能浇灌功能。

2. 存在的问题和改进的方案

（1）存在的问题

◆跨学科融合不深入：学科间知识融合度不高，可能导致学生在学习过程中难以形成系统的知识体系；教师在跨学科教学上缺乏经验，难以有效引导学生综合运用多学科知识。

◆技术实现难度大：学生在编程、硬件搭建等方面可能遇到技术难题，影响项目的顺利进行；系统稳定性、传感器精度等问题可能影响浇灌效果。

◆学习资源不足：跨学科学习资源有限，学校在设备、资金等方面可能无法提供足够的支持，难以满足学生的学习需求。

（2）改进的方案

◆加强跨学科融合：组织多学科教师共同参与课程设计，确保学科间知识的有效融合；引入专家讲座、工作坊等形式，提升教师的教学能力和跨学科素养；设计综合性学习任务，让学生在实践中综合运用多学科知识。

◆降低技术实现难度：提供详细的技术指南和教学资源，帮助学生解决技术难题；引入模块化设计思想，将系统分解为多个小模块，逐步引导学生完成；加强对学生编程、硬件搭建等技能的培训，提升他们的技术水平。

◆丰富学习资源：开发跨学科学习资源库，包括教材、课件、视频、案例等；加强与校外机构、企业的合作，引入更多的实践机会和学习资源；鼓励学生利用网络资源进行自主学习和探究。

3. 对专业成长发展的思考

通过本案例的实施，我们深刻体会到专业知识的重要性，只有具备深厚的专业知识，才能在教学中游刃有余，解答学生的疑问。同时，创新不仅是现代社会的重要特征，也是教师专业成长的重要方向。虽然在本案例中我们进行了教学内容和技术上的创新，但是创新是一个永无止境的过程，我们应继续培养创新能力，不断探索新的教学方法和手段，为学生的学习和成长提供更多的可能性。此外，随着技术的发展和行业的融合，跨界合作成为一种新的趋势，因此，我们应拓展跨界合作，与其他学科的教师进行交流和合作，共同推动教学创新和专业成长。

案例 22

膳食搭配小能手

本跨学科案例涵盖了信息科技、生物、数学等多个学科领域，适合第四学段（7~9年级）的学生学习，建议授课时长为6课时。本案例由深圳实验学校曾晨怡老师设计并提供。

▶▶ 22.1 案例背景信息

本案例是基于大数据和人工智能的跨学科主题学习案例，通过膳食搭配场景体验，让学生了解大数据和人工智能带来的伦理与安全挑战，增强责任感。学生将通过实践，理解大数据和人工智能的特征及数据、算法、算力基础，并认识数据安全风险。在本案例中，学生将学习大数据概念，体验数据组合优化，领略机器学习的魅力，掌握数据分类重组与聚类分析，进一步学习算法基础，构建用户画像，认识专家系统，了解个性化推荐。学生将体会到大数据在膳食搭配中的价值，制订科学的膳食计划，并关注道德伦理问题，培养道德法律意识。此案例可助力学生了解大数据技术，培养创新素养与解决问题能力。

▶▶ 22.2 案例描述

大数据与人工智能紧密相连，本案例依托"膳食搭配小能手"人工智能模型，直观展现大数据的特点、优势与能力，以健康为切入点，引导学生理解大数据与人工智能，培养其自主解决问题能力，使其掌握核心技术意识。

22.2.1 概念群：结构化的跨学科教学内容设计

1. 子主题教学内容分析与大概念梳理

子主题1：大数据的初步感知与理解

（1）涉及的学科

信息科技、生物。

（2）主要内容

掌握大数据的概念、特点、来源及收集方法；了解食物营养与健康关系；通过大数据分析人群营养需求、习惯及趋势。

（3）学科大概念

◆信息科技：大数据在信息收集、分析与决策中发挥了核心作用，为解决复杂问题提供了科学依据。

◆生物：食物的营养素直接影响人体健康，合理的膳食搭配有助于维持营养平衡。

（4）跨学科大概念

大数据有利于膳食搭配。

子主题 2：大数据的组合优化和聚类分析

（1）涉及的学科

信息科技、数学。

（2）主要内容

聚类分析在组合优化问题中发挥了有效的作用，构建优化模型可以高效进行大数据处理。

（3）学科大概念

◆信息科技：现代科技提升大数据处理效率，聚类分析为膳食搭配小能手提供技术支撑。

◆数学：组合优化的定义、分类和求解方法有助于更高效地处理大数据。

（4）跨学科大概念

大数据的数据优化算法提高了膳食搭配的效率和效果。

子主题 3：大数据的推荐算法和专家系统

（1）涉及的学科

信息科技、数学。

（2）主要内容

利用用户数据构建推荐模型，构建专家系统（食物大数据资料库）与推理机制，实现个性化膳食指导。

（3）学科大概念

◆信息科技：推荐算法模型的构建和训练方法可以使膳食搭配小能手更高效。

◆数学：推荐算法的数学逻辑结构有助于完善膳食搭配小能手。

（4）跨学科大概念

推荐算法和专家系统可以为用户设计个性化的均衡膳食计划。

2. 跨学科大概念生成图

在 3 个跨学科大概念的基础上生成最终的三级超学科大概念，即"均衡膳食的健康观念"，如图 22-1 所示。

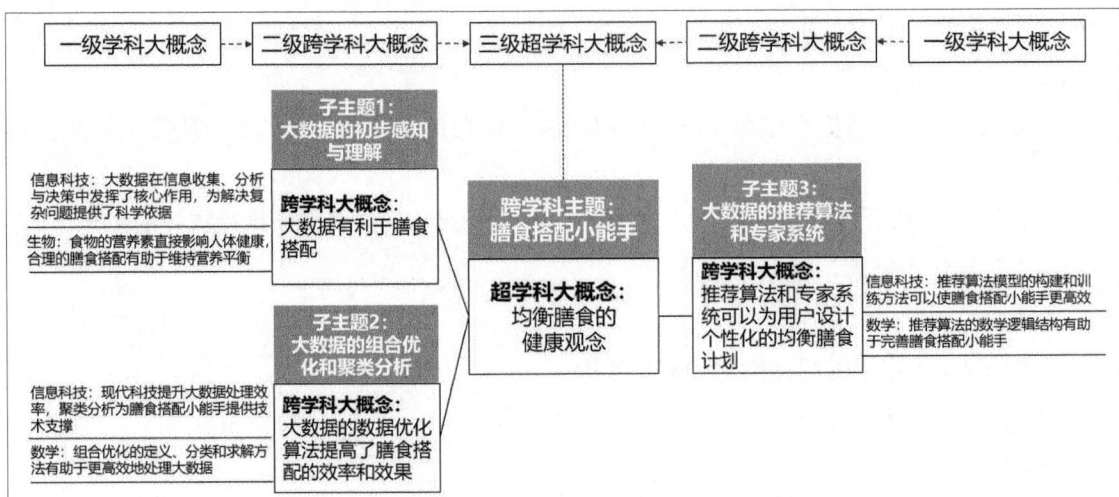

图22-1 "膳食搭配小能手"跨学科大概念生成图

| 经验分享 |

在本案例中，学生从认识大数据到理解大数据组合优化，了解机器学习，再根据数据特点分类重组，进行聚类分析，结合算法基础与学生画像，认识专家系统（食物大数据资料库），进而了解个性化推荐算法，认识大数据在信息社会中的重要性。在设计教学内容时，先提炼学科大概念，并探讨大数据伦理，再总结二级跨学科大概念，最后引出"均衡膳食的健康观念"三级超学科大概念。

22.2.2 问题链：进阶性的跨学科核心问题设计

围绕跨学科大概念提出主问题，进一步分解出子问题，形成"膳食搭配小能手"跨学科主题学习的问题链。

主问题1：大数据如何帮助我们搭配出营养全面的膳食呢？

问题情境1：想象一下，在如此忙碌的生活中，我们没时间顾及营养均衡，大数据能否帮助我们确保膳食的均衡和营养呢？

子问题1：大数据如何收集膳食信息？

提示：大数据收集膳食信息有多种渠道，包括食物大数据资料库、用户记录、健康设备等，这些渠道提供了丰富的膳食数据。

子问题2：大数据如何分析膳食数据？

提示：大数据分析膳食数据，可采用聚类分析、关联规则挖掘、预测模型来识别营养关联、用户膳食偏好和营养需求，以及潜在的不均衡问题。

子问题3：基于大数据的膳食搭配策略是什么？

提示：大数据可基于分析，制定个性化膳食策略，确保用户营养均衡，避免过量摄入营养素，还可推荐合适菜谱或提供营养补充建议。

主问题 2：在膳食搭配中如何利用大数据进行膳食的组合优化？

问题情境 2：每种食物都有营养素含量，那么大数据是根据什么标准来确定每餐食物搭配是合理的呢？

子问题 1：如何定义膳食组合优化的目标？

提示：膳食组合优化旨在使营养最大化的同时，兼顾口味、成本和可获得性等。

子问题 2：大数据在膳食组合优化中的应用方法有哪些？

提示：大数据在膳食组合优化中用线性、整数规划等算法计算出最优组合，机器学习算法也可用于预测用户偏好和需求，提高优化准确性。

子问题 3：如何实现膳食组合优化的自动化？

提示：构建智能化膳食搭配系统，这些系统可利用大数据与优化算法提供建议，通过用户反馈学习优化，实现膳食组合优化的自动化。

主问题 3：如何根据用户的习惯进行个性化膳食搭配？

问题情境 3：膳食搭配小能手如何根据用户画像实现个性化膳食搭配？

子问题 1：如何收集用户的膳食习惯数据？

提示：可通过用户自我报告、应用、穿戴设备收集用户的膳食习惯数据，包括偏好、摄入量和进食时间等。

子问题 2：如何分析用户的膳食习惯并识别其需求？

提示：利用大数据挖掘分析用户膳食习惯，通过聚类分析、关联规则挖掘识别用户偏好，结合健康数据评估用户的膳食合理性及健康影响。

子问题 3：如何根据用户的习惯和需求进行个性化膳食搭配？

提示：个性化膳食搭配需综合考虑用户营养需求、口味偏好、饮食习惯、成本预算及操作可行性。可利用推荐算法等技术提供个性化建议，并根据用户反馈进行动态调整优化。同时，还可提供教育和指导服务，帮助用户理解膳食搭配的重要性及方法。

22.2.3 目标层：素养导向的跨学科教学目标设计

1. 信息科技学科核心素养目标

◆信息意识：体验大数据与生活的融合，感受应用膳食搭配小能手获取与处理信息的优势，提升解决膳食搭配问题的大数据应用能力。

◆计算思维：能够分析膳食搭配小能手的设计问题，提出合理的解决方案；能够设计膳食搭配小能手进行大数据处理。

◆数字化学习与创新：能够运用数字化工具进行资料收集、沟通协作、项目管理和成果展示，实现膳食搭配小能手的设计与开发。

◆信息社会责任：能够理解信息科技在均衡膳食中的重要作用，认识技术在现代社会中的广泛应用。

2. 相关学科核心素养目标

（1）生物

◆生命观念：能够在较好地了解生物学概念的基础上形成生命观念，理解稳态与平衡观、物质与能量观，并能够用生命观念认识生命世界。

◆理性思维：能够运用归纳与概括、演绎与推理、构建模型等方法探讨膳食搭配的规律，审视或论证生物学社会议题。

◆科学探究：能够针对膳食搭配的相关问题进行观察、提问、实验设计、方案实施及结果的交流与讨论。

◆社会责任：能够关注膳食搭配和健康的相关知识，结合本地资源开展科学实践，尝试解决现实生活中与生物学相关的问题。

（2）数学

◆数学抽象：能够结合膳食搭配的标准，从数据之间的关系中抽象出一般规律。

◆逻辑推理：能够从膳食搭配的问题中推理出数据的组合优化问题，理解数学知识之间的联系，构建知识框架。

◆数学建模：能够在实际情境中发现和提出问题，针对问题建立聚类分析模型，并尝试基于现实背景验证模型和完善模型。

◆数据分析：能够运用收集数据、整理数据、提取信息、构建模型等方法对数据中的有用信息进行分析和推断。

3. 多学科共通的核心素养目标

◆辩证思维：在分析膳食搭配小能手时，能够评估大数据的可靠性及不同方案的有效性，通过逻辑推理论证不同观点和假设。

◆创新思维：能够设计膳食搭配小能手，提出独特创意，在实践中实现系统的迭代和完善。

◆沟通合作能力：能够在项目实践过程中和小组成员合理分工，有效沟通。

22.2.4 任务簇：综合性的教学活动设计

1. 教学模式、策略与方法的应用

本案例采用项目学习法，以设计膳食搭配小能手为目标，通过渐进式任务引导学生深入理解大数据与人工智能的价值。案例涵盖大数据基础、人工智能基本原理及操作实践，强调数据隐私和道德伦理，培养学生的数据处理、画像构建、算法设计能力及数据安全意识和社会责任感。

2. 教学活动设计及实施过程

主干任务1：初步感知大数据

子任务1：使用大数据收集膳食数据

活动1：设计并发布在线问卷，收集用户日常膳食种类、摄入量、进食时间等信息。

活动2：网上在线搜索，获取用户饮食记录等，以丰富食物大数据资料库。

子任务2：使用大数据分析膳食数据

活动1：利用数据挖掘技术，分析膳食数据中的关联规则，如哪些食物常被搭配在一起。

活动2：运用机器学习算法，对用户膳食数据进行分类。

子任务3：使用大数据制定膳食搭配策略

活动1：根据营养学原则，结合大数据分析结果，制定膳食搭配的基本原则。

活动2：开发智能推荐系统，根据用户输入的需求（如减肥、增肌等），推荐个性化的膳食搭配方案。

主干任务2：理解大数据在膳食组合优化中的作用

子任务1：归纳膳食组合优化的目标

活动1：明确膳食组合优化目标，如营养均衡、口感协调、成本控制等。

活动2：建立评价指标体系，为不同目标设定具体的量化指标。

子任务2：介绍大数据在膳食组合优化中的应用方法

活动1：运用遗传算法、模拟退火等优化算法，对膳食组合进行搜索和优化。

活动2：利用关联规则挖掘，发现食物之间的搭配规律，以指导优化过程。

子任务3：膳食组合优化的自动化探索

活动1：开发自动化膳食组合优化软件或平台，集成数据收集、分析、优化等功能。

活动2：进行实际测试，根据用户反馈调整优化算法和参数，提高自动化优化的准确性和效率。

主干任务3：个性化定制膳食搭配方案

子任务1：收集用户的膳食习惯数据

活动1：通过智能设备（如智能手环、智能冰箱）记录用户的日常饮食行为。

活动2：利用社交媒体、在线论坛等渠道，收集用户分享的膳食偏好和习惯。

子任务2：分析用户的膳食习惯并识别其需求

活动1：运用文本挖掘技术，分析用户在线评论、食谱收藏等行为，识别其膳食偏好。

活动2：结合用户基本信息（如年龄、性别、职业）和膳食数据，进行需求细分和预测。

子任务3：根据用户的习惯和需求个性化搭配膳食

活动1：开发个性化膳食推荐系统，根据用户习惯和需求生成定制化的膳食搭配方案。

活动2：实施用户测试，收集反馈意见，不断优化推荐算法和界面设计，提高用户满意度和接受度。

22.2.5 证据集：学习评价的设计

1. 学习的评价

（1）评价目的

在子主题3的学习中评估学生对膳食搭配小能手框架的数学逻辑结构的理解，以及他们在膳食搭配小能手制作中的表现。

（2）评价方式

知识测试和作品评价。

（3）评价标准

◆知识掌握程度：学生对膳食搭配小能手相关知识的掌握程度。

◆动手操作能力：学生对膳食搭配小能手作品的完成度和创新性。

2. 学习性评价

（1）评价目的

在3个子主题的学习中，记录和评估学生的参与度和合作能力。

（2）评价方式

◆观察记录：教师记录学生在小组讨论中的互动。

◆小组互评：通过小组互评，评估每位成员在小组活动中的贡献。

◆师评：教师对学生的学习过程和成果提供反馈。

（3）评价标准

◆参与度：学生在小组讨论中的活跃程度。

◆合作精神：学生在小组活动中的合作态度和团队协作能力。

◆解决问题能力：学生在制作膳食搭配小能手过程中遇到问题时所采取的解决策略和效果。

3. 学习式评价

（1）评价目的

培养学生的自我评价能力，鼓励他们对膳食搭配小能手的制作过程进行反思。

（2）评价方式

◆自评：学生对自己在小组中的合作情况、对大数据知识的掌握程度，以及对聚类分析在组合优化中的定义、分类及方法的理解进行评价。

◆互评：学生相互评价，指出彼此在理解、实践、应用大数据中的过程性表现，以及在小组活动中的优点和需要改进的地方。

◆反思报告：学生对自己在大数据和人工智能学习过程中的表现进行反思。

（3）评价标准

◆自我认知：学生对自己学习状态的理解和认识。

◆评价技能：学生在进行自评和互评时的公正性和准确性。

◆互评质量：学生在互评中的客观性和建设性。

22.2.6 信息化教学资源

1. 跨学科教学资源的类型、功能及对教与学过程的优化作用

（1）人工智能平台

◆设计目的：人工智能平台提供了一个沉浸式的学习环境，便于学生直观理解膳食搭配，让学生能够根据个人进度和兴趣开展个性化学习。

◆用法：学生利用现有的人工智能平台（如腾讯青少年人工智能教育平台），在虚拟环境中自由探索膳食搭配小能手的系统功能。

◆支撑性作用：让学生安全地探索膳食搭配，理解膳食搭配小能手的结构和大数据的应用，增强学习的沉浸感。

（2）食物大数据资料库

◆设计目的：为学生提供食物营养素信息，通过视听资料激发学生对膳食搭配的兴趣，帮助学生建立对健康的基本认知。

◆用法：搜集和整理关于膳食搭配的多媒体资料，包括图片、视频、文献等，学生可以直接访问食物大数据资料库进行学习，可以使用搜索功能，查找特定的数据。

◆支撑性作用：丰富背景知识，帮助学生建立全面的认识，提升学生搜索、评估信息的能力，提高学生的信息素养。

2. 跨学科学习活动资源

《膳食搭配小能手》学生任务单		
小组名称：	姓名：	□组长　　□组员
任务1：感知大数据		
1.大数据的发展认知。 以前的膳食搭配方式： 现在的膳食搭配方式： 未来可能的膳食搭配方式： 2.大数据的"个性化推荐"利弊认知。 阅读个性化推荐案例，组内讨论案例中个性化推荐的优劣。		

任务2：理解大数据在膳食组合优化中的作用
1.总结、归纳合理膳食的标准。
2.根据食物大数据资料库，小组讨论并设计一餐营养合理的膳食。

任务3：膳食组合优化的自动化探索
1.根据食物大数据资料库中的视频，在腾讯在线文档中填写食物的标签。
2.阅读食物大数据资料库中的文档，小组讨论监督学习和无监督学习的区别和共同点。

3.你来试试看！

请同学们使用腾讯青少年人工智能教育平台实践大数据的聚类分析，并表达最佳聚类分析方案。

4.恭喜你完成了这次活动，请给自己和小伙伴打分吧！

（1）给自己打分。

评价维度	评价标准	评分（1~5分）
知识掌握	对膳食搭配原则和营养素功能的理解程度	
技能应用	设计午餐食谱的合理性、营养均衡性	
创新思维	食谱设计的创意和新颖性	
团队合作	在小组活动中的贡献与合作精神	
表达交流	展示与分享时的表达能力、清晰度和逻辑性	

（2）给小伙伴打分。

评价维度	评价标准	评分（1~5分）
知识掌握	对膳食搭配原则和营养素功能的理解程度	
技能应用	设计午餐食谱的合理性、营养均衡性	
创新思维	食谱设计的创意和新颖性	
团队合作	在小组活动中的贡献与合作精神	
表达交流	展示与分享时的表达能力、清晰度和逻辑性	

▶▶ 22.3 案例反思

1. 对教学过程和效果的反思

在本案例的教学中，我采用了多样化的方法，注重学生的实践与合作，旨在培养学生的健康饮食意识和膳食搭配能力。学生兴趣浓厚，积极参与，通过动手制作和挑战赛提升了实践能力。小组合作的方式促进了学生的交流，但教学中仍有待改进之处。

2. 存在的问题和改进的方案

（1）存在的问题

◆时间分配不够合理：在某些环节，如小组讨论和汇报分享时，时间分配过于紧张，导致部分学生未能充分表达自己的观点。

◆评价反馈机制有待完善：虽然设计了多种评价方式，但在实际操作中，对学生的及时反馈和个性化指导不够充分。

◆教学资源利用不充分：部分教学资源，如多媒体材料和实物模型，未能得到充分利用，影响了教学的直观性和趣味性。

（2）改进的方案

合理规划时间，确保学生有足够的时间进行思考和讨论；建立及时、具体的反馈机制，为学生提供个性化的指导；结合多媒体与实物模型，创设更加生动的情境，激发学生的学习兴趣。

案例 23

在线数字气象站

本跨学科案例涵盖了信息科技、地理、物理等多个学科领域，适合第四学段（7~9年级）的学生学习，建议授课时长为4课时。本案例由深圳市宝安区建安小学郝淑珍老师、宝安区教育科学研究院杨军老师设计并提供。

▶▶ 23.1 案例背景信息

本案例为基于科技议题的跨学科主题学习案例，从学生熟悉的获取气象数据这一真实情境出发，以"在线数字气象站"为跨学科主题，以信息科技为主干学科，有机结合地理、物理等学科知识技能和思维方法，学生通过真实的问题，以物联网平台为载体，结合气象相关知识，把所学内容与现实需求结合起来，使用科技手段研究、分析、解决问题。学生将在理解物联网的基本原理后，设计与搭建简易的物联网系统，获取不同时空的气象数据，并尝试应用人工智能技术对气象数据进行分析和预测。

本案例让学生在实践中体验物联网技术，观察气象变化，理解气象要素对人类活动的影响，同时培养学生的环保意识、创新思维、团队协作及解决问题能力。

▶▶ 23.2 案例描述

23.2.1 概念群：结构化的跨学科教学内容设计

1. 子主题教学内容分析与大概念梳理

以信息科技为核心，结合地理和物理学科，依据课程标准和教材要求，分析"在线数字气象站"主题的教学内容、核心素养和教学目标，确定跨学科子主题，进一步明确子主题涉及的学科和一级学科大概念，并在学科交叉的基础上演绎出二级跨学科大概念。

子主题1：设计在线数字气象站

（1）涉及的学科

信息科技、地理、物理。

（2）主要内容

气象站的发展历程、原理和主要功能；温度传感器的工作原理；在线数字气象站的方案设计。

（3）学科大概念

◆信息科技：互联网、生成式人工智能可以辅助搜索气象站的发展历程、原理和功能。

◆地理：气象站是获取气象数据的主要设备。

◆物理：传统测量设备（如温度计等）是传统气象站获取气象数据的主要工具。

（4）跨学科大概念

互联网是理解和设计在线数字气象站的技术手段。

子主题 2：硬件搭建在线数字气象站

（1）涉及的学科

信息科技、物理。

（2）主要内容

在线数字气象站所需材料；在线数字气象站的硬件搭建；在线数字气象站的功能验证。

（3）学科大概念

◆信息科技：物联网为在线数字气象站功能验证提供支持。

◆物理：传感器的安装与调试是搭建在线数字气象站的关键环节。

（4）跨学科大概念

物联网和传感器为在线数字气象站的功能实现提供软硬件支持。

子主题 3：编程实现在线数字气象站

（1）涉及的学科

信息科技。

（2）主要内容

物联网及 MQTT（消息队列遥测传输）协议的相关知识；在线数字气象站的编程实现；在线数字气象站的远程观测功能展示。

（3）学科大概念

信息科技：物联网系统是实现在线数字气象站远程观测的重要技术手段；MQTT 协议是被广泛应用于物联网通信的一种传输协议。

（4）跨学科大概念

物联网系统可以实现在线数字气象站的远程观测。

子主题 4：优化展示在线数字气象站

（1）涉及的学科

信息科技、地理。

（2）主要内容

优化在线数字气象站，添加新功能（如监测湿度、风向、风速等）；展示在线数字气象站的项目成果。

（3）学科大概念

◆信息科技：拓展在线数字气象站的功能，实现更多气象数据的获取；数字化工具是项目展示和分享的技术手段。

◆地理：地理位置和时间的变化会影响在线数字气象站获取的气象数据；气象要素（如温度、湿度、风向、风速、光照强度等）影响人们的生产生活和环境保护。

（4）跨学科大概念

丰富的气象数据的采集和分析有利于人们的生产生活和环境保护。

2. 跨学科大概念生成图

本案例的跨学科大概念生成图如图23-1所示。

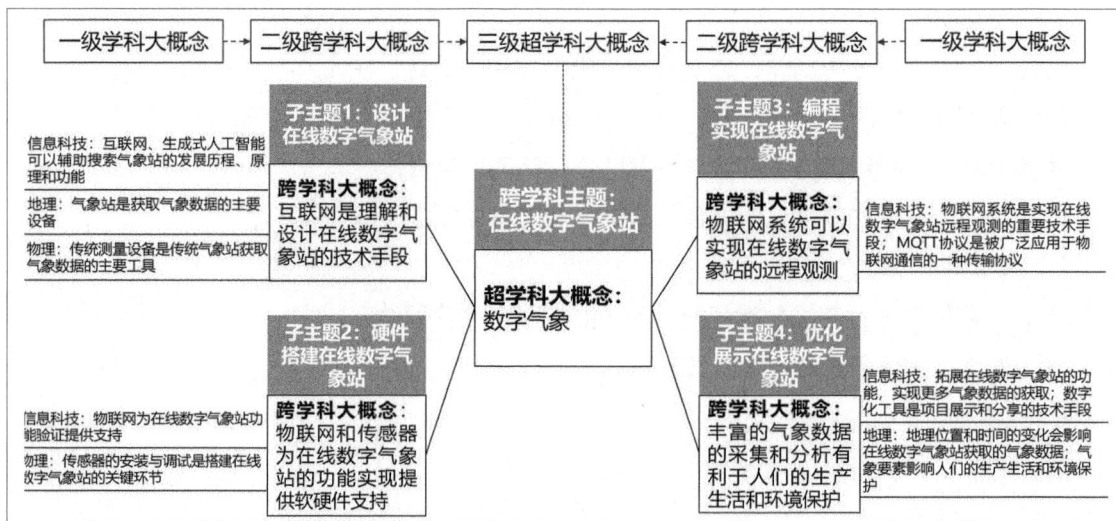

图23-1 "在线数字气象站"跨学科大概念生成图

23.2.2 问题链：进阶性的跨学科核心问题设计

主问题1：如何设计在线数字气象站？

问题情境1：作为校园气象员，请你设计一个在线数字气象站，实时监测并发布校园天气情况至校园平台供师生使用。

子问题1：气象站的发展历程、原理和功能是什么？

子问题2：气象传感器（如温度传感器）的工作原理是什么？

主问题2：如何搭建在线数字气象站？

问题情境2：为获取校园天气情况，你需要完成在线数字气象站的硬件搭建，并使用物联网平台验证在线数字气象站的功能。

子问题1：搭建在线数字气象站需要哪些材料？

子问题2：传感器、掌控板等硬件的安装方法是什么？

子问题3：如何验证在线数字气象站的功能是否实现？

主问题3：如何运用物联网编程技术实现在线数字气象站的远程观测？

问题情境3：作为校园在线数字气象站的开发者，你需要了解物联网平台的工作原理及其应用的MQTT协议，并通过编程来实现在线数字气象站的远程观测。

子问题1：物联网及MQTT协议的概念及工作原理是什么？

子问题2：如何使用Mind+软件编程实现温度传感器数据的远程获取？

主问题4：如何优化并展示在线数字气象站？

问题情境4：为了获取不同时空的温度、湿度、风向等气象数据，需要优化在线数字气象站的功能，并对气象数据进行分析，开展项目展示汇报。

子问题1：在线数字气象站还可以实现哪些拓展功能？

子问题2：如何通过编程实现在线数字气象站的拓展功能？

子问题3：地理位置和时间的变化会对在线数字气象站获取的气象数据产生什么影响？

子问题4：气象要素对人们的生产生活和环境保护有什么影响？

23.2.3 目标层：素养导向的跨学科教学目标设计

1. 信息科技学科核心素养目标

◆培养用数字表达气象特征、使用数字技术来优化气象测量方法的意识。

◆通过编程技术实现气象数据的采集、处理与反馈，理解数据编码、传输和呈现的原理，培养计算思维中的数据处理与分析能力。

◆能够通过分解问题、设计算法等方法有效解决设计、搭建和优化在线数字气象站过程中遇到的问题，培养分析和解决问题的能力。

◆能够利用互联网资源搜索并学习在线数字气象站的原理和功能，认识到互联网在气象数据采集和共享中的重要作用。

◆在在线数字气象站的搭建和优化过程中，能够不断尝试新技术和新方法，对系统进行迭代升级，培养持续创新的精神。

◆在部署和使用在线数字气象站时，能够关注数据隐私和信息安全，遵守相关法律法规和伦理规范。

2. 相关学科核心素养目标

（1）地理

◆观察、比较、分析气象要素对气象的影响，形成从地理视角分析问题的意识和能力。

◆通过搭建在线数字气象站，进行气象观测和数据记录，提高地理实践能力。

（2）物理

◆能够理解传感器的基础工作原理，探讨其在气象监测中的简单应用，培养物理观察与理解能力。

◆在编程实现在线数字气象站的过程中，能够理解传感器数据的基本格式，学习数据解析方法，增强物理与信息技术结合的认知。

◆在在线数字气象站的搭建和使用过程中，能够养成节约资源的意识，合理利用资源和能源。

23.2.4 任务簇：综合性的教学活动设计

1. 教学模式、策略与方法的应用

本案例通过跨学科项目学习法，打破传统学科界限，让学生综合运用多学科知识，参与前期调研、方案设计、硬件搭建、数据测试、编程实现数据采集与处理、功能优化、成果展示与反思等环节，培养综合应用能力和创新思维。

采用小组合作学习方式，学生共同面对问题、讨论解决方案、分工合作，完成在线数字气象站制作任务，提升团队协作能力、责任感和沟通能力。

案例注重资源整合与利用，利用学习平台、微课等资源，支持学生自主学习和探究。通过动手实践、编程教学、反思评价等教学方法，学生体验项目设计、制作、调试、展示和评价全过程，增强信息素养和跨学科综合素养。

2. 教学活动设计及实施过程

主干任务 1：设计在线数字气象站

子任务 1：明确在线数字气象站的功能

活动 1：介绍项目背景。教师介绍校园在线数字气象站的项目背景，让学生明确此项目的目的和意义。

活动 2：了解气象站的发展历程、原理及主要功能。学生利用互联网、生成式人工智能等资源搜索并观察现有的气象站，了解其发展历程、原理、功能及优缺点；分组讨论，总结在线数字气象站应具备的功能（如监测温度、湿度、风向、风速、降水量等）。

活动 3：通过微课学习温度传感器的工作原理。教师制作一个简短的微课，介绍温度传感器的工作原理；学生比较温度传感器和传统温度计的测量值，确认温度传感器的可靠性。

子任务 2：制作、分享和完善在线数字气象站设计方案

活动 1：制作在线数字气象站设计方案。学生分组合作，使用 WPS 文字或 WPS 演示工具制作在线数字气象站的设计方案。

活动 2：分享在线数字气象站设计方案。学生以小组为单位上台分享本组的设计方案；教师和同学分别对各小组的设计方案进行分析和评价。

活动3：完善在线数字气象站设计方案。各小组根据教师和同学提出的建议，对设计方案进一步完善。

主干任务 2：硬件搭建在线数字气象站

子任务1：准备在线数字气象站所需的材料

活动：教师展示已经搭建好的在线数字气象站，介绍所需的硬件材料（如掌控板、温度传感器、数据线、电源等）和软件工具（如物联网平台、Mind+软件）；学生检查硬件材料是否完整。

子任务2：搭建在线数字气象站

活动1：学习在线数字气象站的安装方法。教师制作微课，介绍在线数字气象站的安装方法，包括掌控板、温度传感器、电源等的位置和连接方式；学生根据微课，学习在线数字气象站的安装方法。

活动2：安装在线数字气象站。学生逐步搭建在线数字气象站的硬件部分，连接各部件，并进行初步固定；将硬件与物联网平台连接，完成物联网系统的初步测试，确保在线数字气象站能够稳定传输数据。

子任务3：分享、完善在线数字气象站

活动1：分享在线数字气象站。学生以小组为单位上台分享本组搭建的在线数字气象站；教师和同学分别进行分析和评价。

活动2：完善在线数字气象站。各小组根据教师和同学提出的建议，进一步完善搭建的在线数字气象站。

主干任务 3：编程实现在线数字气象站

子任务1：学习物联网及MQTT协议的相关知识

活动1：学习物联网的相关知识。学生观看物联网相关视频，了解物联网的概念及逻辑结构；教师设计竞赛小游戏，通过游戏测试学生对物联网相关知识的掌握情况。

活动2：学习MQTT协议的原理。学生通过相关视频学习MQTT协议的概念及原理；教师通过具体案例，引导学生掌握MQTT协议的概念及使用方法。

子任务2：编程实现在线数字气象站的温度模块

活动1：实现感知层与网络层之间的信息传递。完成MQTT初始化，将其连接到物联网平台，并向平台发送信息，通过"检测反馈机制"来测试程序的正确性。

活动2：实现网络层与应用层之间的信息传递。读取掌控板上的温度数据，并把数据发送给应用层的订阅者，通过"检测反馈机制"来测试程序的正确性。

子任务3：分享、完善在线数字气象站的程序

活动1：分享在线数字气象站的程序实现过程。学生上台分享本组在线数字气象站的程序实现过程；教师和同学分别进行分析和评价。

活动2：各小组根据建议完善在线数字气象站的程序。

主干任务 4：优化展示在线数字气象站

子任务 1：优化在线数字气象站

活动 1：搭建具有多功能在线数字气象站。组装湿度、风向等气象传感器，并将在线数字气象站放在校园里的不同位置。

活动 2：编写数字气象站其他模块的相关程序。在 Mind+ 软件编写在线数字气象站拓展功能的程序，实现同时获取温度、湿度等气象数据，检查程序中的错误并进行调试；教师提供指导和帮助，确保每组学生都能实现在线数字气象站的基本功能。

活动 3：收集和分析在线数字气象站数据。收集不同位置、不同时间的在线数字气象站获取的气象数据；对收集到的气象数据进行对比分析，探索不同数据之间的差异与联系。

子任务 2：了解气象要素对人们生产生活的影响

活动：探究气象要素对人们生产生活和环境保护的影响。学生利用互联网、生成式人工智能等资源搜索气象要素对人们的生产生活和环境保护的影响，以小组为单位进行讨论并上台分享。

子任务 3：展示在线数字气象站

活动 1：撰写和分享在线数字气象站的总结报告。小组讨论，总结项目完成过程和成果，梳理遇到的问题和解决思路；撰写在线数字气象站的总结报告并上台分享。

活动 2：评价与反馈。教师和同学从设计创意、技术实现、展示效果等多个维度进行评价；各小组根据反馈意见进行总结与反思，明确后续改进方向。

23.2.5 证据集：学习评价的设计

1. 学习的评价

（1）评价目的

评估学生在本案例学习中掌握的知识、技能、方法，以及作品的完整性和创新性。

（2）评价方式

知识测试和作品评价。

（3）评价标准

①知识掌握

◆是否了解气象站的发展历程、原理和功能。

◆是否掌握气象传感器的工作原理及安装方法。

◆是否掌握 MQTT 协议的概念及原理。

◆是否掌握物联网的概念及三层逻辑结构的传输过程。

◆是否掌握使用 Mind+ 软件编程实现远程观测气象数据的方法。

◆是否了解地理位置和时间的改变对气象数据的影响。

◆是否了解气象要素对人们生产生活和环境保护的影响。

②动手操作能力

◆搭建的在线数字气象站是否可以准确获取气象数据。

◆是否可以通过在线数字气象站远程获取不同地理位置和时间的气象数据，并对数据进行分析。

2. 学习性评价

（1）评价目的

记录和评估学生在实现在线数字气象站过程中的参与度和合作能力。

（2）评价方式

互评和师评。

（3）评价标准

◆参与度：学生在小组讨论中的活跃程度。

◆合作精神：学生在小组活动中的合作态度和团队协作能力。

◆解决问题能力：学生在实现在线数字气象站过程中遇到问题时所采取的解决策略和效果。

3. 学习式评价

（1）评价目的

培养学生的自我评价能力，鼓励他们对自己在在线数字气象站制作过程中的表现进行反思。

（2）评价方式

自评和互评。

（3）评价标准

◆自我认知：学生对自己学习状态的理解和认识。

◆评价技能：学生在进行自评和互评时的公正性和准确性。

23.2.6 信息化教学资源

（1）物联网平台

◆设计目的：构建一个集数据采集、处理与展示于一体的在线数字气象站物联网系统，促进学生将理论与实践结合，深化对物联网技术的理解，强化对多学科知识的融合应用。

◆使用方法：选择合适的物联网平台，连接配置气象设备，利用平台的数据采集功能，学生可实时获取并处理气象数据。通过展示功能，数据以直观形式呈现，供师生共享分析。在此过程中，学生能够提升技术能力，加深对物联网应用的理解。

◆支撑性作用：在本案例中，物联网平台为教学提供稳定的技术支撑，确保气象数据的实时处理和展示，为学生提供实践机会。同时，它还能激发学生的创新思维和创造力，支持学生自主学习和团队协作。

（2）Mind+软件与掌控板实体教具

◆设计目的：为学生提供直观易用的软硬件平台，让他们亲自动手设计、搭建和优化在线数字气象站。这不仅能帮助学生深入理解物联网的架构和原理，还能将编程、电路设计等信息科技知识与地理、物理知识相结合，促进跨学科知识的应用。

◆使用方法：首先，让学生了解掌控板的功能和编程语言，学会编写控制程序；其次，指导学生连接传感器等设备，进行电路设计和调试；再次，指导学生用Mind+软件编写程序，采集和分析气象数据；最后，数据通过掌控板传输至物联网平台，实现远程访问和共享。

◆支撑性作用：Mind+软件与掌控板在本案例教学中起到关键作用，可为学生提供灵活的软硬件平台，支持个性化设计和创新实践。其直观界面和图形化编程方式降低了学习难度，提升了学生的兴趣和参与度。此外，与物联网平台的无缝对接有助于学生理解物联网应用，培养信息素养和创新能力。

▶▶ 23.3 案例反思

1. 对教学过程和效果的反思

在本案例中，我们设计了项目手册，引导学生使用数字化资源和工具进行学习，通过发现和解决问题来提升项目质量，实现知识建构。学生通过在线数字气象站的搭建和编程，深入理解相关知识，提高了学习主动性，学会从多学科视角全面认识问题，形成了完整的知识体系。

2. 存在的问题和改进的方案

案例实施过程中，学生的参与度可能因基础、技能或兴趣差异而不同，部分学生的潜力未充分发挥。为解决此问题，设计任务时需考虑学生差异，设置不同层次和难度的任务。教师可通过小组合作、导师制等方式确保学生在适合的水平上发展，并鼓励他们根据兴趣和特长选择研究方向和子任务。

3. 对专业成长发展的思考

本案例通过项目学习，让学生在解决实际问题中掌握知识，激发兴趣，培养创新和实践能力。我们通过实践，认识到这种方法的优势，并将其融入教学理念中。在线数字气象站项目结合了物联网、数据处理和编程技术，我们在指导学生学习的过程中提升了技术应用能力，并学会将这些技术应用于教学中，以增强效果。

案例 24

打"飞的"玩转深圳

本跨学科案例涵盖了信息科技、物理、地理、科学、数学等多个学科领域，适合第四学段（7~9年级）的学生学习，建议授课时长为3课时。本案例由深圳市宝安区教育事业发展中心肖春光老师、深圳市宝安区海韵学校张柳老师设计并提供。

▶▶ 24.1 案例背景信息

2023年12月26日，全国首个标准城市空中交通运营示范中心在宝安区摩天轮旁正式启用，标志着深圳加速推进"天空之城"建设。预计到2026年，深圳将开通城市观光和低空旅游线路。本教学案例以此为背景，结合STEAM教育理论，以无人机编程为主要内容，让学生运用信息科技、物理、地理等学科知识，设计深圳低空旅游（一日游）线路，并通过编程无人机模拟飞行。案例重点在于培养学生的创新思维和综合运用知识、动手实践、解决问题的能力。

案例选用大疆Tello Edu编程无人机，其支持多种编程语言和图形化编程。学生通过编程使无人机飞到深圳景点地图上的相应位置，模拟游览深圳的过程，如规划从西湾红树林湿地公园到欢乐港湾再到世界之窗的线路。学生先在地图上规划线路并测量距离，然后编写程序，最后调试无人机完成飞行任务。案例将学习内容与实际问题紧密结合，让学生参与未来城市交通规划，具有时代性和前瞻性。在低空经济和编程知识结合方面具有创新性，为跨学科教育提供了新思路和方法。

▶▶ 24.2 案例描述

24.2.1 概念群：结构化的跨学科教学内容设计

1. 子主题教学内容分析与大概念梳理

子主题1：初识低空经济

（1）涉及的学科

信息科技、物理、经济。

（2）主要内容

低空经济的定义与概念、低空经济的应用场景与发展现状、低空经济的政策支持与发展趋势。

①低空经济的定义与概念

◆低空经济：低空经济是以航空器为主、低空活动为牵引，多产业融合的新经济形态。

◆低空空域：通常指与正下方地平面垂直距离在 1000m 以内的空间范围，根据不同地区的特点和实际需要可延伸至 3000m。

②低空经济的应用场景与发展现状

◆应用场景：低空经济涉及军用、政用、商用、民用全方位场景，如低空旅游、航拍、物流、农业植保、应急救援等。

◆发展现状：近年来，低空经济在国内迎来了良好的发展机遇，规模不断扩大。例如，无人机企业数量增加，无人机操控员人数增长，无人机注册数量和飞行小时数显著增加。

③低空经济的政策支持与发展趋势

◆政策支持：国家和地方政府出台多项政策支持低空经济发展，如加快电动垂直起降（eVTOL）航空器、智能高效航空物流装备等的研制及应用，推动低空经济产业的创新发展。

◆发展趋势：预计未来低空经济将继续保持快速增长态势，成为经济增长的新引擎。同时，随着技术的不断进步和政策的持续支持，低空经济的应用领域将进一步拓展，产业链将更加完善。

（3）学科大概念

◆信息科技：信息技术在低空经济的应用中发挥着关键作用，例如，无人机的自主导航、避障和数据传输都需要先进的信息技术。

◆物理：低空经济的应用场景依赖物理技术的支持。

◆经济：低空经济的发展对经济增长和社会进步具有重要意义。低空经济可以带动相关产业的发展，创造新的就业机会，提高经济效率。

（4）跨学科大概念

低空经济系统整合低空空域资源。

子主题 2：无人机技术

（1）涉及的学科

信息科技、物理。

（2）主要内容

无人机的定义和分类、我国无人机的发展历史、无人机的应用前景。

①无人机的定义和分类

◆定义：无人机，全称无人驾驶飞行器（Unmanned Aerial Vehicle，UAV），是一种利用无线电遥控设备或自身程序控制装置操纵的飞行器。

◆分类：无人机可以根据不同的标准进行分类，例如，按用途可分为军用无人机、民用无人机和消费级无人机等，按飞行平台构型可分为固定翼无人机、旋翼无人机、倾转旋翼无人机和扑翼无人机等，按重量可分为微型无人机、轻型无人机、中型无人机和大型无人机等。

②我国无人机的发展历史

我国无人机的研究起步较晚，但发展迅速。我国从20世纪50年代后期开始自主研发无人机，经过多年的努力，已经掌握了无人机研发的核心技术，并成功研制出多款具有世界先进水平的无人机产品。

③无人机的应用前景

随着技术的不断成熟和成本的降低，无人机在各个领域的应用前景越来越广阔。未来，无人机有望在更多领域发挥重要作用，如智慧城市、智能交通、海洋探测、太空探索等。同时，随着人工智能、大数据等技术的深度融合，无人机将更加智能化、自主化，为人类带来更多便利和可能性。

（3）学科大概念

◆信息科技：信息技术的融合使无人机更加智能化和自主化。

◆物理：无人机的飞行原理涉及空气动力学、材料科学和力学等物理知识，这些知识是无人机设计和飞行的基础，影响无人机的飞行性能。

（4）跨学科大概念

智能技术为社会赋能。

子主题3：深圳低空旅游线路的设计

（1）涉及的学科

地理、旅游管理、科学。

（2）主要内容

地形地貌和气象条件分析、无人机选型与飞行性能分析、航线规划与设计。

①地形地貌和气象条件分析

◆地形地貌分析：了解旅游区域的地形特征，包括山地、丘陵、平原、水域等，以及这些地形对无人机飞行的影响。

◆气象条件分析：研究旅游区域的气象特点，如风向、风速、降水量、气温等，以确保无人机在适宜的气象条件下飞行。

②无人机选型与飞行性能分析

◆无人机选型：根据旅游线路的特点和需求，选择合适的无人机型号，如旋翼无人机、固定翼无人机等。

◆飞行性能分析：了解无人机的飞行性能参数，如最大飞行高度、续航时间、载荷能力等，以确保无人机能够满足旅游线路的需求。

③航线规划与设计

◆航线规划：根据旅游区域的特点和景观分布，合理规划无人机的飞行航点和航线，以确保能够全面覆盖并捕捉到重要景观。

◆避障与安全性：在航线设计中考虑避开障碍物（如建筑物、树木等），并设置安全飞行高度和速度，以确保飞行的安全性和稳定性。

（3）学科大概念

◆地理：了解旅游区域的地形特征及这些地形对无人机飞行的影响。

◆旅游管理：低空旅游作为旅游业的一种新兴形式，其线路设计离不开旅游管理的理论指导和实践经验。

◆科学：了解无人机的飞行性能参数，以确保无人机能够满足旅游线路的飞行要求。

（4）跨学科大概念

人地协调可持续发展。

子主题 4：编程无人机模拟飞行旅游线路

（1）涉及的学科

信息科技、数学、科学。

（2）主要内容

无人机编程语言、景点地图与模拟飞行、项目实践。

①无人机编程语言

◆编程语言学习：学习 Python 或其他支持 Tello Edu 编程无人机的编程语言，掌握基本的语法和编程概念。

◆基本飞行指令：掌握无人机的起飞、降落、前进、后退、左转、右转、上升、下降等基本飞行指令。

②景点地图与模拟飞行

◆飞行线路规划：根据景点地图，规划无人机的飞行线路，包括起点、终点、途经点、高度、速度等参数的设定。

◆编程实现：将规划的飞行线路转化为编程指令，使用 Python 等编程语言编写程序，控制无人机按照预定线路飞行。

③项目实践

◆项目实施：按照项目设计进行实施，包括地图处理、飞行线路规划、编程实现、测试调试等。

◆项目总结：对项目实施过程进行总结和反思，提炼经验和教训，为未来的学习和实践提供参考。

（3）学科大概念

◆信息科技：编程语言是信息科技的核心工具，用于实现无人机的控制和数据处理。

◆数学：飞行线路的规划涉及数学中的几何和坐标系知识，用于确定无人机的线路和位置。

◆科学：科学原理在项目实践中用于验证和优化飞行线路。

（4）跨学科大概念

技术融合与空间认知。

2. 跨学科大概念生成图

本案例的跨学科大概念生成图如图24-1所示。

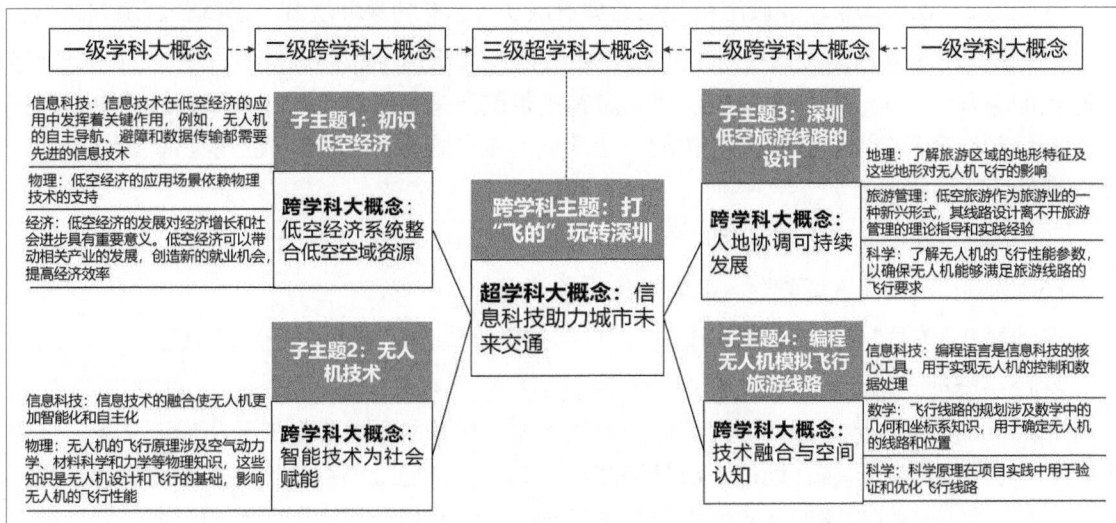

图24-1 "打'飞的'玩转深圳"跨学科大概念生成图

24.2.2 问题链：进阶性的跨学科核心问题设计

在探索低空经济与社会发展的交会点上，我们构建了一条进阶性的跨学科核心问题链，旨在引导学生跨越学科界限，深入思考未来交通工具的演变趋势及其背后的复杂因素。

主问题1：未来交通工具的发展将呈现什么样的趋势？

问题情境1：随着城市化进程的加快，城市交通拥堵问题日益严重。飞行汽车作为一种新型的交通工具，具有在城市间快速穿梭的优势，能够有效解决交通拥堵问题，满足人们对更加快速、便捷的出行方式的需求。

子问题1：你觉得飞行汽车未来会成为主流的交通工具吗？

子问题2：我国对飞行汽车的态度如何？

子问题3：目前有哪些公司在研发飞行汽车？飞行汽车存在哪些技术瓶颈？

主问题1及系列子问题旨在激发学生的想象力与探索精神，引导他们思考无人机技术作为现代科技的重要成果，在推动社会进步和行业发展方面的无限可能。无人机凭借其灵活、高效和适应性强的特点，正逐步渗透社会的各个领域，成为推动产业升级和创新的重要力量。

主问题 2：你觉得无人机能在哪些领域发挥重要作用？

问题情境 2：随着技术的不断成熟和成本的降低，无人机在各个领域的应用前景越来越广阔。未来，无人机有望在更多领域发挥重要作用，如智慧城市、智能交通、海洋探测等。

子问题 1：你了解无人机的发展历史吗？

子问题 2：目前无人机在哪些领域被广泛应用？

子问题 3：未来无人机还会在哪些领域展现出巨大的应用潜力和价值？

主问题 3：如果未来深圳城市空中交通建设成功，你能为深圳规划一条低空旅游线路吗？

问题情境 3：随着全国首个标准城市空中交通运营示范中心的启用，一个全新的低空旅游时代即将开启。这一创新举措不仅将为游客提供前所未有的城市观光体验，还将融合科技体验、科普教育及公益宣传等多重功能，让深圳的城市魅力在空中绽放。现在，请你设计一条深圳低空旅游线路。

子问题 1：设计低空旅游线路时要注意什么？

子问题 2：目前无人驾驶载人航空器的性能如何？

子问题 3：怎样从游客的角度出发，设计具有良好体验感的深圳低空旅游线路？

在这一系列问题中，学生将面对一个既具挑战性又充满乐趣的任务——利用 Tello Edu 编程无人机结合景点地图来模拟飞行旅游线路。这不仅要求学生掌握无人机编程技术，还需要他们综合运用信息科技、地理、数学等多学科知识，并通过小组协作完成整个项目。通过这一过程，学生不仅能够加深对无人机技术的理解，还能提升解决问题能力、团队协作能力和创新思维。

主问题 4：如何利用 Tello Edu 编程无人机，在景点地图上模拟飞行旅游线路？

问题情境 4：使用 Tello Edu 编程无人机在景点地图模拟飞行旅游线路，需要学生综合运用多学科的知识，并且分组协作完成。通过系统的学习和实践，学生可以全面掌握无人机编程技术并应用于实际场景中。

子问题 1：你知道如何使用 Python 编程语言来控制无人机吗？

子问题 2：根据景点地图规划无人机的飞行线路，需要测量哪些参数？

子问题 3：你如何总结和反思本小组的项目实施过程？

24.2.3 目标层：素养导向的跨学科教学目标设计

1. 信息科技学科核心素养目标

◆信息意识：在解决问题的过程中，理解无人机编程原理（编程逻辑、算法设计），感受科学与生活的紧密联系，提高学习兴趣；通过视频展示和小组交流，主动地寻找、筛选和评估与无人机编程相关的学习资源。

◆计算思维：在自主探究与合作交流中，锻炼观察、分析、比较、总结、归纳等思维；学会运用计算机科学领域的思想方法，将复杂的无人机编程问题分解为若干个子问题，并通过抽象、建模和算法设计等方式，找出解决问题的有效方法。

◆数字化学习与创新：通过实际操作和编程实践，创造性地解决无人机控制中的各种问题。

◆信息社会责任：认识空中交通安全的重要性，了解空中交通规则和安全操作程序，提高安全意识和自我保护能力；思考技术发展对人类社会的影响，讨论如何在享受技术带来的便利的同时，保持对伦理道德的关注和尊重。

2. 相关学科核心素养目标

（1）物理和地理

深入理解无人机飞行所涉及的物理学原理（如力学、空气动力学）和地理学知识（如地图识别、空间定位）。

（2）科学

树立科学思想和科学态度，通过模拟飞行线路的学习，理解科学研究的步骤和方法，包括提出问题、假设、设计实验、收集与分析数据等。

3. 多学科共通的核心素养目标

◆辩证思维：在项目完成后进行反思与评估，分析过程中的得失，总结经验教训，为未来的学习和研究提供借鉴。

◆创新素养：通过无人机编程等创新实践活动，激发好奇心和求知欲，勇于尝试新事物，培养创新意识。

24.2.4 任务簇：综合性的教学活动设计

1. 教学模式、策略与方法的应用

本案例采用小组合作学习的方法，将学生分组，小组讨论选出组长，组长依据组员特点进行分工，分别负责设计旅游线路、编写程序、测量和记录、调试无人机工作。小组设计旅游线路，并向全班同学讲解线路设计的合理性和介绍景点，最后编程完成旅游线路试飞。

2. 教学活动设计及实施过程

主干任务 1：学习低空经济和无人机相关知识

子任务 1：初步认识低空经济

活动 1：学生自主学习关于低空经济的知识。

活动 2：师生共同探讨未来交通工具的发展趋势。

子任务 2：深入了解无人机技术

活动：师生共同学习无人机发展历史，讨论无人机未来的应用场景，以及无人机作为未来交通工具的可能性。

主干任务 2：设计深圳低空旅游线路

子任务 1：调研深圳旅游资源

活动：上网搜集深圳旅游景点的相关简介，小组成员交流讨论，选出本组最终确定的景点。

子任务 2：设计合理的旅游线路

活动：学习了解深圳的地理知识，根据景点地理位置和地理特点，规划旅游线路，并向同学们介绍自己小组的游览景点和旅游线路。

主干任务 3：使用编程无人机模拟飞行旅游线路

子任务 1：完成小组分工

活动：小组成员投票，选出本组组长；组长依据组员特点进行小组分工，分别负责设计旅游线路、编写程序、测量和记录、调试无人机工作。

子任务 2：无人机编程和调试

活动 1：观看微课视频，自主学习无人机编程和调试相关知识。

活动 2：学生按线路测量距离，编写程序，完成编程无人机在模拟景点地图的试飞。

24.2.5 证据集：学习评价的设计

1. 学习的评价

◆学生是否掌握低空经济和无人机技术的相关知识。

◆学生设计的深圳低空旅游线路是否合理。

◆学生能否编写程序，使无人机可以顺利起飞，并完成旅游线路的飞行。

2. 学习性评价

本案例的评价不仅关注学生的学习成果，还关注学生的学习过程，如学习态度、学习方法、努力程度、小组协作情况等。

3. 学习式评价

注重学习方式的多样性，评价学生是否采用了多种学习方式（如自主学习、合作学习、探究学习等）来提高学习效果。

评价部分主要包含 4 方面的内容，各部分评价指标和所占比例如下。

◆路线设计（30%）：选取的景点是否具有代表性；设计的路线是否为最短路径，一日内能否完成游览。

◆无人机试飞成绩（30%）：无人机能否在每一个景点成功起飞和降落，无人机在中途坠落则任务失败。

◆学习过程评价（20%）：小组每位成员是否都有分工安排，是否都积极参与小组讨论和活动。

◆小组互评（20%）：小组成员根据其他组成员的表现，给其他组打分。

24.2.6 信息化教学资源

1. 跨学科教学资源的类型、功能及对教与学过程的优化作用

在本案例中，教师可在网上搜索"全球首条eVTOL跨城跨湾航线首次演示飞行成功""深圳景点介绍视频"，带领学生观看相关视频。此外，教师可自主开发关于无人机发展历史、低空经济、无人机编程知识的微课视频，以及制作案例PPT文件，引导学生学习。

2. 跨学科学习活动资源（评价量表）

学生角色	评价指标	评分星级
演说家	线路设计和时间安排合理	☆ ☆ ☆
	线路包含不同类型的景点，能够代表深圳	☆ ☆ ☆
	语言流畅，富有感情地介绍旅游线路	☆ ☆ ☆
测量师	测量准确无误，为编程提供准确的数据支持	☆ ☆ ☆
	确保飞行线路为最短路径	☆ ☆ ☆
程序员	确保无人机能按预定线路试飞	☆ ☆ ☆
	飞行过程中无人机不坠落	☆ ☆ ☆
	飞行过程中，如出现问题能够及时调整程序	☆ ☆ ☆
记录员	详细完整记录飞行过程中的数据	☆ ☆ ☆
	发现问题，并将问题反馈给程序员	☆ ☆ ☆
	反思与总结整个过程	☆ ☆ ☆

24.3 案例反思

本案例的教学使用了3节社团课的时间。在分工时，学生们普遍希望担任程序员的角色，而不愿从事测量和线路设计工作。然而，在实际操作中，学生们逐渐体会到协作学习的重要性，明白每个角色都至关重要，任何一个环节出现问题都会影响最终结果。从教学目标来看，基本完成了预定目标。通过小组协作，学生们相互交流，开阔了思维，激发了灵感。任务的完成离不开小组成员间的默契配合，学生们深刻理解了团队精神和协同效应。本案例重点在于培养学生综合运用多学科知识解决实际问题的能力，同时提升其创新思维、知识综合运用能力、动手实践能力和解决问题能力，学生的这些方面都在教学过程中得到了有效锻炼。

本教学案例虽有不足，但总体较为成功。无人机编程教育不仅需要教师传授编程知识，更需要融合其他学科的知识。学校拥有许多新设备和工具，但多用于参观展示，如何充分发挥这些设备和工具的优势以更好地支持STEAM教育，是我们需要大胆尝试和不断探索的方向。作为年轻教师，我们将不断学习新知识和理论方法，充实自己，尝试新的教学方法和理念，持续提升自我。在未来的教学中，我们会更加注重培养学生的团队协作精神和多学科知识融合能力，以更好地实现学习目标。

案例 25

智慧出行小助手

本跨学科案例涵盖了信息科技、数学、科学、语文等多个学科领域，适合第四学段（7~9年级）的学生学习，建议授课时长为4课时。本案例由深圳市盐田区实验学校姚佳静老师、深圳市盐田区教育科学研究院马瑞老师设计并提供。

▶▶ 25.1 案例背景信息

在快速发展的信息化时代下，智慧出行作为智慧城市建设的重要组成部分，越来越受到社会各界的重视。本案例以"智慧出行小助手"为主题，旨在通过跨学科教学的方式，引导九年级学生探索如何利用信息科技、数学和科学等学科知识解决实际问题，培养他们的综合素养和创新能力。

选题依据学生日常生活中的学校门口拥堵问题，这一问题不仅影响学生的正常出行，也是城市交通管理的挑战。通过本案例，学生将学习如何运用数据收集与分析、机器学习、图形化编程等技能，设计并制作一个能够预测和优化出行方式的系统。

案例融合信息科技、数学和科学等多个学科的核心概念和方法，通过项目学习，学生可以在实践中深入理解学科知识，并学会如何用这些知识解决现实问题。同时，案例还注重培养学生的数据安全意识、科学思维、计算思维、辩证思维、创新思维和沟通素养等素养。

本案例的特色在于其跨学科的设计，不仅要求学生掌握单一学科的知识，更强调学科间的融合与创新。通过智慧出行小助手的设计与制作，学生能够体验到从发现问题到实施解决方案的完整过程，这不仅能够提升他们的实践能力，也能够激发他们对科技和创新的兴趣。

▶▶ 25.2 案例描述

25.2.1 概念群：结构化的跨学科教学内容设计

1. 子主题教学内容分析与大概念梳理

以信息科技为主干，辅以数学、科学等学科，对课程标准、教材要求和相关论文、网络资料等文本进行分析，明确"智慧出行小助手"这一主题所涉及的教学内容、核心素养及教学目标，梳理出相应的跨学科子主题。基于此进一步厘清跨学科子主题中涉及的学科，以及各学科对应的一级学科大概念，并在学科交叉的基础上演绎出二级跨学科大概念。

子主题 1：用数据说话

（1）涉及的学科

信息科技、数学。

（2）主要内容

解释数据在解决拥堵问题中的重要作用，通过具体案例来展示看似普通的数据中蕴含的价值；引导学生围绕"产生拥堵的因素有哪些"设计问卷的问题，再基于"减少拥堵"选择合适的分析方法；强调在收集和整理包含个人信息的数据时应采取的保密和安全措施，建立数据安全意识。

（3）学科大概念

◆信息科技：借助问卷星、班级小管家等数字化工具完成数据收集、整理。

◆数学：数据蕴含信息，不同方式收集到的信息不同，而只要有足够的数据就可以从中发现规律。用数据说话是生活中的必备能力。

（4）跨学科大概念

调查研究是准确掌握拥堵情况的有效方式，需要收集、整理、分析数据，感悟数据蕴含的信息，得出解决措施的重要依据，具有数据安全意识。

子主题 2：智慧出行小助手的设计与制作

（1）涉及的学科

信息科技、科学。

（2）主要内容

教师介绍机器学习的基本定义，区分监督学习、无监督学习和强化学习，讲解几种常见的机器学习算法（如决策树、支持向量机、神经网络等）及其工作原理。学生通过优必选公司的 AI 智慧教育平台体验机器学习的过程，深入理解其原理；讨论智慧出行小助手应该具备的功能，根据需求确定编程框架；在项目完成过程中有效沟通，进行迭代开发。

（3）学科大概念

◆信息科技：数字化学习与创新是重要学习习惯，AI 智慧教育平台、uCode 图形化编程软件等数字化平台可以为智慧出行小助手的设计提供支架，帮助理解机器学习的原理。

◆科学：科学思维是分析智慧出行小助手的重要思维方式，为方案设计提供科学依据；工程思维能将智慧出行小助手方案转化为有形系统，并进行迭代升级。

（4）跨学科大概念

智慧出行是智慧社会的组成部分，是人工智能技术在生活中的应用体现，展现了人工智能技术的正面价值和影响。智慧出行小助手的设计与制作需要经历项目设计的整个过程，是解决问题的重要载体。

子主题 3：智慧出行小助手的展示与交流

（1）涉及的学科

信息科技、语文。

（2）主要内容

学生展示智慧出行小助手的核心功能，演示交互方式；总结在项目实施过程中遇到的问题及其解决方案，汲取经验；在交流过程中，基于同伴的反馈分析存在的问题并提出改进方案，优化项目。

（3）学科大概念

◆信息科技：迭代是计算思维中的重要一环，通过交流可以反思、优化智慧出行小助手的设计方案。

◆语文：语言运用是梳理、整合和展示智慧出行小助手的基本技能，为团队合作的深度和高效提供重要保障。

（4）跨学科大概念

交流与反思是解决问题的关键环节，是知识获取的重要方式，不仅有助于获取多角度的信息和灵感，还能促进知识的深化和创新思维的发展。

2. 跨学科大概念生成图

本案例的跨学科大概念生成图如图 25-1 所示。

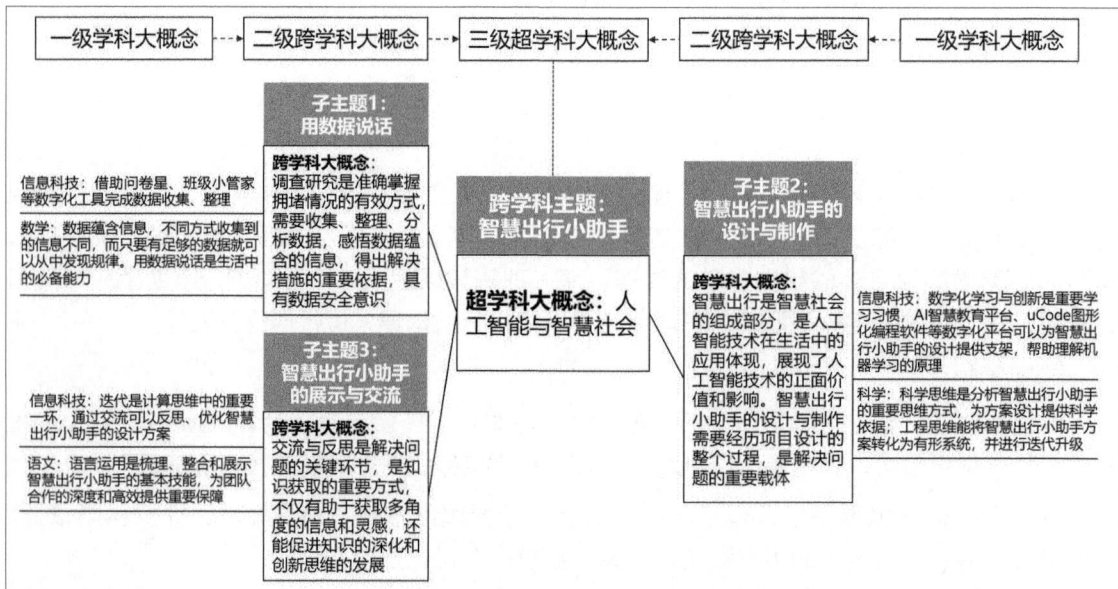

图25-1 "智慧出行小助手"跨学科大概念生成图

｜ 经验分享 ｜

我们在梳理概念群时，可以先找到案例的主要学科，以此为圆心，罗列案例的相关知识点；再分析知识点的内涵，将其归纳到不同的学科中，确定跨学科的科目；研读相关学科的课程标准，厘清知识点之间的层级关系，找到知识点对应的核心素养，讲清楚跨学科大概念；最后再次从案例的真实问题入手，从生活角度出发，找出超学科大概念。

25.2.2 问题链：进阶性的跨学科核心问题设计

围绕跨学科大概念提出主问题，进一步提出子问题，形成"智慧出行小助手"跨学科主题学习的问题链。

主问题 1：如何缓解学校门口的拥堵情况？

问题情境 1：按时到校是每位学生每天都需要考虑的事情，但学校门口道路狭窄，每逢早高峰就会出现拥堵情况，导致学生迟到。现在，请你向大家明确学校门口早高峰拥堵的情况和原因。

子问题 1：学校门口的拥堵情况是什么原因造成的？

子问题 2：如何准确获取同学们选择出行方式时会考虑的因素？

子问题 3：如何利用人工智能技术来减少拥堵时的等待时间？

主问题 2：如何设计和制作智慧出行小助手来有效缓解学校门口早高峰拥堵情况？

问题情境 2：作为学校的一分子，你需要设计一个智慧出行小助手，来帮助同学们每天选择出行方式和出发时间，缓解学校门口的拥堵情况。你将学习机器学习的工作原理，并通过编程手段来实现这一目标。

子问题 1：机器学习的原理是什么？

子问题 2：智慧出行小助手出行方式选择的影响因素是什么？算法应该如何选择？

子问题 3：如何训练智慧出行小助手的模型？

子问题 4：如何通过图形化编程来设计一个智慧出行小助手？

主问题 3：如何向同学们展示智慧出行小助手？

问题情境 3：作为智慧出行小助手的设计者，你需要向身边的同学们进行推广，吸引同学们使用你的作品来预测出行方式。

子问题 1：向同学们介绍智慧出行小助手的形式是什么？

子问题 2：智慧出行小助手还有哪些可以改进和优化的地方？

25.2.3 目标层：素养导向的跨学科教学目标设计

1. 信息科技学科核心素养目标

◆信息意识：体验数据收集过程，能分析智慧出行小助手中所需的关键数据，如时间、距离、天气等，理解这些因素如何影响出行方式的选择。

◆计算思维：能理解并解释机器学习的基本原理，学会将现实问题抽象成计算问题，提出预测出行方式的解决方案，设计简单的出行建议系统。

◆数字化学习与创新：能熟练使用AI智慧教育平台进行模型构建、训练与评估，通过编程实践深化对机器学习技术的理解。

◆信息社会责任：讨论机器学习在智慧出行应用中的伦理挑战，如就业影响等，思考技术对社会的影响，提高作为数字公民的责任感，倡导技术发展与社会福祉的和谐共生。

2. 相关学科核心素养目标

（1）数学

能够分析影响出行的因素，知道数据中蕴含信息，能够从数据中发现规律，用数据说话。

（2）科学

◆科学思维：通过资料阅读、问卷调查、推理论证等方式，分析影响每天出行方式选择的关键因素。

◆探究实践：通过资料查找、自主探究等方式，明确智慧出行小助手需要解决的现实问题，制订合理的设计方案，并从不同角度评估方案的实用性、创新性和可行性。

3. 多学科共通的核心素养目标

◆辩证思维：在分析智慧出行小助手时，能够评估多种信息来源的可靠性和不同设计方案的有效性，通过逻辑推理和证据支持，对不同观点和假设进行深入探讨和论证。

◆创新思维：在设计和开发智慧出行小助手时，能够提出独特的创意和解决方案，并在项目实践过程中实现系统的迭代和完善。

◆沟通素养：能够在项目实践过程中结合小组成员的特点进行合理分工，有效沟通。

25.2.4 任务簇：综合性的教学活动设计

1. 教学模式、策略与方法的应用

本案例采用项目学习法，以"设计与制作一个智慧出行小助手"为项目背景，采用渐进式任务簇，以问题分析、方案设计、实施验证、优化迭代为核心环节，形成"影响出行方式选择的主要因素"初级任务和"智慧出行小助手的设计与制作""智慧出行小助手的展示与交流"进阶任务，结合多种数字化手段，设计多样化的教学活动，逐步引导学生解决学校门口早高峰拥堵问题，提升跨学科学习的效果。首先，学生通过资料搜集与问卷调查，初步了解同学们每日选择出行方式的依据；其次，体验AI智慧教育平台，加深对机器学习的理解，并掌握哪种算法最适合解决出行方式预测问题；再次，教师通过案例分析引导学生思考智慧出行小助手应具备哪些核心功能才能有效缓解学校门口的拥堵问题；最后，学生利用AI智慧教育平台中的AI实训中心训练预测出行模型，编写程序，合作开发个性化的智慧出行小助手，并进行项目展示与评价。

2. 教学活动设计及实施过程

主干任务 1：影响出行方式选择的主要因素

子任务 1：总结影响出行方式选择的主要因素

活动 1：课前线上资料搜集与分享。学生通过问卷调查的形式收集影响同学们出行方式选择的因素；将收集到的资料整理成报告，并在课堂上进行小组分享。

活动 2：总结影响出行方式选择的主要因素，如天气和出发时间。在恶劣天气下，同学们大多会选择由父母开车接送，而一般天气会根据远近程度选择步行、骑车或乘坐公交车；每位同学都会对自己到学校所需的时间有个心理预期，如果按照常规方式会导致迟到时，会临时更换出行方式。

子任务 2：学习机器学习的一般过程及工作原理

活动 1：利用 AI 智慧教育平台中的 AI 实训中心总结机器学习的过程。学生登录 AI 智慧教育平台，体验机器识别手势的过程，总结机器学习的过程；自主训练手势识别的模型，理解机器是如何做出判断的。

活动 2：通过微课学习机器学习的常见算法。教师制作一个简短的微课，介绍机器学习的常见算法和适用情景，如决策树、支持向量机、神经网络等；学生结合预测出行方式的具体案例，分析并确定使用何种算法。

主干任务 2：智慧出行小助手的设计与制作

子任务 1：训练预测出行模型

活动 1：每组学生讨论一个简单的智慧出行小助手的设计方案，需要利用出行方式选择影响因素（如天气、出发时间等）的数据，确定样本数据。

活动 2：利用 AI 智慧教育平台中的 AI 实训中心，训练预测出行模型，思考程序要用到的积木。

子任务 2：制作智慧出行小助手

活动：学生使用图形化编程软件，分组设计一个包含出行方式选择影响因素和建议的智慧出行小助手，编写程序，实现根据每日影响因素的变化而给出不同的出行建议；教师提供指导和帮助，确保每组学生都能实现智慧出行小助手的基本功能。

主干任务 3：智慧出行小助手的展示与交流

子任务 1：小组结对，分享优化

活动：小组两两结对，相互展示作品并评价，验证出行方式预测的合理性，并制定具体的优化实施步骤和改进方向。

子任务 2：班级评比，集思广益

活动：每个结对小组选出 1 个小组上台展示自己的智慧出行小助手的功能和创新点；展示时需涵盖实际应用场景，模拟用户操作流程。

子任务3：课程总结与评价

活动1：教师总结小组展示亮点，表扬优秀小组和个人，提出改进建议；展示人工智能预测的典型案例，引导学生思考人工智能对社会的影响。

活动2：教师展示作品评价表，学生参考评价。

25.2.5 证据集：学习评价的设计

1. 学习的评价

（1）评价目的

评估学生对人工智能预测出行的理解，以及他们在设计制作智慧出行小助手中的表现。

（2）评价方式

①知识测试

《智慧出行小助手》知识测试题

一、选择题

1.本案例中智慧出行小助手的主要功能是（　　）。

A.交通流量预测　　　　　B.自动驾驶汽车　　　C.天气预报　　　D.在线购物

2.数据处理与分析在智慧出行小助手中的作用是（　　）。

A.设计用户界面　　　　　B.提供娱乐内容

C.收集和清洗交通数据　　D.控制交通信号灯

3.机器学习在智慧出行小助手中的应用主要是（　　）。

A.生成随机密码　　　　　B.预测交通流量　　　C.编辑文本　　　D.播放音乐

4.用户界面设计的主要目的是（　　）。

A.提高数据处理速度　　　B.增加服务器容量

C.提升用户体验　　　　　D.减少能耗

5.数据可视化在智慧出行小助手中的作用是（　　）。

A.存储数据　　　　　　　B.传输数据

C.显示数据趋势和模式　　D.加密数据

6.问卷调查方法主要用于了解（　　）。

A.交通信号灯的设置　　　B.用户的出行习惯

C.空气质量　　　　　　　D.网络带宽

7.用户偏好分析主要用于（　　）。

A.设计交通信号灯　　　　B.提高数据传输速度

C.监测空气质量　　　　　D.优化出行建议

二、填空题

8.用户界面设计需要考虑用户的_____和使用习惯。

9.数据可视化可以帮助用户更直观地理解_____。

10.智慧出行小助手的最终目标是提高_____和减少交通拥堵。

三、简答题

11.机器学习在智慧出行小助手中的应用有哪些优势？

12.请列举3种用户界面设计的原则，并说明其重要性。

13.请解释数据可视化在智慧出行小助手中的作用，并举一个具体例子。

参考答案：1.A 2.C 3.B 4.C 5.C 6.B 7.D 8.出行习惯 9.数据趋势 10.出行效率

②作品评价表

评价维度	评分标准	分值范围
数据处理与分析	数据采集、清洗、存储等步骤完整，数据分析方法合理，结果准确	0~20分
模型训练与优化	使用了适当的算法或模型（如简单的预测模型），模型训练效果好，预测准确	0~20分
功能完整性	功能齐全，满足基本需求（如交通预测、路线规划等），功能实现无明显错误	0~10分
技术创新性	使用了图形化编程中的高级功能（如循环、函数、认知AI等），有独特的创新点	0~10分
逻辑与结构	程序逻辑清晰，结构合理；积木组织有序，易于理解	0~20分
文档与报告	程序注释清晰，易于理解；项目报告详细，逻辑清晰	0~10分
团队合作与分工	团队成员分工明确，合作良好，每位成员都有实质性的贡献	0~5分
用户体验	界面设计美观、易用，用户操作流畅，无卡顿现象	0~5分

2. 学习性评价

（1）评价目的

记录和评估学生在设计制作智慧出行小助手过程中的参与度和合作能力。

（2）评价方式

◆观察记录：教师记录学生在小组讨论中的互动。

◆小组互评：通过小组互评，评估每位成员在小组活动中的贡献。

◆师评：教师对学生的学习过程和成果提供反馈。

（3）评价标准

◆参与度：学生在小组讨论中的活跃程度。

◆合作精神：学生在小组活动中的合作态度和团队协作能力。

◆解决问题能力：学生在制作智慧出行小助手过程中遇到问题时所采取的解决策略和效果。

3. 学习式评价

（1）评价目的

培养学生的自我评价能力，鼓励他们对智慧出行小助手的制作过程进行反思。

（2）评价方式

◆自评：学生进行自我评价，评估自己在小组合作和智慧出行小助手制作过程中的表现。

◆互评：学生相互评价，指出彼此在小组活动中的优点和需要改进的地方。

◆反思：学生对自己制作的智慧出行小助手进行反思。

（3）评价标准

◆自我认知：学生对自己学习状态的理解和认识。

◆评价技能：学生在进行自评和互评时的公正性和准确性。

◆互评质量：学生在互评中的客观性和建设性。

25.2.6 信息化教学资源

（1）AI智慧教育平台

◆设计目的：提供沉浸式的学习环境，让学生能够身临其境地体验和探索智慧出行小助手的原理与制作；利用AI智慧教育平台中AI实训中心的互动性和可视化特性，帮助学生更直观地理解机器学习的原理和编程框架，如图25-2所示；AI智慧教育平台可以让学生根据自己的学习进度和兴趣，进行个性化探索和学习。

◆支撑性作用：AI智慧教育平台可以让学生在安全的环境下，深入探索和理解机器学习的原理，增强学习的沉浸感。

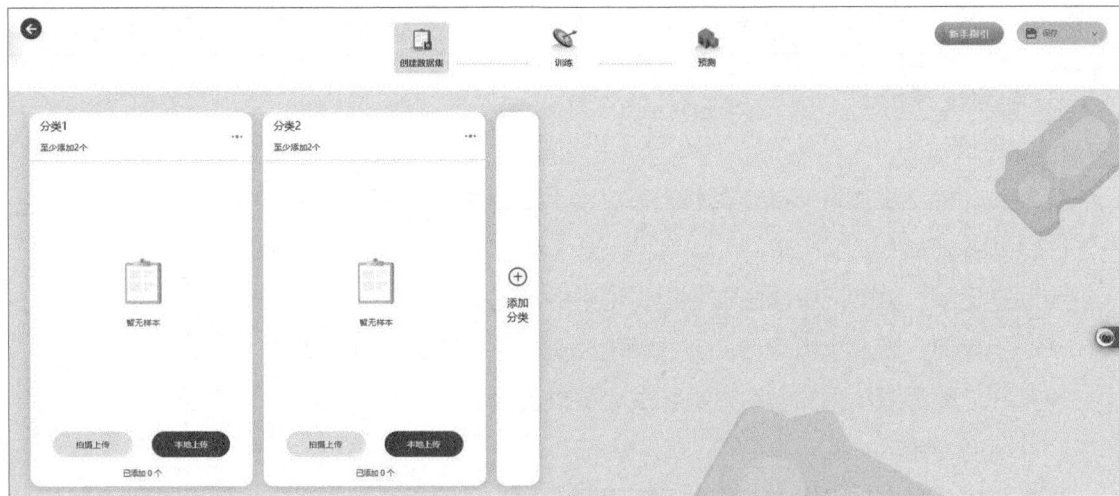

图25-2　AI智慧教育平台中的机器学习页面

（2）uCode图形化编程软件

如图25-3所示，uCode图形化编程软件为学生提供了制作智慧出行小助手的编程框架，用积木帮助学生理清逻辑，激发学生的学习兴趣，提高他们的信息素养。

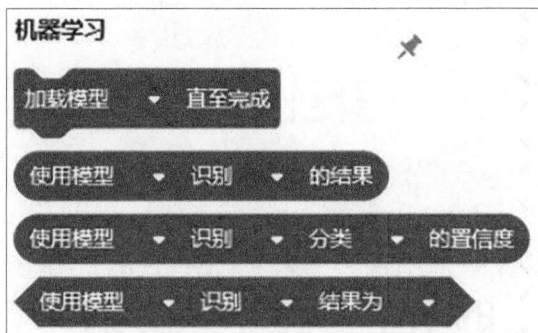

图25-3　uCode图形化编程软件中与机器学习相关的积木

▶▶ 25.3 案例反思

1. 对教学过程和效果的反思

部分学生在将理论知识与实际应用相结合时遇到了困难，这表明在教学设计中需要进一步加强理论与实践的联系。此外，课例中的评价机制虽然多元化，但在具体操作中，评价标准的明确性和细致度还需进一步提升。

2. 存在的问题和改进的方案

在教学实践中，我们观察到学生实践能力存在显著差异，部分学生在技术工具的应用上显得生疏，从而影响了学习效率。此外，尽管教学设计中融入了跨学科元素，但学科间的融合深度和实际效果仍有待加强。

针对这些问题，我们提出以下改进措施。首先，在课程初期增加技术工具的学习环节，确保每位学生都能熟练操作，为后续学习打下坚实基础。其次，通过案例研究、项目合作和角色扮演等教学方法，深化跨学科内容的整合，促进学生从多角度理解和应用知识。

3. 对专业成长发展的思考

本次案例教学不仅对学生是一次宝贵的学习经历，也对教师的专业成长具有重要意义。通过这次教学实践，我们在跨学科案例教学设计、课堂管理和学生评价等方面获得了宝贵的经验，同时也意识到自身在教学方法和学科整合能力上需要进一步提升。

案例 26

AI+ 低碳：探索碳中和的未来智能环保社会

本跨学科案例涵盖了信息科技、生物、地理、化学等多个学科领域，适合第四学段（7~9年级）的学生学习，建议授课时长为8课时。本案例由深圳市宝安区教育科学研究院杨军老师、郑钰琦老师设计并提供。

▶▶ 26.1 案例背景信息

当今社会，气候变化和环境污染问题越来越受到重视，低碳经济和碳中和已成为全球关注的焦点。随着科技的进步，人工智能在各个领域展现出巨大的潜力，尤其在解决环境问题和实现可持续发展方面，人工智能有着广泛的应用前景。我国提出的碳达峰、碳中和目标为绿色发展指明了方向。为了培养具备创新能力和社会责任感的未来人才，教育也需与时俱进，将这些先进的科技理念融入教学中。

本案例通过跨学科教学设计，从深圳市地域生态特色和未来低碳智能城市出发，以"AI+ 低碳：探索碳中和的未来智能环保社会"为主题，以信息科技为主干学科，依托"数据与分析"模块的核心知识，以探索红树林在碳中和中的作用为主线，有机整合生物、地理、化学等学科知识技能和思维方法。学生将系统学习红树林的生物多样性、生态功能和碳循环过程；了解红树林在环境保护中的作用，特别是其在碳吸收和转化中的关键角色；通过项目实践设计红树林的生态监测方案并利用现代信息技术进行数据收集与分析，体验运用技术保护生态环境和推动碳中和目标的实现。

本案例通过学科融合的方法，帮助学生理解并应用跨学科知识，培养创新思维和解决实际问题的能力；通过项目学习方式，注重实践与理论相结合，研究现有信息技术在低碳领域的应用，理解未来低碳智能城市中的红树林生态与数字碳中和，这个过程不仅提升了学生的学科素养，还培养了他们的团队协作能力和创新精神。通过本案例，学生能够深入了解红树林在低碳环保中的作用，提升环境保护和可持续发展的意识，增强科学素养、技术应用能力和社会责任感。

▶▶ 26.2 案例描述

26.2.1 概念群：结构化的跨学科教学内容设计

1. 子主题教学内容分析与大概念梳理

以信息科技为主干，辅以生物、地理、化学等学科，对课程标准、教材要求和相关论文、网络资料等文本进行分析，明确"AI+ 低碳：探索碳中和的未来智能环保社会"这一主题所涉及的教学内容、核心素养及教学目标，梳理出相应的跨学科子主题。基于此进一步厘清跨学科子主题中涉及的学科，以及各学科对应的一级学科大概念，并在学科交叉的基础上演绎出二级跨学科大概念。

子主题 1：红树林的分布与生态价值

（1）涉及的学科

生物、地理。

（2）主要内容

了解红树林的生物多样性和地理分布；学习红树林的生态功能和对环境的适应性。

（3）学科大概念

◆生物：红树林是生物多样性的宝库，其独特的生态系统为多种生物提供栖息地，对生态保护和碳中和起到重要作用。

◆地理：红树林分布在特定的地理环境中，其分布和生长受到气候、土壤等因素的影响。深圳红树林具有得天独厚的条件。

（4）跨学科大概念

红树林的生物多样性和地理分布对其生态功能和环境适应性具有重要影响。

子主题 2：红树林的环保与碳循环

（1）涉及的学科

生物、化学。

（2）主要内容

探究红树林在环境保护中的作用，特别是其在碳吸收和转化中的关键角色。

（3）学科大概念

◆生物：红树林通过光合作用吸收二氧化碳，是重要的碳汇。

◆化学：红树林中的有机物质通过化学过程转化为稳定的碳形式，长期存储在生态系统中。

（4）跨学科大概念

红树林在碳循环中扮演着关键角色，通过生物和化学过程促进碳的吸收和转化。

子主题 3：红树林的碳通量监测

（1）涉及的学科

化学、信息科技。

（2）主要内容

了解红树林碳通量的监测技术；学习如何利用信息技术收集和分析碳通量数据。

（3）学科大概念

◆化学：碳通量是指在一定时间内通过某一生态系统边界的碳的总量，包括碳的吸收、释放和转化。

◆信息科技：传感器等技术可以精确监测红树林的碳通量。

（4）跨学科大概念

信息技术在监测和分析红树林的碳通量中发挥着重要作用，为碳循环研究提供科学依据。

子主题 4：保护红树林

（1）涉及的学科

地理、信息科技。

（2）主要内容

了解红树林生态监测的重要性；学习如何利用无人机和图像识别技术进行生态健康监测。

（3）学科大概念

◆地理：红树林的生态监测对于评估其生态健康状况和环境变化至关重要。

◆信息科技：无人机和图像识别技术可以提供高分辨率的生态监测数据，帮助科学家和管理者更好地理解和保护红树林生态系统。

（4）跨学科大概念

现代信息技术，特别是无人机和图像识别技术，为红树林的生态监测提供了强大的工具，有助于实现红树林的保护和管理。

2. 跨学科大概念生成图

在 4 个跨学科大概念的基础上生成最终的三级超学科大概念，即数字碳中和，如图 26-1 所示。以红树林的生态价值、碳循环、碳通量监测和生态保护为核心内容，整合信息科技和

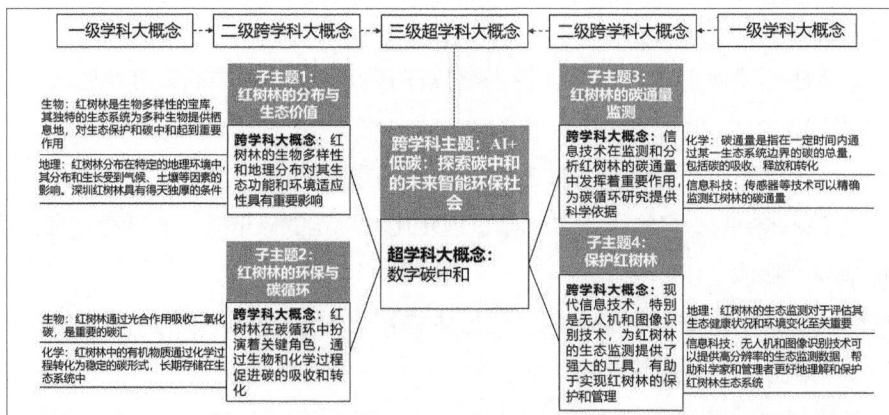

图 26-1 "AI+低碳：探索碳中和的未来智能环保社会"跨学科大概念生成图

生物、地理、化学等学科知识。通过探讨红树林的生物多样性、地理分布、碳吸收与释放，以及利用现代信息技术进行生态监测，形成跨学科的视角。案例以"AI+ 低碳：探索碳中和的未来智能环保社会"为主题，展示了利用传感器等信息技术来监测碳通量数据，以及通过无人机和图像识别技术进行生态监测与保护，从而实现红树林的可持续管理和碳中和目标。

26.2.2 问题链：进阶性的跨学科核心问题设计

围绕跨学科大概念提出主问题，进一步提出子问题，形成"AI+ 低碳：探索碳中和的未来智能环保社会"跨学科主题学习的问题链。

主问题 1：红树林在生物多样性和地理分布上有何特点？

问题情境 1：想象一下，你是红树林的生态研究者，你需要向大家介绍红树林的生物多样性和地理分布，让大家明白红树林的重要性。

子问题 1：红树林中有哪些典型的生物种类？

子问题 2：红树林的地理分布有哪些特点？

主问题 2：红树林如何通过生物和化学过程实现碳的吸收和转化？

问题情境 2：请你向大家解释红树林如何通过生物和化学过程实现碳的吸收和转化，让大家了解红树林在碳循环中的作用。

子问题 1：红树林通过哪些生物过程吸收二氧化碳？

子问题 2：红树林中的有机物质如何通过化学过程转化为稳定的碳形式？

主问题 3：如何利用信息技术监测和分析红树林的碳通量？

问题情境 3：在研究红树林的碳通量时，你需要设计一个监测和分析红树林碳通量的方案，让大家了解如何利用现代信息技术进行碳通量研究。

子问题 1：什么是碳通量，它在红树林生态系统中有何意义？

子问题 2：如何利用传感器等技术监测红树林的碳通量数据？

主问题 4：如何利用无人机和图像识别技术进行红树林的生态监测？

问题情境 4：请你设计一个利用无人机和图像识别技术进行红树林生态监测的方案，让大家了解如何利用现代信息技术保护红树林生态系统。

子问题 1：红树林生态监测的目的和意义是什么？

子问题 2：如何利用无人机和图像识别技术评估红树林的生态健康状况？

26.2.3 目标层：素养导向的跨学科教学目标设计

1. 信息科技学科核心素养目标

◆信息意识：能够利用互联网和其他数字资源有效地收集、整理分析和红树林的相关信息；能够解释传感器和数据分析软件的工作原理，了解这些技术在现代科技中的应用和重要性。

◆计算思维：能够分析红树林碳通量监测的设计问题，提出合理的解决方案；能够使用编程软件和数据分析软件设计简易的红树林生态监测方案，进行数据采集和处理。

◆数字化学习与创新：能够运用数字化工具进行资料收集、沟通协作、项目管理和成果展示。

◆信息社会责任：能够理解信息技术在生态保护和碳中和中的重要作用，认识技术在现代社会中的广泛应用。

2. 相关学科核心素养目标

（1）生物

◆生命观念：能够理解红树林的生物多样性及其对生态系统的重要性。

◆实践探究：能够分析红树林的生态功能，如碳吸收等。

（2）地理：

◆综合思维：能够理解红树林的地理分布特点及其对生态功能的影响。

◆地理实践力：能够分析红树林对环境变化（如气候变化等）的响应。

（3）化学

◆化学观念：能够理解红树林在碳循环中的作用，特别是其在碳吸收和转化中的关键角色。

◆科学态度与责任：能够分析红树林中的有机物质如何通过化学过程转化为稳定的碳形式。

3. 多学科共通的核心素养目标

◆责任担当：通过感受、理解、欣赏、评价红树林的生态功能和环境价值，表达对生态环境的尊重和保护意识；能够在项目实践中探讨如何在现代社会保护红树林，形成环境保护的责任感和使命感。

◆实践创新：在分析红树林碳通量监测技术时，能够评估多种来源信息的可靠性和不同设计方案的有效性；在设计和开发红树林生态监测方案时，能够提出独特的创意和解决方案，并在项目实践过程中实现系统的迭代和完善。

26.2.4 任务簇：综合性的教学活动设计

1. 教学模式、策略与方法的应用

本案例采用项目学习法，以设计红树林生态监测方案为项目背景，采用渐进式任务簇，以环境感知、特征探究、操作体验、系统设计为核心环节，按照从探索红树林生态到设计红树林生态监测方案的思路，形成 4 个主干任务，结合多种数字化手段，设计多样化的教学活动，逐步引导学生深入了解保护和监测红树林的过程，提升跨学科学习的效果。首先，学生通过资料搜集与分享，初步了解红树林的生物多样性、地理分布和生态功能，通过虚拟环境体验和微课学习，加深对红树林的理解，并掌握其所处地区的环境特征；其次，教师通过案例分析引导学生思考红树林的环保作用和碳循环过程；再次，教师创设碳通量监测需求分析讨论会，引导学生分析影响红树林碳循环的关键因素；最后，教师基于无人机巡检探究人工智能中图像识别等

技术的工作原理，学生合作设计个性化的红树林生态监测方案，并进行方案展示与评价。

2. 教学活动设计及实施过程

主干任务 1：探索红树林的生物多样性与地理分布

子任务 1：研究红树林中的典型生物种类

活动 1：线上资料搜集与分享。学生通过教育部公布的虚拟仿真实验教学项目，如"漳江口红树林植物学实习虚拟仿真项目"，搜集红树林中的典型生物种类资料，并在课堂上进行小组分享。

活动 2：虚拟仿真平台体验。教师利用"漳江口红树林植物学实习虚拟仿真项目"提供的虚拟仿真平台，让学生沉浸式体验红树林的生态系统，观察不同种类的生物及其生存状态；通过"做大自然的观察师"活动，学生在红树林国家级自然保护区进行现场观鸟教学直播活动，增加对红树林生物多样性的直观认识。

活动 3：生物多样性报告制作。学生根据搜集的资料和虚拟平台的体验，制作关于深圳红树林生物多样性的报告，包括物种名录、生态习性等，并在班级内进行展示。

子任务 2：分析红树林的地理分布特点

活动 1：地理分布图绘制。学生根据"深圳河口红树林生态修复监测"项目提供的地理信息，绘制深圳红树林的分布图，并标注其地理位置和主要特征。

活动 2：地理分布特点分析。学生分析深圳红树林的地理分布特点，如与城市发展的关系、与其他生态系统的交互等，并探讨这些特点如何影响其生态功能。

活动 3：地理分布与生态功能关联报告。学生撰写报告，探讨红树林的地理分布如何影响其生态功能，如保护海岸线、维持生物多样性等，并在班级内进行汇报。

主干任务 2：探究红树林的环保作用与碳循环

子任务 1：研究红树林的碳吸收过程

活动 1：光合作用实验。学生在生物课堂上进行光合作用实验，观察红树林植物如何通过光合作用吸收二氧化碳，并探讨其对环境的保护作用。

活动 2：碳吸收案例研究。学生研究深圳红树林的碳吸收案例，分析不同环境下的碳吸收效率，并利用"深圳河口红树林生态修复监测"项目提供的案例分析工具进行研究。

活动 3：碳吸收与生态功能讨论。学生讨论红树林的碳吸收如何促进碳循环和生态平衡，并在班级内进行小组汇报。

子任务 2：探索红树林的碳转化过程

活动 1：有机物质化学转化实验。学生在化学课堂上进行有机物质化学转化实验，模拟红树林中的碳转化过程，分析和探讨其对全球碳循环的影响，如减缓全球变暖的潜力，并在班级内进行小组汇报。

活动 2：碳转化模型构建。学生构建红树林碳转化模型，展示碳在红树林生态系统中的流动路径，并在班级内进行展示。

主干任务 3：设计与实施深圳红树林的碳通量监测方案

子任务 1：了解碳通量

活动 1：碳通量科学原理讲解。教师讲解碳通量的科学原理，包括定义、测量方法和在红树林生态系统中的意义，并利用"深圳河口红树林生态修复监测"项目提供的碳通量相关教学资源进行讲解。

活动 2：碳通量监测方案设计。学生设计一个监测深圳红树林碳通量的方案，包括监测点的选择、数据收集和分析方法，并在班级内进行方案展示和评比。

子任务 2：碳通量的监测

活动 1：现场监测操作。学生根据设计的方案，使用传感器和数据分析软件在深圳红树林现场进行碳通量监测，并与"福田区中小学生红树林科普教育活动"等自然教育活动结合，增加实践操作经验。

活动 2：传感器原理学习。学生学习传感器的原理，学习如何使用信息技术工具监测碳通量，并利用"深圳河口红树林生态修复监测"项目提供的监测技术教学资源进行探究。

主干任务 4：设计保护深圳红树林的生态监测方案

子任务 1：了解生态监测的目的和意义

活动 1：生态监测讲座。邀请专家讲解生态监测的目的和意义，特别是对红树林保护的重要性，利用"深圳河口红树林生态修复监测"项目提供的生态监测相关教学资源进行讲解。

活动 2：生态监测案例分析。学生分析深圳红树林的生态监测案例，讨论监测方法和发现的问题，并在小组内进行案例分析。

活动 3：生态监测建议。学生讨论生态监测对红树林保护的意义，并提出改进建议，在班级内进行小组汇报。

子任务 2：设计红树林生态监测方案

活动 1：无人机和图像识别技术介绍。教师介绍无人机和图像识别技术在生态监测中的应用，包括数据收集和分析的方法，并利用"深圳河口红树林生态修复监测"项目提供的监测技术教学资源进行培训；学生参考"深圳湾湿地掠影"等实地考察活动，了解如何利用现代信息技术进行生态监测。

活动 2：生态监测方案策划。小组设计一个利用无人机和图像识别技术进行深圳红树林生态监测的方案，包括监测目标、方法和预期结果，并在小组内进行讨论和优化。

活动 3：方案评估与修正。小组评估方案的创新性和实用性，根据讨论结果修正方案，并在班级内进行方案展示和评比。

26.2.5 证据集：学习评价的设计

1. 学习的评价

（1）评价目的

评估学生对深圳红树林生态价值、碳循环过程的理解，以及他们在红树林生态监测方案设计中的表现。

（2）评价方式

◆知识测试：通过在线测试或纸质试卷，评估学生对红树林相关知识的掌握程度。

◆作品评价：评价学生设计的红树林生态监测方案的创新性和实用性。

◆项目展示：学生进行项目展示，包括方案设计、实施过程和结果分析。

（3）评价标准

◆知识掌握：学生对红树林相关知识的掌握程度。

◆方案设计：学生设计的红树林生态监测方案的创新性、科学性和可行性。

◆实施能力：学生在项目实施过程中的操作能力和解决问题能力。

2. 学习性评价

（1）评价目的

记录和评估学生在红树林虚拟探索、红树林生态监测方案设计中的参与度和合作能力。

（2）评价方式

◆观察记录：教师记录学生在小组讨论和项目实施中的互动。

◆小组互评：通过小组互评，评估每位成员在小组活动中的贡献。

◆师评：教师对学生的学习过程和成果提供反馈。

（3）评价标准

◆参与度：学生在小组讨论中的活跃程度。

◆合作精神：学生在小组活动中的合作态度和团队协作能力。

◆解决问题能力：学生在项目实施过程中遇到问题时所采取的解决策略和效果。

3. 学习式评价

（1）评价目的

培养学生的自我评价能力，鼓励他们对红树林生态监测方案设计、实施过程进行反思。

（2）评价方式

◆自评：学生填写自评量表，评估自己在小组合作和方案设计、实施中的表现。

◆互评：学生相互评价，指出彼此在小组活动中的优点和需要改进的地方。

◆反思：学生对自己设计的红树林生态监测方案进行反思。

（3）评价标准

◆自我认知：学生对自己学习状态的理解和认识。

◆评价技能：学生在进行自评和互评时的公正性和准确性。

◆互评质量：学生在互评中的客观性和建设性。

4. 任务评价

（1）主干任务 1 评价

评价目标	学习活动	评价类型	评价证据
了解红树林中典型的生物种类	线上资料搜集与分享，虚拟仿真平台体验	学习性评价	生物多样性报告
了解红树林的地理分布特点	地理分布图绘制，地理分布特点分析	学习性评价、学习的评价	地理分布与生态功能关联报告
对学生在子主题 1 中的学习水平进行评价	主题学习评价活动	学习式评价	自评量表、互评量表、师评量表

（2）主干任务 2 评价

评价目标	学习活动	评价类型	评价证据
理解红树林吸收二氧化碳的生物过程	光合作用、碳吸收案例研究	学习性评价	碳吸收与生态功能讨论记录
理解红树林中的有机物质转化为稳定的碳形式的化学过程	分析有机物质化学转化过程，以及碳转化对全球碳循环的影响	学习性评价、学习的评价	碳转化模型构建展示
对学生在子主题 2 中的学习水平进行评价	主题学习评价活动	学习式评价	自评量表、互评量表、师评量表

（3）主干任务 3 评价

评价目标	学习活动	评价类型	评价证据
理解碳通量在红树林生态系统中的意义	碳通量科学原理讲解，碳通量监测方案设计	学习性评价	碳通量监测方案展示
利用传感器等信息技术监测红树林的碳通量数据	现场监测操作，传感器原理学习	学习性评价、学习的评价	碳足迹报告
对学生在子主题 3 中的学习水平进行评价	主题学习评价活动	学习式评价	自评量表、互评量表、师评量表

（4）主干任务 4 评价

评价目标	学习活动	评价类型	评价证据
了解红树林生态监测的目的和意义	生态监测讲座，生态监测案例分析	学习性评价	生态监测意义讨论记录
设计方案利用无人机和图像识别技术评估红树林的生态健康状况	无人机和图像识别技术介绍，生态监测方案策划	学习性评价、学习的评价	生态监测方案展示
对学生在子主题 4 中的学习水平进行评价	主题学习评价活动	学习式评价	自评量表、互评量表、师评量表

26.2.6　信息化教学资源

1. 跨学科教学资源的类型、功能及对教与学过程的优化作用

（1）深圳红树林虚拟仿真实验教学项目

◆设计目的：结合深圳红树林的生态特色，利用虚拟仿真技术，为学生提供沉浸式的学习环境，让学生能够在虚拟环境中体验和探索红树林的生态系统。该项目利用虚拟仿真平台的互动性和可视化特性，帮助学生更直观地理解红树林的生物多样性、地理分布及生态功能。

◆用法：学生可以通过教育部公布的虚拟仿真实验教学项目，如"漳江口红树林植物学实习虚拟仿真项目"，如图26-2所示，在虚拟环境中进行红树林生态观察和研究，加深对红树林生态价值的理解和认识。

◆支撑性作用：虚拟仿真平台可以让学生在安全的环境下，深入探索和理解深圳红树林的结构和文化，增强学习的沉浸感，同时为学生提供了一种全新的互动学习方式，提升了学习的趣味性和互动性。

图26-2　漳江口红树林植物学实习虚拟仿真项目

（2）深圳红树林生态监测数据库

◆设计目的：为了支持深圳红树林生态监测的教学，建立一个包含长期动态监测数据的数据库，收录深圳红树林生态系统的密集时间序列遥感动态变化监测数据，为学生提供研究方法和科学决策依据。

◆用法：学生可以访问红树林监测相关项目构建的生态监测数据库，浏览和学习深圳红树林的历史和当前的生态状况，使用搜索功能查找特定的生态事件或生物种类，进行数据分析和研究。

◆支撑性作用：为学生提供了丰富的背景知识，帮助他们建立全面的认识。在数据库的使用过程中，学生可以学习如何有效地搜索、评估和使用信息，提高他们的信息素养。

（3）深圳红树林自然保护区现场教学资源

◆设计目的：利用深圳红树林自然保护区的现场教学资源，为学生提供直观的自然观察和科学探究机会。通过现场观鸟、生态观察等活动，学生亲身体验和了解红树林的生态价值和保护意义。

◆用法：组织学生参观深圳红树林自然保护区，进行现场教学活动，如自然观察、科学绘图、生态调查等，让学生在实践中学习生态知识，培养科学探究能力。

◆支撑性作用：现场教学资源使学生的学习更加直观和真实，有助于提高学生的学习兴趣和参与度，同时也增强了学生对本土生态系统的了解和保护意识。

2. 跨学科学习活动资源

（1）前测问卷

《AI+低碳：探索碳中和的未来智能环保社会》前测问卷

班级：_____   姓名：_____

一、红树林基础知识

1.你知道红树林是什么类型的生态系统吗？（   ）

A.森林　　　　B.湿地　　　　C.海洋　　　　D.草原

2.红树林通常生长在哪些地理环境中？（   ）

A.沙漠　　　　B.山区　　　　C.沿海地区　　　　D.内陆河流

3.（多选）红树林的主要功能是什么？（   ）

A.防风固沙　　　B.维持生物多样性　　　C.净化空气　　　D.休闲娱乐

4.红树林在全球的分布情况如何？（   ）

A.广泛分布　　　　　　B.仅分布在热带地区

C.仅分布在亚热带地区　　D.仅分布在寒带地区

二、红树林的作用

5.你认为生物多样性对生态系统有何影响？（   ）

A.没有影响　　　　　　B.增加食物链复杂性

C.提高生态系统稳定性　　D.促进物种进化

6.红树林在环境保护中有什么作用？（   ）

A.没有作用　　　B.提供栖息地　　　C.保护海岸线　　　D.促进碳循环

7.红树林如何通过碳吸收过程对环境产生保护作用？（   ）

A.通过光合作用吸收二氧化碳　　　B.通过分解有机物质释放二氧化碳

C.通过燃烧树木产生能量　　　　　D.通过土壤吸收二氧化碳

三、主观题

8.你心目中的红树林是什么样的？你认为保护红树林对我们的生活有哪些积极影响？

（2）学生任务单

《AI+ 低碳：探索碳中和的未来智能环保社会》学生任务单		
小组名称：	姓名：	组长/组员

学习目标
1.探索红树林的生物多样性与地理分布。
2.探究红树林的环保作用与碳循环。
3.设计与实施深圳红树林的碳通量监测方案。
4.设计保护深圳红树林的生态监测方案。

主干任务 1：探索红树林的生物多样性与地理分布

子任务 1：研究红树林中的典型生物种类
活动 1：线上资料搜集与分享。通过"漳江口红树林植物学实习虚拟仿真项目"搜集深圳红树林中的典型生物种类资料，在课堂上进行小组分享。
活动 2：虚拟仿真平台体验。利用虚拟仿真平台沉浸式体验红树林生态系统。参与"做大自然的观察师"活动，进行现场观鸟教学直播。
活动 3：生物多样性报告制作。制作关于深圳红树林生物多样性的报告，包括物种名录、生态习性等，并在班级内展示。

主干任务 1 学习记录单：虚拟环境体验与生物多样性报告

班级：_____　　　日期：_____

小组成员：
组长：[　　　　　]
组员：[成员 1　　　　　] [成员 2　　　　　] [成员 3　　　　　]

（1）虚拟环境体验

序号	体验内容	观察到的物种名称	生态特征	个人感受	讨论点
1	进入虚拟环境				
2	探索红树林				
3	观察潮汐变化				
4	观察鸟类行为				
5	观察底栖生物				
6	体验红树林对海岸线的保护作用				
7	观察红树林的根系结构				
8	体验红树林的碳吸收过程				
9	观察红树林的夜间生态				
10	总结体验				

（2）生物多样性报告

序号	物种名称	观察地点	观察时间	物种数量	生态作用	保护状态	观察者备注
1							
2							
3							
4							
5							

（3）体验总结

◆个人反思：每位成员写下自己在虚拟环境体验中的学习过程，包括对红树林生态角色和生物多样性的理解，以及这次体验如何影响你对红树林保护的看法。

_____

_____

◆小组讨论：记录小组成员对虚拟环境体验的讨论，包括体验的亮点、遇到的挑战，以及如何将这些体验应用到实际的红树林保护和监测中。

_____

_____

◆生物多样性分析：基于观察到的物种，分析红树林的生物多样性，讨论不同物种对红树林生态系统的贡献，以及保护这些物种的重要性。

_____

_____

子任务 2：分析红树林的地理分布特点

活动 1：地理分布图绘制。根据地理信息绘制深圳红树林的分布图，要求标注地理位置和主要特征。

活动 2：地理分布特点分析。分析深圳红树林的地理分布特点，探讨这些特点如何影响其生态功能。

活动 3：地理分布与生态功能关联报告。

主干任务 1 学习记录单：红树林的地理分布与生态功能关联报告

班级：_____ 日期：_____

小组成员：

组长：[   ]

组员：[成员 1   ] [成员 2   ] [成员 3   ]

一、引言

研究目的：明确本报告旨在探究红树林地理分布对其生态功能的影响。

二、方法

数据收集：描述数据来源，包括实地考察、文献回顾、卫星图像等。

研究区域：明确报告中研究的红树林区域。

分析方法：说明用于分析地理分布与生态功能关联的方法，如 GIS（地理信息系统）分析、统计分析等。

三、红树林地理分布

区域	地理位置	海岸线长度	红树林覆盖面积	主要树种

四、红树林生态功能

海岸线保护：描述红树林如何保护海岸线免受侵蚀。

碳存储与释放：分析红树林在碳循环中的作用。

生物多样性：讨论红树林对生物多样性的贡献。

其他生态功能：包括水质净化、渔业资源支持等。

五、地理分布与生态功能关联分析

地理分布对生态功能的影响：分析不同地理分布对红树林生态功能的影响。

生态功能的空间差异：探讨不同区域红树林生态功能的空间差异。

案例研究：如果可能，提供特定区域的案例研究。

六、讨论

关键发现：总结关键发现，包括地理分布与生态功能的主要关联。

研究限制：讨论研究中的限制和可能的偏差。

政策建议：提出基于研究结果的政策和管理建议。

七、结论

研究总结：简要总结研究的主要发现和结论。

未来研究方向：提出未来研究可以探索的方向。

八、附件

地图和图表：包括研究区域的地图、红树林覆盖的分布图、生态功能的图表等。

数据表：包括收集和分析的原始数据。

九、个人贡献说明

每位小组成员说明自己在报告撰写过程中的贡献。

主干任务 2：探究红树林的环保作用与碳循环

子任务 1：研究红树林的碳吸收过程

活动 1：光合作用实验。在生物课堂上进行光合作用的原理学习，理解红树林植物如何吸收二氧化碳。

活动 2：碳吸收案例研究。研究深圳红树林的碳吸收案例，分析不同环境条件下的碳吸收效率。

活动 3：碳吸收与生态功能讨论。讨论红树林的碳吸收如何促进碳循环和生态平衡，在班级内进行小组汇报。

子任务 2：探索红树林的碳转化过程

活动 1：有机物质化学转化实验。在化学课堂上进行有机物质化学转化原理学习，理解红树林中的碳转化过程，分析红树林的碳转化过程对全球碳循环的影响，在班级内进行小组汇报。

活动 2：碳转化模型构建（进阶任务）。构建红树林碳转化的模型，展示碳在红树林生态系统中的流动路径。

主干任务 2 学习记录单：碳足迹报告

班级：＿＿＿＿＿＿＿＿＿＿　　日期：＿＿＿＿＿＿＿＿＿＿

小组成员：

组长：[　　　　　]

组员：[成员 1　　　　　] [成员 2　　　　　] [成员 3　　　　　]

一、引言

研究目的：明确本报告旨在计算和分析红树林的碳足迹，以及其对碳中和的贡献。

二、方法

数据收集：描述数据来源，包括实地考察、文献回顾、卫星图像等。

计算方法：说明用于计算碳足迹的方法，如 IPCC（政府间气候变化专门委员会）指南或其他相关标准。

研究区域：明确报告中研究的红树林区域。

三、碳足迹计算

（1）碳吸收

活动类型	描述	碳吸收量（tCO_2e/年，tCO_2e 为吨二氧化碳当量）	数据来源	计算方法
光合作用	红树林通过光合作用吸收二氧化碳的过程			
土壤碳存储	红树林土壤存储碳的能力			
其他	其他碳吸收活动			

（2）碳排放

活动类型	描述	碳排放量（tCO_2e/年）	数据来源	计算方法
有机物质分解	红树林中有机物质分解释放的碳			
火灾	火灾事件对碳排放的影响			
其他	其他碳排放活动			

四、碳足迹分析

总碳足迹：计算红树林的总碳足迹，即总碳排放量减去总碳吸收量。

碳汇能力：分析红树林作为碳汇的能力，即其净碳吸收量。

影响因素：讨论影响红树林碳足迹的主要因素，如生长阶段、环境条件等。

五、碳转化模型构建

六、图表

地图和图表：包括研究区域的地图、碳足迹计算的图表等。

数据表：包括收集和分析的原始数据。

七、个人贡献说明

每位小组成员说明自己在报告撰写过程中的贡献。

主干任务3：设计与实施深圳红树林的碳通量监测方案

子任务1：了解碳通量

活动1：碳通量科学原理讲解。教师讲解碳通量的科学原理，学生利用相关教学资源进行学习。

活动2：碳通量监测方案设计。设计监测深圳红树林碳通量的方案，包括监测点选择、数据收集和分析方法。

子任务2：碳通量的监测

活动1：现场监测操作。根据设计方案进行碳通量监测，结合自然教育活动理解碳通量监测的实际操作。

活动2：传感器原理学习。学习传感器的原理和监测碳通量的应用，利用相关监测技术教学资源进行探究。

主干任务3学习记录单：碳通量监测方案和数据收集报告

班级：_____　　日期：_____

小组成员：

组长：[　　　　　]

组员：[成员1　　　　　]　[成员2　　　　　]　[成员3　　　　　]

一、引言

研究目的：明确本报告旨在通过通量塔收集数据，以了解红树林的碳吸收和释放情况。

二、方法

通量塔描述：描述通量塔的位置、高度、传感器类型和布局。

数据收集方法：说明数据收集的频率、持续时间及使用的设备。

研究区域：明确报告中研究的红树林区域。

三、数据收集

（1）气象数据

日期	时间	温度（℃）	湿度（%）	风速（m/s）	风向	大气压强（hPa）

（2）二氧化碳通量数据

日期	时间	二氧化碳浓度（ppm)	二氧化碳通量（μmol/m² · s)	备注

四、数据分析

数据趋势分析：描述二氧化碳浓度和通量的季节性和日变化趋势。

影响因素分析：分析气象因素（如温度、湿度、风速）对二氧化碳通量的影响。

碳通量模型：如果可能，建立一个简单的模型来预测二氧化碳通量。

五、讨论

关键发现：总结关键发现，包括红树林的碳吸收和释放模式。

政策建议：提出基于研究结果的保护和管理建议。

六、个人贡献说明

每位小组成员说明自己在报告撰写过程中的贡献。

主干任务 4：设计保护深圳红树林的生态监测方案

子任务 1：了解生态监测的目的和意义

活动 1：生态监测讲座。教师邀请专家讲解生态监测的目的和意义，学生利用相关教学资源进行学习。

活动 2：生态监测案例分析。分析深圳红树林的生态监测案例，讨论监测方法和发现的问题。

活动 3：生态监测建议。讨论生态监测对红树林保护的意义，提出改进建议并进行汇报。

子任务 2：设计红树林生态监测方案

活动 1：无人机和图像识别技术介绍。教师介绍无人机和图像识别技术在生态监测中的应用，学生利用监测技术的相关教学资源进行学习。

活动 2：生态监测方案策划。设计利用无人机和图像识别技术进行生态监测的方案，包括监测目标、方法和预期结果。

活动 3：方案评估与修正。评估方案的创新性和实用性，根据讨论结果修正方案并展示。

主干任务 4 学习记录单：红树林生态健康监测报告

班级：＿＿＿＿＿＿＿＿＿＿　　　日期：＿＿＿＿＿＿＿＿＿＿

小组成员：

组长：[　　　　　]

组员：[成员 1　　　　　][成员 2　　　　　][成员 3　　　　　]

一、生态监测方案策划

监测目标：

监测方法：

预期结果：

二、监测数据

（1）无人机监测数据

日期	时间	地点	植被覆盖度（%）	物种多样性指数	异常现象描述

（2）图像识别数据

日期	时间	地点	识别物种数量	主要物种	物种分布图

三、生态健康评估

红树林健康状况：根据数据分析结果，评估红树林的健康状况，包括植被覆盖度、物种多样性等。

生态风险评估：识别生态风险，并评估其对红树林健康的影响。

四、建议

改善措施：提出改善红树林生态健康的措施，如植被恢复、物种保护、环境管理等。

监测建议：提出加强生态监测的建议，如增加监测频率、扩大监测范围、使用新技术等。

五、图表

地图和图表：包括研究区域的地图、植被覆盖度和物种多样性的图表、异常现象的图片等。

数据表：包括收集和分析的原始数据。

六、个人贡献说明

每位小组成员说明自己在报告撰写过程中的贡献。

（3）学习活动资源：评价量表

①自评量表

评价维度	描述	评分（1~5分）
资料搜集	我有效地搜集了关于红树林生物多样性的资料	
虚拟仿真平台体验	我积极参与了虚拟仿真平台的体验活动	
实验操作	我在光合作用实验中正确操作并记录了数据	
方案设计	我为红树林碳通量监测设计了一个创新的方案	
现场监测	我在红树林现场监测中正确使用了传感器和软件	
生态监测	我在生态监测方案中提出了有效的监测方法	
团队合作	我在小组活动中与同伴有效沟通和协作	
反思与改进	我对自己的学习过程进行了反思，并提出了改进措施	

②互评量表

评价维度	描述	评分（1~5分）
资料分享	该同学在小组中分享了有价值的红树林资料	
虚拟仿真平台体验	该同学积极参与了虚拟仿真平台的体验	
实验贡献	该同学在光合作用实验中提供了有价值的见解	
方案创新	该同学在碳通量监测方案设计中提出了创新的想法	
现场监测技能	该同学在红树林现场监测中展现了良好的技能	
生态监测贡献	该同学在生态监测方案中提出了有见地的建议	
沟通与协作	该同学在小组活动中展现了良好的沟通和协作能力	
责任感	该同学在小组项目中承担了应有的责任	

③师评量表

评价维度	描述	评分（1~5分）
知识掌握	学生展示了对红树林相关知识的深入理解	
学习参与	学生在所有学习活动中积极参与	
实验技能	学生在光合作用实验中展现了良好的实验技能	
创新思维	学生在方案设计中展现了创新思维和创造力	
实践能力	学生在红树林现场监测中展现了良好的实践能力	
合作精神	学生在小组合作中展现了良好沟通和协作精神	
反思能力	学生对自己的学习过程进行了有效的反思	
项目成果	学生在红树林生态监测项目中取得了预期学习成果	

（4）后测问卷和课后拓展任务

《AI+低碳：探索碳中和的未来智能环保社会》后测问卷和课后拓展任务

班级：＿＿＿＿＿＿＿＿　　姓名：＿＿＿＿＿＿＿＿

一、选择题

1.从下列选项中选择正确的红树林典型生物种类（考点：红树林生物多样性）。（　　）

A.招潮蟹　　　B.红树植物　　　C.沙漠仙人掌　　　D.企鹅

2.以下哪项不是红树林生态系统在维持生物多样性中的功能（考点：红树林的生态功能）？（　　）

A.提供栖息地　　　B.净化水质　　　C.增加食物链复杂性　　　D.减少生物种类

3.红树林中的有机物质通过化学转化过程主要形成以下哪种化合物（考点：有机物质的化学转化）？（　　）

A.甲烷　　　B.二氧化碳　　　C.氧气　　　D.氮气

4.红树林通过化学转化过程对全球碳循环的影响不包括以下哪一项（考点：碳转化对全球碳循环的影响）？（　　）

A.减缓全球变暖　　　　　B.增加大气中二氧化碳浓度

C.促进碳的长期存储　　　D.提高生态系统的碳汇能力

5.红树林的地理分布特点不包括以下哪一项（考点：红树林的地理分布特点）？（　　）

A.通常分布在热带和亚热带沿海地区　　　B.与其他生态系统的交互较少

C.对海岸线保护有重要作用　　　　　　　D.与城市发展关系密切

6.以下关于红树林的地理分布对其生态功能影响的描述中，哪一项有误（考点：地理分布与生态功能关联）？（　　）

A.分布越广泛，保护海岸线的能力越强　　B.地理位置影响其生态功能的表现

C.与城市发展的关系不影响其生态功能　　D.与其他生态系统的交互影响其生物多样性

7.在设计监测深圳红树林碳通量的方案时，以下哪项不是必要的信息技术（考点：碳通量监测方案设计）？（　　）

A.传感器　　　B.数据分析软件　　　C.虚拟现实技术　　　D.监测碳通量的信息工具

8.在保护深圳红树林的生态监测方案设计中，以下哪项不是无人机和图像识别技术的用途（考点：生态监测方案的数字化应用）？（　　）

A.数据收集　　　B.图像分析　　　C.碳通量监测　　　D.生态环境评估

二、主观题

9.通过本案例的学习，你对红树林的保护有了哪些新的认识？你认为我们应该如何更好地保护红树林？

三、课后拓展任务：红树林保护宣传大使

10.假设你是一位红树林保护宣传大使，你需要设计一个宣传活动，向公众介绍红树林的重要性及如何保护它们。请在家长的协助下，拍摄一个 10 分钟以内的短视频并上传至 UMU 平台的班级学习圈。

▶ 26.3 案例反思

在"AI+ 低碳：探索碳中和的未来智能环保社会"这一案例中，我们通过信息科技、生物、地理和化学学科的结合，进行了跨科学教学的尝试。虽然跨学科教学带来了诸多挑战，但它极大地丰富了学生的学习体验，对老师综合教学能力提出了更高要求。

1. 对教学过程和效果的反思

跨学科教学的实施效果：在跨学科教学的实施中，我们发现学生对结合实地考察和虚拟仿真平台的学习方法表现出了极大的兴趣。例如，在探索深圳红树林的生物多样性时，学生通过虚拟仿真平台的沉浸式体验，能够更加直观地了解红树林生态系统，这种互动式的学习方式提高了他们的学习兴趣。然而，我们也注意到，学生在将线上学习与线下实践相结合时，存在一定的困难，部分学生在转换学习场景时有些脱节。

课时落实的挑战：跨学科教学为学生提供了项目学习的机会，但同时也带来了课时安排的挑战。学生需要在有限的时间内完成从理论学习到实践应用的转变，这对学生的学习能力和时间管理能力提出了较高的要求。此外，实地考察往往需要额外的准备时间，包括交通安排、安全教育等，这些都对课时的有效利用提出了挑战。

科任教师的配合情况：在跨学科教学中，不同学科的教师需要紧密合作，共同设计和实施教学计划。我们发现，当教师们能够共享教学资源、协调教学进度时，学生的学习效果最佳。但在实际操作中，由于教师们的教学风格和专业知识存在差异，有时难以达成一致的教学目标，这在一定程度上影响了学生的学习效果。

学生的学习效果：总体来看，学生的学习效果较好。通过跨学科学习，学生不仅掌握了红树林的相关知识，还学会了如何运用现代科技手段进行生态监测。然而，我们也发现，学生在综合应用不同学科知识时存在差异。一些学生能够很好地将信息科技应用于生态监测中，但在理解红树林的生态价值方面则有些局限。这表明我们在教学设计时需要更加关注学生的知识整合能力。

2. 存在的问题和改进的方案

存在的问题：跨学科教学的组织和协调需要更多的时间和资源；课时分配和实践活动的安排存在难度；科任教师之间的配合需要进一步加强。

对此提出的改进方案如下。

◆结合深圳"每周半天计划"新举措，安排更多的实地考察和实践活动，让学生在真实的环境中学以致用。例如，与深圳红树林自然保护区合作，让学生参与半天的生态监测活动。

◆与社会实践基地合作，如与宝安区的环保组织、科研机构和企业合作，为学生提供更多与红树林保护和监测相关的实践机会，如参与数据收集、样本分析和社区教育项目。

◆为了加强科任教师的配合，可以定期组织跨学科教学研讨会，让教师们分享经验、协调教学计划，并共同评估学生的学习成果。

3. 对专业成长发展的思考

跨学科教学要求教师具备跨领域的知识和协作能力，但在实际操作中，教师之间可能因为专业背景、教学理念或沟通方式的差异而难以实现有效的协作，教师跨学科协作能力有待提高，需要组织定期的跨学科教学研讨会和工作坊，促进教师间的交流和协作，提高跨学科教学能力和协作能力。